자타카로 읽는 불교

산치 대탑·아잔타 석굴의 본생담

1

자타카로 읽는 불교 1

산치 대탑
아잔타 석굴의
본생담

글·사진 **각전**

민족사

추천사

일진화(一塵話)

선어록(禪語錄)에서는 우리의 진여법신(眞如法身)을 심경(心鏡)·고경(古鏡)·보경(寶鏡) 등으로 표현한다. 깨닫지 못한 우리는 아침저녁 거울을 보고 미(美)와 추(醜)에 집착하고 헛것인 그림자에 놀아난다. 깨달은 조사(祖師)의 경지에서 삼라만상(森羅萬像)은 도(道)의 그림자요, 우리의 형상은 잠시 있다가 사라지는 마음의 그림자일 뿐이다. 도에 들어가려면 고정관념을 버리고 상식의 반대쪽으로 접근하라는 고인들의 노파심(老婆心)이 의미 깊다.

맑고 텅 빈 거울을 보라. 그 거울이 우리들의 고경(古鏡)이요, 심경(心鏡)이며 주인공(主人公)이라고 확신이 들 때, 혜능(慧能)의 본래청정(本來清淨)하여 때 낄 것이 없다고 한 진소식(眞消息)을 깨달을 것이다.

부처님 대자대비(大慈大悲) 속의 지혜 등불이 비출 때, 생사(生死)와 선악(善惡)의 차별은 모두 녹아내려 붙을 곳이 없다. 자기의 거울에 때가 낀 살인귀 앙굴마라도 부처님이 한마음으로 때 낀 앙굴마라의 본성고경(本性古鏡)을 씻어주니 대악인(大惡人)과 대자대비(大慈大悲)가 청정한 일원상(一圓相)이 되었다. "선래 비구(善來 比丘)여!"라고 부처님이 부르시니 앙굴마라의 머리가 깎이고 붉은 가사 걸쳐져 그 자리에서 아라한과를 증득(證得)한다. 모든 것이 앉은 자리에서 한 걸음도 옮기지 않고 성취된다. 이 자리가 선리(禪理)요, 법계일상(法界一相)이다.

산치 대탑과 아잔타 석굴이 마멸되어가는데 부처님의 본생담(本生談)을 어떻게 바라볼 것인가? 객관적으로 미학적인 언어 문자로만 접근하면 부처님과 우리의 고하(高下)에 거리만 생긴다. 어렵지만 선리(禪理)의 직관(直觀)으로 산치 대탑에 들어가서 산치 대탑이 내가 되고 내가 산치 대탑이 되어라. 또한 우리의 통관(通觀)으로 석굴 속에 바래진 부처님의 옅은 미소, 부드럽게 걸친 옷자락에 안길 때, '나'라는 존재는 사라지고 없다.

본다는 개념도 없다. 해탈도 해탈해 버리고 본래면목인 청정고불(淸淨古佛)과 만난다.

그렇다면 부처님의 본생담이 나의 본생담이요, 나의 본생(本生)이 부처님의 본생과 청정한 원융(圓融)을 이뤄 법희선열(法喜禪悅)의 법락(法樂)이 그 앉은 당처(當處)에서 이루어진다.

아둔한 알음알이로 본생담을 선리(禪理)와 화엄일상(華嚴一相)으로 풀어보았다.

각전(覺田) 스님이 백척간두(百尺竿頭)에 머물지 않고 진일보(進一步)하여 정진(精進) 여가(餘暇)에 이 고전(古典) 중의 고전인 부처님의 본생담을 바래고 다 식어버린 잿더미 속에서 발췌해서 우리의 불심(佛心)을 심어주고 일깨워주는 법공양으로 올리니, 이 불사(佛事)의 크나큰 공덕(功德)을 말로 다할 수 없다. 절절한 긴장과 소용돌이 속에서 펼쳐지는 문체의 줄기와 가지를 정리해서 수천백 년의 시간을 잘라 버리고 바로 우리 앞에 사진 찍어 보이니, 과거 먼 본생담의 저자였던가.

나의 강석 옆 담장 밑에 더운 여름철을 맞이하여 노란 달맞이꽃이 흐드러지게 피고 지니, 어디서 알고 벌떼들이 날아와 꽃술에 묻혀 날아갈 줄 모르고 깊은 삼매에 빠진다. 무심결에 바라보던 나도 향기에 취해 벌이 되어 양쪽 다리에 꿀을 달고 훨훨 날아 흔적 없이 만리장공(萬里長空)에 묻힌다. 내가 벌이 되고 벌이 내가 된다고 누가 시비를 걸겠는가.

나는 오늘부터 각전 스님과 함께 노란 달맞이 꿀을 걸망에 짊어지고 다니면서 본생담 강의에 깨달음 얻어 심중 울리는 댓글을 올리는 불자들께 본생담의 꿀을 법공양 올리노라.

불기 2567(2023)년 중추가절에

불국사(佛國寺) 승가원장(僧伽院長)

일해덕민(一海德旻) 합장

산치-아잔타 본생담

《인도 네팔 순례기》를 집필하면서 산치 대탑의 탑문에 새겨지고 아잔타 석굴의 석벽에 그려진 작품들의 내용을 하나하나 더 깊게 알게 되고, 그 내용에 환희와 기쁨에 젖어들었습니다. 부처님께서 전생에 이렇게 사셨다니, 그 이야기들에 점점 더 푹 빠져들게 되었던 것입니다.

순례기 초고를 탈고하고 나서 한동안은 본생담의 이야기들이 제 머릿속을 온통 채워 버리고도 남아 넘쳐 흐를 정도였습니다. 그러는 사이에 제 자신이 조금 변해 있는 것을 알게 되었습니다. 좋은 문구와 짧은 명언도 깊은 인상을 주는 경우가 종종 없는 것은 아니지만, 본생담의 이야기들이 주는 스토리텔링의 힘은 대단해서 저의 사고와 정서를 변화시키고 있었던 것입니다. 본생담의 이야기들이 도도히 흐르는 커다란 강물의 물줄기와도 같이 저를 휩쓸어 부처님의 대해로 쓸어가 버리는 듯한 느낌이었다고나 할까요.

어떤 위대한 가르침의 말을 들었을 때 그것을 기억하는 것은 총명한 이라면 그리 어렵지 않을 것입니다. 그러나 그로 인해 자신의 마음 내지 심성(心性)이 변화한다는 것은 쉽지 않습니다. 본생담을 순수한 마음으로 여과 없이 읽는다면 누구나 크든 작든 변화가 일어날 것이라고 믿어 의심치 않습니다. 물론 그 변화가 어떤 것인지, 어느 정도인지, 어떤 결과에 이를 것인지는 아무도 모를 것입니다.

무엇보다 자신을 희생함으로써 난행(難行)을 능행(能行)하는 보살의 구체적이고 다양한 행동들은 최소한 업을 더 짓지는 않게 해줍니다. 나아가 악연(惡緣)을 선연(善緣)으로 바꾸어 줍니다. 부처님의 과거생의 난행은 모두 악연으로 말미암습니다. 악연이 없다면 난행도 필요 없는 것이지요. 난행을 능행하시니 악연이 선연으로 변합니다. 마음이 편안해지고 근심 걱정이 줄어듭니다. 행복을 느낍니다. '이러한 비밀이 있기에 부처님께서 저렇게도 자신을 버리셨구나, 나를 버리면서 기뻐하셨구나' 하고 알게 됩니다. 남을 위하고 나를 버리니 자비가 아니라 대자대비(大慈大悲)라 하지 않을 수 없습니다. 이것이 어찌 일체지(一切智)를 위한 바탕이 되지 않을 수 있겠습니까?

세 살 먹은 어린아이도 아는 것을 여든 먹은 노인이 행하기 어렵다고 했습니다. 육조 혜능 스님(638~713)도 입으로만 말해서는 아무런 이익이 없나니 마음으로 행해야 한다고 말씀해 주셨습니다. 비단 옛 성인의 말씀은 인용하지 않아도 사실 모르는 이가 없는 말들입니다.

우리가 절에, 혹은 다른 종교인이라면 그 종교단체에 다니면서 배운 것이 많을 것입니다. 그러나 이렇게 자문해 봐야 합니다. '나는 무엇이 달라졌는가?' 하고 말입니다. 만약 달라진 것이 없다면 그것은 배운 것이 지식에 불과했고, 입으로만 행했기 때문일 것입니다. 마음을 변화시키지 못한 것입니다.

마음의 변화는 어디에서 오는 것일까요?

그것은 스스로 찾을 일이고 예기치 않게 올 것이지만, 이 조그마한 본생담의 이야기들이 마음에 변화를 가져오리라 기대합니다. 이 책을 출판하게 된 것 역시 제가 받은 감동을 많은 분들과 함께 느끼고 싶어서입니다. 그리고 이것이 마음이 변화하는 겨자씨만한 계기라도 될 수 있다면 더 바랄 것이 없습니다. 더욱이 부처님께서 본생담을 설하시는 것을 듣고 성인(聖人)의 과위(果位)를 성취한 예가 많다는 사실은 본생담이 우리의 심성을 변화시킬 뿐만 아니라 성인으로 탈바꿈시켜 주는 힘을 갖고 있음을 보여줍니다.

무엇보다도 추천의 글을 써주신 덕민 큰스님께 감사의 말씀을 올립니다. 출가한 직후 처음 출가생활을 시작하던 강원에서 스승과 제자의 인연을 맺은 뒤로 언제나 저의 정신적·정서적 의지처가 되어주시는 큰스님께 감사의 말이 부족할 따름입니다.

법보신문에 본생담을 연재하는 인연을 제공한 채문기 법보신문 논설위원님에게 감사드립니다. 담당 기자로서 글을 잘 실어주신 법보신문 남수연 기자님에게도 감사드립니다. 원고 작성에 영감을 주고, 글을 매끄럽게 하는 등 여러 도움을 준 많은 분들께 감사드리고, 특히 고유명사표기와 빨리어 번역에

도움을 준 일창 스님과 또 다른 스님에게도 감사드립니다. 또 영문, 일문 등의 번역에 도움을 준 분들에게도 감사드립니다. 전재성 박사님의 빨리어 본생경 한글 완역본을 출간하자마자 구입해서 보내준 박청자 보살님께 감사드립니다. 또 빨리어 본생경 원본을 보시해준 윤재현 님에게도 감사드립니다. 덕분에 빨리어본을 더욱 반영할 수 있었습니다.

산치 대탑과 아잔타 석굴의 사진을 촬영함에 도움을 주신 분들이 많습니다. 2014년과 2023년 인도 순례 때 동참한 한 분, 한 분이 조력자들이었습니다. 2023년 2월의 순례 때 사진 촬영을 도와준 신범 스님, 보보 스님, 정효 스님과 민족사 사기순 주간님께 고마움을 전합니다.

특히 아잔타 석굴의 벽화사진 촬영은 인도문화재 당국의 특별 허가가 필요한 것이었는데, 이를 가능하게 해준 수불 큰스님, 인도의 베누 스리니바산 TVS모터스 그룹 회장님과 인코센터 라티 자퍼 원장님께 진심으로 깊은 감사를 드립니다. 본생담 벽화가 일반 관람객이 접근할 수 없는 석벽 모서리에 많이 그려져 있는데 이를 촬영할 수 있도록 배려를 해주셨습니다.

이 책은 법보신문에 2022년 연재한 글들을 단행본으로 엮은 것입니다. 매 연재마다 댓글이 달렸는데, 중2 학생에서 80대 중반 거사님에 이르기까지 많은 분들이 참여하였습니다. 그 댓글들에 다양함과 새로움, 참신함과 진지함이 묻어 있어 큰 의미가 있다고 느껴져서 함께 편집해서 출간하게 되었습니다. 댓글을 써주신 모든 분들께 진심으로 감사드립니다. 특히 두 달여 동안 필자와 문답하면서 감상을 써 준 중학교 2학년 학생, 바쁜 학업의 와중에도 잊지 않고 댓글을 보내준 고교 1학년 학생, 그리고 고령에도 불구하고 연재마다 모두 댓글을 붙여준 80대 중반의 거사님께 특별한 감사의 말씀을 전합니다. 정성어린 댓글들로 인해 부처님의 향훈이 더욱 진해지고, 더욱 멀리 퍼져나갈 것이라 생각됩니다.

이러한 편집에 흔쾌히 동의해주시고 출간해주신 민족사 윤창화 사장님께 큰 감사의 말씀을 전합니다.

눈 질끈 감고
칼로 찌르고 몽둥이로 때려도

참고 또 참았네
행여 나를 찌르고 때린 그놈 해칠까 봐

쫓겨난 엄마를 받아주어 아들 낳게 하고
그 아들과 엄마 모두 성인 되게 하였네
그들 이제 나를 의지하지 않게 되었다 말씀하시니
딸을 시집보낸 아버지의 마음일까
만 중생을 건네주고도 건네준 적 없다 하시네

장님에겐 눈 빼주고
비둘기 위해 살점 도려 주었구나
눈 빼주고 살 도려내니 그 고통 어찌 참았으리
그러나 보살은 그 속에서 기뻐하였나니
모두 남을 위하고 나를 버리기 위함이었네

자신을 해치려는 자를 위해 자신을 희생하고
살이 잘리고 뼈가 깎이는 고통을 참으며

14

그를 위해 기쁜 마음으로 다시 선행 베푸셨네

질투한 둘째 부인 위해 스스로 여섯 이빨 잘라 바치니
그때 그의 육색 상아를 받아들고
둘째 부인 심장 터져 죽지 않았으면
세세생생 지옥고 받았으리

미움과 사랑 본래 한 뿌리라
사랑으로 원한 맺어 목숨 빼앗았지만
코끼리왕 남편 위한 마음 지극하여서
오랜 세월 지난 뒤 부처님 다시 만나
사랑도 미움도 모두 여의었네
달이 구름을 벗어나듯
어리석은 아낙이 현자 되었구나

마왕의 군대가 집어던진 온갖 무기들
보리수 아래 부처님 앞에 모두 꽃잎 되어 떨어지고

사리불이 더럽다 한 사바세계가
부처님 발 한번 굴리시니 깨끗한 땅으로 바뀌었네

5비구는 전생에 보살 피를 빨아대던 비렁뱅이 야차들
나를 해치려 한 악연들은
모두 나를 보고 훌륭하다 감복하니
사람들은 이를 일러 바라밀의 공덕이라 한다네

난행을 능행하신 보살의 거룩한 행
새겨지고 그려졌네
산치 탑문 7곳 5점
별이 지고 이슬 맺기를 이천 년
아잔타 석벽 4굴 25점
어둠 속에서 천사백 년

안타까워라
깨지고 마모된 탑문의 부조면

떨어져 나간 석벽의 물감들

님 가신 길
반 발자국도 따라가지 못하지만
아름답고 거룩해서
만고에 빛나네.

2023년 부처님 오신 날을 앞두고
경주의 토굴에서
각전 합장

차례

○ 추천사 / 일해덕민(불국사 승가원장) … 004
○ 산치-아잔타 본생담 … 008

01. 왜 부처님의 본생담에 주목해야 할까 … 024
    ― 글을 시작하며

02. 험한 세상의 다리가 되어 … 034
    ― 마하까삐(Mahākapi, 대원大猿) 본생담(《본생경》 407번)

03. 생명을 바쳐야 생명이 산다 … 048
    ― 니그로다미가(Nigrodhamiga, 용수록龍樹鹿) 본생담①(《본생경》 12번)

04. 암사슴의 내생 이야기 1 … 060
    ― 니그로다미가(Nigrodhamiga, 용수록龍樹鹿) 본생담②(《본생경》 12번)

05. 암사슴의 내생 이야기 2 … 074
    ― 니그로다미가(Nigrodhamiga, 용수록龍樹鹿) 본생담③(《본생경》 12번)

06. '무소의 뿔처럼 혼자서 가라' … 088
    ― 니그로다미가(Nigrodhamiga, 용수록龍樹鹿) 본생담④(《본생경》 12번)

자타카로
읽는
불교 1

07. 궁극의 보시를 실천한 시위왕 ··· 101
— 시위(Sivi) 본생담①《본생경》 499번)

08. 진실된 보시와 서원으로 '진실바라밀의 눈' 얻은 시위왕 ··· 113
— 시위(Sivi) 본생담②《본생경》 499번)

09. 해를 입히는 존재마저 보호하는 코끼리왕 ··· 125
— 마뚜뽀사까(Mātuposaka) 본생담《본생경》 455번)

10. 질투! 움트는 비극 ··· 138
— 찻단따(Chaddanta, 육아상六牙象) 본생담①《본생경》 514번)

11. 질투가 빚은 복수, 최후의 결말 ··· 153
— 찻단따(Chaddanta) 본생담②《본생경》 514번)

12. 애욕은 마음의 병! 고통의 원인 ··· 163
— 맛차(Maccha) 본생담《본생경》 34, 216번)

13. 애욕으로 망가진 수행자 이야기   ··· 174
— 알람부사(Alambusā) 본생담(《본생경》 523번)

14. 모욕을 당했을 때 어떻게 해야 할 것인가   ··· 185
— 마힘사(Mahiṁsa) 본생담(《본생경》 278번)

15. 은혜를 원수로 갚은 배신자의 말로   ··· 197
— 마하까삐(Mahākapi) 본생담(《본생경》 516번)

16. 좋은 친구와 사귀는 것은 청정한 삶의 전부   ··· 213
— 함사(Haṁsa) 본생담(《본생경》 502번)

17. 인간 몸을 받기 위해 고통을 선택한 용왕   ··· 229
— 짬뻬야(Campeyya) 본생담(《본생경》 506번)

18. 식인 중독에 빠져 살인을 사주하다   ··· 245
— 마하수따소마(Mahāsutasoma) 본생담①(《본생경》 537번) / 식인왕 브라흐마닷따

19. 탐닉과 중독, 그 파멸의 길   ··· 260
— 마하수따소마(Mahāsutasoma) 본생담②(《본생경》 537번) / 깔라핫티 장군의 설득

20. 중독에서 비롯된 식인귀의 악행 ··· 272
— 마하수따소마(Mahāsutasoma) 본생담③《본생경》537번) / 희생제 준비

21. 식인귀를 조복시킨 비결 ··· 284
— 마하수따소마(Mahāsutasoma) 본생담④《본생경》537번)

22. 식인귀의 중독을 치료해 주다 ··· 298
— 마하수따소마(Mahāsutasoma) 본생담⑤《본생경》537번)

23. 중독에서 벗어나 왕위를 되찾다 ··· 313
— 마하수따소마(Mahāsutasoma) 본생담⑥《본생경》537번)

24. 술, 악업의 쳇바퀴 ··· 330
— 꿈바(Kumbha) 본생담《본생경》512번)

○ 참고문헌 ··· 349

아잔타 석굴 파노라마 전경
사진 중앙에 차양막이 드리워져 있는 곳이 본생담이 가장 많은 17굴이다.

01

왜 부처님의 본생담에
주목해야 할까

본생담 속 보살의 실천은 구체적 성불의 길 제시
일대기로 부족한 부처의 위대함 설명하려 본생담 발전
악조차 끌어안는 난행 접하며 우리 심성도 변화 일으켜
주인공 동물의 보살행은 보편적 생명에 대한 시야 넓혀줘

UNESCO 문화유산 등재
산치 대탑 1987년
아잔타 석굴 1983년

전기굴 1기(B.C.E. 2C~B.C.E 1C)
후기굴 2기(C.E. 450~550)
후기굴 3기(C.E. 550~642)

와고라강

아래쪽
전망대

아잔타 석굴 지도

아잔타 석굴은 말발굽 형태의 와고라강가를 따라 조성돼 있다.

부처님의 전생 이야기를 자타카(jātaka) 혹은 본생담(本生談)이라 한다. 우리는 왜 부처님의 본생담에 주목해야 할까? 본생담에 실린 작품들의 세계관은 불교 수행에서 기초가 되는 심성(心性)과 성품(性品)을 형성하는 데 결정적인 역할을 한다. 이런 기초가 없이 신행 활동을 하거나 수행 정진한다는 것은 1층 없이 2층을 지으려는 것과 같다.

본생담의 이야기들은 매우 사실적이며 인간의 심리에 대한 묘사가 생생하기 그지없다. 이는 현대를 살아가는 우리들의 마음을 그대로 투영해 비추어주는 듯하다. 인생을 살아가면서 접하는 수많은 판단과 결정의 순간들이 있다. 그럴 때마다 우리는 어떤 결정을 내릴지, 긴 인생 전체를 두고 어떤 일관된 태도로 살아가는 것이 나을지 하는 문제에 부딪힌다. 지나고 난 뒤에도 뿌듯함과 회한이 겹치면서 끝없이 반문하게 된다. 번뇌의 흐름이 다한 존재가 되어서 궁극의 인격을 실현코자 하는 수행자의 입장에서는 더욱 그러할 것이다.

이러한 문제의식은 '나는 어떤 인물이 될까', '어떤 인물이 많아야 모두가 행복할까'라는 사회적 질문으로까지 번져나간다. 결국 이것은 '너와 나, 우리 모두가 어떻게 하면 행복해질까'라는 질문이기도 하다.

가장 이상적인 존재는 부처님일 것이다. 부처님은 깨달으신 분이라는 의미이다. 고따마 싯다르타(Gautama Siddhārtha, 빨리어로 Gotama Siddhatta)라고 하는 역사적 존재인 부처님의 일대기는 생로병사에 대한 고뇌와 그것으로부터 벗어나고자 하는 고행과 깨달음, 그 이후의 아름다운 수많은 지혜와 신통을 보여준다. 이렇듯 부처님의 삶은 고행자—각자(覺者=깨달은 자)—현자(賢者 내지 초인超人)의 모습으로 정형화된다.

그러나 싯다르타라는 한 인물의 정형화된 일대기로는 부처님의 위대함을 다 설명하기에 역부족일 뿐만 아니라 복잡다단하고 실타래처럼 얽힌 우리들의 삶의 곳곳을 비추어주기에도 미흡하다. 이러한 점이 본생담이 만들어지고 발전한 이유이기도 하다. 더욱이 부처님을 신들보다 더 위대한 존재로 만들어야 하는 종교 경쟁의 역사적 과정 속에서 우리들에게 필요한 구체적 삶의 거울들은 더욱 퇴색되었을 것이다.

본생담에는 수많은 다양한 삶의 모습들이 기록되어 있다. 거듭되는 수많은 생들에서 결정적 순간이나 절체절명의 상황에서 한 생명체가 보여준 결단과 행동을 볼 수 있다. 나아가 그러한 숭고한 행위를 사람이 아닌 동물의 몸으로 실천함을 보여줌으로써 사람이라는 인식의 한계를 깨뜨리고 보편적 생명에 대한 시야를 열어줄 뿐만 아니라 우리들이 자기도 모르는 사이에 잠겨있어 알아채지도 못하던 수많은 보이지 않는 다른 정신적 감옥들마저도 깨뜨려주고 있는 것이다.

본생담에는 많은 인물이 등장하는데 주역, 조역, 악인이 가장 중요한 캐릭터들이다. 부처님의 전생 보살이 주역인 경우가 많지만, 조역으로 등장하는 경우도 허다하여 작품마다 다양하다. 이러한 점은 본생담의 내용을 훨씬 다이나믹하고 실감나게 해 준다.

여러 본생담에 부처님의 전생 보살로서 등장하는 인물들을 종합해보면, 상황과 상황의 연속 속에 공통된 인격이 등장하는데, 그것을 한마디로 표현하자면 난행(難行; 어려운 행)의 능행(能行; 능히 행함)이며, 내용적으로 열거해본다면 불해(不害)와 용서, 자기희생, 인욕, 보시, 정진, 지혜 등으로 요약된다.

또한 본생담에 등장하는 악인(惡人)은 바라밀의 실천을 더욱 어렵고 더욱 고귀한 것으로 만들어 주고 있다. 선(善)과 악(惡)의 대결이라는 고대 문학의 전통적 프레임이 그대로 재현되고 있기는 하지만, 선의 편에 서 있는 주인공들은 악에 대항해서 싸우는 것이 아니라 악(=자신을 해치는 자)마저도 끌어안는 선을 행한다.

이러한 독특한 구조는 바라밀 특성에서 유래한다고 보아야 할 것이다. 악한 자는 욕심 때문에 가지려 하지만 선한 자는 자신을 버리기 때문이다. 자신을 버리는 것이야말로 난행이

산치 대탑 제1탑과 북문

다. 난행은 바라밀을 실천하는 보살로서의 삶의 위대성을 더욱더 고귀하게 만들고, 우리가 인생의 과정에서 순간순간 어떤 삶을 살아야 할지, 어떤 유형의 인간일지, 어떤 마음으로 살아야 할지 돌아보게 하고 그에 대한 해답을 주고 있는 것이다.

본생담을 읽음으로써 보살의 의지와 결단 그리고 실천에 대해 알아가는 것은 우리들의 마음에 오래도록 흔적을 남기고, 깊은 곳에 자리한 심성을 바꾸어줄 것이다. 이러한 변화야말로 부처를 이루는 길에 한 발짝 걸음을 내딛는 것이리라.

본생담 가운데 가장 분량이 많은 것이 스리랑카에서 전승된 남전 《본생경》인데, 그 전체가 번역되어 우리나라에 소개된 것이 '한글대장경' 다섯 권의 《본생경》이다. 그 외에도 인도 대륙과 파키스탄, 중앙아시아에서 유포되었던 《자타카말라》가 있지만 우리말로는 번역되어 있지 않다. 한역된 것으로 《육도집경》 등이 있으나 분량으로만 볼 때 《육도집경》은 남전 《본생경》의 6분의 1 수준이다.

《본생경》의 내용이 너무 방대하므로 이 책에서는 산치 대탑의 탑문에 부조로 조각되고 아잔타 석굴에 벽화로 그려진 본생담들을 모음으로써 고대인들이 가려 뽑은 기준을 되살리고 본생담이 형성되는 과정도 느끼고 짐작해 보고자 한다. 산치 대탑의 부조는 기원 전후이며, 아잔타 석굴의 벽화는 기원후 6~7세기의 작품들(16, 17굴은 6세기 중엽, 1, 2굴은 7세기 초)이기 때문이다.

산치-아잔타 본생담은 총 25편으로 산치 5편, 아잔타 25편이다. 산치 대탑에 새겨진 총 5편의 본생담은 9점의 부조로 작품화되었다. 총 5편의 본생담 중 가장 많이 작품화된 본생담은 웻산따라 본생담 3회(아잔타까지 총 6회 반복), 찻단따 본생담 3회(아잔타까지 4회), 사마 본생담 1회(아잔타까지 2회) 순이다. 그리고 원숭이 본생담과 용왕 본생담이 한 번씩 부조되었다.

이들은 아잔타 석굴의 벽화에서도 그대로 재현되었고, 여기에 20편의 작품들이 더해져서 총 25편의 본생담을 31점의 벽화로서 아잔타 석굴에서 만나볼 수 있다. 물론 이는 벽화굴로 분류될 만한 1, 2, 16, 17굴의 벽화만 보았을 때의 이야기이고, 너무 훼손이 심하여 알 수 없는 작품들은 제외한 것이다.

☙ 댓글 ☙

2022.1.2. 본생담의 수많은 다양한 삶의 모습을 통해 우리도 지혜를 준비하는 시간이 되겠습니다. 산치, 아잔타 본생담 무척 궁금합니다. 부처님의 거룩한 마음가짐을 알 수 있는 기회일 것 같습니다.

2022.1.2. 불교출판문화 대상에 빛나는 스님의 책 《인도 네팔 순례기》에서 받은 감동을 이번 연재에서 다시 느낄 수 있을 것 같아 무척 기대가 됩니다.

2022.1.4. 《인도 네팔 순례기》에서 보여준 스님의 안목에서 많은 영감을 받았습니다. 이 글에서도 기대하는 바가 많습니다. 세상을 살아가는 과정에 생겨나는 막연함과 지향점을 찾아가는 글들이 되어지지 않을까 생각해 보기도 합니다. 각전 스님의 팬으로서 늘 응원하고 존경합니다.

2022.1.6. 난행을 능해하기도 쉽지 않고, 번뇌의 흐름을 끊기도 어려우니 평생을 수행의 마음으로 살아가야겠지요 … 나와 우리, 세상을 행복하게 하는 것. 나로부터 시작해야 하는데, 지혜와 보시, 정진도 부족한데 하물며 인욕하며 나를 버리는 삶이야 더 말할 게 있을까요? 그래도 작은 지침이 있다면 나를 버릴 수 있으리라 생각합니다. 새해를 지나며, 일상에 들어와 느슨해 질 수 있는 나를 추스르게 해주어서 감사합니다.

2022.1.25. 인도를 갔다 왔지만 다 잊고 있었는데 《인도 네팔 순례기》를 읽고 스님께서 벽화 그림까지 하나하나 설명하면서 부처님의 본생담에 대해서 설명하시니까 훨씬 편안하게 이해할 수 있었고, 그때 갔다 왔던 그 기분 그대로 간직할 수 있게 되어서 좋았습니다. 이제 본생담에 대해서 더 상세한 연재를 하신다니 기대가 됩니다.

2022.3.9. 대단합니다.

2022.10.30. 수행력이 바탕이 된 분의 글이라 마음에 와닿습니다. 저희들을 위해 널리 법음을 전해 주시길 소망합니다.

2022.11.17. 부처님의 전생 이야기를 본생담 연재로 만나본다는 것은 기대가 크고 21세기 현대를 살아가는 우리들에게는 정신적으로 큰 도움과 위안이 되리라 생각합니다. 각전 스님, 파이팅입니다.

2022.12.23. 부처님의 본생담(자타카)을 주목해야 하는 이유로 스님께서 우리들이 알고 있는 니까야에 나오는 일대기로는 부족한 위대함이 있음을 발견한 것은 너무나 획기적이고 중요한 발상임을 깊이 느꼈습니다. 제가 읽어보고 있는 스리랑카에 전승된 쿳따까니까야에는 숫타니파타와 밀린다왕문경이 있는데, 숫타니파타는 제가 존경하는 법정 스님이 옮기셨기에 너무나 기뻐서 여러 번 정독하였습니다. 남전 본생경 1, 2, 3, 4, 5권은 동국역경원으로 되어 있었고 본생담에 실린 가르침은 연기와 윤회를 함축하고 있고 인과의 법칙을 정확히 보여주고 있어서 저는 윤회를 의심하지 않게 되었으며 불교의 교학과 수행에 기초가 됨을 공감했습니다.
부처님께서 4아승지 10만 대겁 동안 바라밀을 실천하신 기록이 자타카임도 확인했으며, 산치 부조와 아잔타 벽화에서 만나는 예술과 문화와 지혜를 가르치는 새롭게 만나는 자타카를 기대하겠습니다.

2022.12.28. 《인도 네팔 순례기》 잘 읽었어요. 본생담도 기대해봅니다.

험한 세상의 다리가 되어

— 마하까삐(Mahākapi, 대원大猿) 본생담《본생경》407번)

동족 구하기 위해 빗발치는 화살 속에 몸 던져
망고 탐한 바라나시의 왕 8만 원숭이 무리 무차별 사냥
결단 필요한 상황에서 머뭇거림 없는 거룩한 희생 보여줘

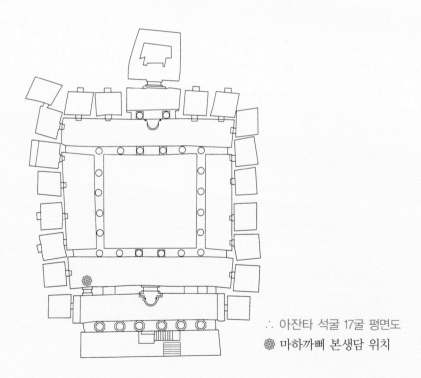

∴ 아잔타 석굴 17굴 평면도
⊛ 마하까삐 본생담 위치

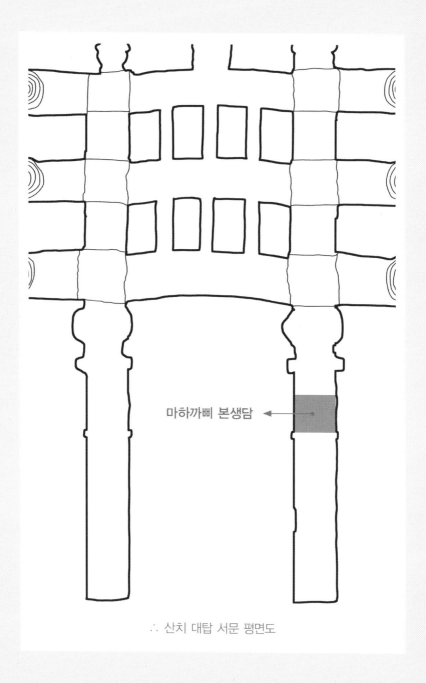

마하까삐 본생담

∴ 산치 대탑 서문 평면도

산치 대탑 서문 기둥에 새겨진 마하까삐 본생담
궁수들이 망고나무를 포위하고 화살을 겨누고 있고, 원숭이 왕이 자신의 허리
를 밟고 8만의 원숭이들을 건너가게 해서 동족을 구하는 모습이 조각돼 있다.

집단의 리더나 그 구성원들이 어떠한 자세를 가져야 하는
지를 단적으로 보여주는 이야기가 있을까?《본생경》에서 어렵
지 않게 찾아볼 수 있다. 널리 알려진 대표적인 이야기가 마하
까삐[Mahākapi, 대원大猿] 본생담이다. 이것은 원숭이왕이었을
때 자신의 동족을 위해 스스로를 희생한 이야기이다. 남전《본
생경》의 407번째, '자타카말라'의 27번째 본생담이다. 산치 대
탑의 서문 기둥에 부조가 있고, 아잔타 석굴의 17굴에 벽화로
그려져 있다. 산치 대탑보다 더 이른 유적으로 알려진 기원전 1
세기의 바르후트탑에도 조각되었다.

　　부처님께서 기원정사에 계실 때 "부처님께서는 친족들에게
선한 일을 하신다"는 제자들의 대화에 대해서 과거생에도 그러
했다는 말씀을 하셨다. 그 자세한 내용은 다음과 같다.

　　옛날 브라흐마닷따(Brahmadatta, 범여梵如)왕이 바라나시에
서 나라를 다스릴 때, 키가 크고 몸이 굵으며 힘이 세고 8만의
원숭이들을 거느린 원숭이왕이 히말라야 설산에 살고 있었다.
당시에 갠지스강변에 가지들은 우거지고 그늘은 짙으며 잎이
풍부하여 산꼭대기처럼 높이 솟아 있는 망고나무가 있었다. 열

망고를 맛보는 바라나시의 왕 부부

매는 고상한 향기와 맛을 갖추었고 크기는 큰 물병과 같았다.

그 열매를 먹던 원숭이왕은 '언젠가 이 열매가 물에 떨어져서 우리에게 큰 두려움이 닥쳐올 것이다'라고 예감하고 물 위에 있는 나뭇가지의 열매를 하나도 남기지 않고 다 먹거나 그 꽃들을 떨어뜨려 버렸다.

그러나 잘 익은 열매 하나가 개미집에 가려서 원숭이들 눈에 띄지 않은 채 강물에 떨어져 흘러 내려갔다. 그때 바라나시의 왕이 강물의 아래에서 그물을 치고 목욕하며 즐기고 있었다. 왕이 저녁나절에 돌아가려고 할 때 그물을 걷어 올리던 어부들이 그 열매를 발견하고 왕에게 바쳤다. 왕이 산림관을 불러서 물어보고 그것이 망고나무 열매임을 알고는 칼로 쪼개어 먼저 그 산림관을 먹게 하고 자신도 먹고 궁녀들과 대신들에게도 주었다. 그 열매의 맛이 왕의 전신에 스며들었다.

왕은 많은 배들을 연결시켜 며칠에 걸쳐 강물을 거슬러 올라가 마침내 망고나무를 발견하였다. 왕은 배를 멈추고 준비해온 평상을 망고나무 밑에 설치하고 그 열매의 갖가지 뛰어난 맛과 향을 즐기고 거기 누웠다. 사방에 망지기를 세우고 불을 켰다.

밤중이 되어 사람들이 잠에 떨어지자 8만의 원숭이들이 그 나무에 와서 나뭇가지에서 나뭇가지로 뛰어다니면서 그 열매를 따 먹었다. 그때 왕이 눈을 떠 그 원숭이들을 보았다. 왕은 "내일 저 열매와 원숭이 고기를 먹으리라" 하면서, 열매를 따 먹는 원숭이들을 포위하고 모두 쏘아죽이라고 명령했다. 궁수들이 망고나무를 포위하고 화살을 겨누자, 원숭이들은 두려움에 떨면서 달아나지도 못하였다.

원숭이들의 두려움을 안 원숭이왕은 강 쪽으로 뻗은 나뭇가지 끝에서 백 개 화살의 거리에 있는 반대편 강변으로 뛰어내렸다. 거기서 대나무 하나를 다듬어 한쪽 끝을 강변의 나무에 붙들어 매고 다른 한쪽 끝을 자기 허리에 매고는 바람에 휘몰아치는 구름과 같은 속도로 다시 망고나무를 향해 뛰었다. 그러나 망고나무에까지 이르지는 못하여 두 손으로 망고나무 가지를 꼭 붙잡을 수 있을 뿐이었다. 그 상태에서 원숭이왕은 원숭이들에게 외쳤다.

"빨리 내 허리를 밟고 넘어 대나무를 조심해서 건너가라!"

8만의 원숭이들은 원숭이왕을 밟고 건너갔다.

그 무리 중에 데와닷따의 전생 원숭이가 있었다. 그 원숭이는 다음과 같이 읊조렸다.

"이제 나는 내 적의 최후를 볼 때가 왔다."

그리고는 맨 윗가지에 올라가 잔뜩 힘을 주고 원숭이왕의 등에 뛰어내렸다. 원숭이왕은 심장이 찢어지는 큰 고통을 느꼈다.

아잔타 석굴 17굴의 마하까삐 본생담 벽화의 일부
바라나시의 왕은 '동물이면서도 제 생명을 돌아보지 않고 그 무리들을 안전
하게 해 주었다'고 생각하여, 날이 밝은 뒤에 원숭이왕을 천천히 끌어내려
목욕시키고 가사를 입히고 사탕물을 먹이고 깨끗한 기름을 몸에 발라주고
가죽 평상 위에 눕혔다.

바라나시의 왕은 누워서 이 과정을 모두 보고는 '저것은 동물이면서도 제 생명을 돌아보지 않고 그 무리들을 안전하게 해 주었다'고 생각하였다.

날이 밝은 뒤에 바라나시의 왕은 원숭이왕을 천천히 끌어내려 목욕시키고 가사를 입히고 사탕물을 먹이고 깨끗한 기름을 몸에 발라주고 가죽 평상 위에 눕혔다. 바라나시의 왕이 원숭이왕에게 물었다. "왜 너는 너 자신을 다리로 만들어 저이들을 안전히 건너게 했는가?"

이 말을 듣고 원숭이왕은 자신이 원숭이들의 왕임을 밝히고, 두려움과 슬픔에 괴로워하는 자신의 백성 원숭이들을 위해서 그리하였다고 자초지종을 설명하였다. 그리고 바라나시의 왕에게 참된 통치를 위해서는 나라와 군사, 도시와 시골 그 모두에 행복이 오기를 발원하라고 충고하고 숨을 거두었다.

바라나시의 왕은 원숭이왕의 장례를 사람의 왕처럼 화장(火葬)하고, 화장한 곳에 사당을 세우고, 그 두개골에는 황금을 칠해 사당에 안치하고, 일생 동안 향과 화환을 바쳤다. 그리고 원숭이왕의 교훈에 따라 보시 등 선행을 하고 정의로 나라를 다스려 천상에 태어날 몸이 되었다. 그때의 바라나시의 왕은 아난다요, 8만의 원숭이들은 부처님의 권속이며, 원숭이왕은 부처님이었다.

우리의 삶은 누군가를 위해 혹은 그 무엇을 위해 자신을 희생해야 할 때가 있다. 그것이 내가 마땅히 보호해야 할 대상이라면, 지켜야 할 가치이거나 이루고자 하는 희망이라면 더욱 기꺼이 행할 수 있을 것이다. 그러나 그것을 감내하고 실천하기는 쉽지 않다. 크나큰 용기와 굳은 의지를 요구하는 것이다.

　　더욱이 막상 그것을 행동에 옮기게 되면 그 과정에서 예기치 않게 생겨나는 어려움이 상황을 극단에 치닫게 한다. 예기치 않은 어려움은 반대쪽 강변과 망고나무를 연결하는 대나무의 길이가 짧아 원숭이왕이 자신의 몸으로 양쪽 강변을 이을 수밖에 없었던 상황이다. 순간적으로 목숨을 걸어야 하는 결단을 필요로 하는 상황이 갑자기 닥친 것이다. 이 상태에서 원숭이왕의 등짝을 밟아버린 나쁜 원숭이의 등장은 원숭이왕의 희생적 결정을 극적으로 증폭시키고 있다.

　　원숭이왕의 결단은 확고한 신념이 뒷받침되어야 하고 그러한 행동이 이미 몸에 체화되어 있는 것이 아니면 실행하기 어려운 것이다. 이 세상에서 가장 어려운 일이 자신을 버리는 일이다. 난행(難行; 어려운 일)을 능행(能行; 능히 행하다)한 원숭이왕의 모습이 거룩하기 이를 데 없다.

🪷 댓글 🪷

2022.1.17.   지혜가 빠른 원숭이왕의 결단과 신념·희생으로 동족을 구하고 자신의 곁에서 의지하는 이들에게 새 삶을 준 원숭이왕을 보며 누군가를 위하거나 나 자신을 위해서나 무자비한 사람이 되기보다 자비로운 사람이 되길 다짐해봅니다.
글의 끝부분(우리의 삶은 누군가를 위해 인생에서부터 끝까지)을 읽으며 감동입니다. 저희들의 심정을 잘 아는 것 같고. 그래서 삶을 대하는 마음가짐이 '오늘이라도 이렇게 살아야지' 합니다. 글을 읽는 순간에는요. 스님의 통찰력 있는 글 읽으며 행복합니다.
"바람에 휘몰아치는 구름과 같은 속도로," 멋진 표현이에요.

2022.1.18.   "이 세상에서 가장 어려운 일이 자신을 버리는 일이다. 난행(難行: 어려운 일)을 능히 행한 원숭이왕의 모습이 거룩하기 이를 데 없다." 무엇을 어떤 삶을 살아야 할 것인지 돌아보게 하는 글 잘 읽었습니다. 수고하셨습니다. 감사합니다.

2022.1.18.   부처님께서 전생에 원숭이왕으로 자신을 희생해서 종족을 구했다는 정도로 알고 있었는데, 이렇게 자세한 내용을 알게 해주셨네요. 리더의 자세를 다시 한번 숙고하게 됩니다. 당시 바라나시의 왕이 아난다라는 사실도 흥미롭네요.

2022.1.18.   요즈음 세상에 꼬옥 필요한 교훈인 듯. 사람들이 자기 세상 밖으로 나오는 것이 조금은 두려워 큰 세상을 못 본 척하는가 봅니다. 누군가가 조금이라도 용기를 내게 도움을 준

다면 좋겠지요. 생사를 넘나들었던 사람도 시간이 흐르면 기억이 희미해지는 것 같습니다. 그래도 다시 한번 다짐하며 마음에 점 하나를 찍어봅니다. 모든 이가 행복해지길…….

2022.1.19.　글에 선한 의지를 키우는 따뜻한 힘이 있습니다.

2022.1.19.　"열매의 맛이 왕의 전신에 스며들었다." 무척 문학적인 표현이에요.

2022.1.19.　감사합니다. 난 죽었다 깨어나도 안 되겠는데요, 스님! 마음을 크게 먹어보겠습니다.

2022.1.19.　잘 읽었습니다. 스님! 남을 위한 희생이 쉽지 않죠. 요즘 새삼 느낍니다.

2022.1.19.　숭고한 글… 감사합니다~~~응원합니다.~~ 항상 밝음이 가득하시길…….

2022.1.20.　부처님은 억겁의 세월 속에 자신의 몸을 보시하고, 보시하고, 또 보시하면서 전부 내놓으셨습니다. 그런데 나는 금생에 사람으로 태어나서 불교 공부를 한다고 말하면서도 조금이라도 나한테 불이익이 돌아올까봐, 누가 내 자식 건드릴까봐 그리고 많지도 않은 재산 넘볼까봐 걱정하면서 살아온 세월을 뒤돌아보니 많은 후회가 남습니다. 더욱이 살아온 세월보다 갈 날이 멀지 않았는데 아직도 헤매고 있습니다. 이러한 때에 각전 스님의 본생담 두 번째 편을 읽고 크나큰 감동과 애잔함이 나를 흔들고 눈물이 나게 합니다. 스님, 감사합니다. 다음

편이 벌써 기다려집니다.

2022.1.20.　우와…글 진짜 잘 쓰시네. 나도 저기 나오는 원숭이왕처럼 책임감을 가지고 살아야겠다. 〈고1〉

2022.1.29.　지위가 높다는 것은 향유할 권리만 많아지는 게 아닌, 책임져야 할 것도 많아지는 것이며 그것이 지도자의 책무겠지요. 무릇 지도자뿐만 아니라 일정한 사회적 관계 내에 있는 모든 구성원이 자신의 소임을 다하는 것이 가장 기본일 것입니다. 좋은 글 감사합니다.

2022.2.6.　살아가면서 모든 일에는 옳고 그름이 있듯이 나의 생각도 두 가지임은 분명히 있습니다. 정의롭고 슬기롭게 살고 싶은 마음이 앞서지만 때에 따라서 숨기고 싶을 때도 있었음을… 원숭이왕의 희생으로 고난에 빠진 동료들을 구함은 지도자로서의 책임을 다함으로 보여 아름다운 삶으로 여겨집니다. 나 역시 나의 책임을 다하는 삶을 살고 싶습니다. 많은 생각을 하게 하는 좋은 글 감사히 잘 읽었습니다.

2022.11.17.　나누어 먹는 것, 나누어 입는 것 등도 어려운 일인데, 자기의 목숨을 바쳐 가족(동족)을 구한다는 것은 얼마나 어려운 일일까? 전쟁드라마에서나 볼 수 있는 병사의 희생정신과 용기를 생각해 보기도 한다. 원숭이왕의 용기 있는 죽음으로 동족이 살아남았다는 얘기는 가슴을 뭉클하게 한다. 매사에 지나친 욕심을 좀 내려놓고 양보하고 배려하는 마음으로 생활에 임한다면 꽃길만 걷는 사회가 탄생하지 않을까.

2022.12.23.　본생담에는 동물들이 윤회하면서 난행을 능행으로 실천하는 모습도 많이 나오는 것 같습니다. 저의 경험으로는 38살 때 시골 초등학교로 부임하는 길에 '강재구소령공원'이라는 팻말을 보고 다음날 1학년 아이들과 견학을 가서 기념탑의 내용을 보고 크게 감동을 받았습니다. 29살 강재구 소령은 맹호부대 제1연대 3대대로 베트남 파병을 두고 수류탄 투척 훈련을 할 때 한 병사가 안전핀을 뽑은 수류탄을 놓쳐버려 그 수류탄이 100명 정도의 중대원이 모여 있는 곳으로 향하고 있을 때 강재구 중대장이 수류탄을 향해 몸을 날려 산화하여 100명의 목숨을 구한 살신성인이 되었다는 내용이나 원숭이왕의 결단도 크나큰 용기와 굳은 의지의 실천인 것 같습니다.

2022.12.29.　우리는 모두 누군가의 희생으로 먹고 살고 있죠. 농부의 땀으로 먹는 쌀이나 육식도 그러하고요. 택배하는 분들의 노고도 참 감사하네요.

2023.7.11.　글도 정말 재밌었고, 불교에 대해 하나도 몰라도 잘 즐길 수 있는 글 같았습니다. 제가 불교에 대해 잘 모르긴 하지만, 이 글을 통해 왜 부처님이 그렇게 존경받는지 하나의 이유를 더 얻은 것 같습니다.
특히 마지막 부분의 "세상에서 가장 어려운 일이 자신을 버리는 일이다"는 계속 기억에 남는, 생각할 수 있게 되는 문장이었던 것 같습니다! 〈중2〉

03

생명을 바쳐야 생명이 산다

— 니그로다미가(Nigrodhamiga, 용수록龍樹鹿) 본생담 ① (《본생경》 12번)

다른 무리의 사슴 살리고자 희생 자처한 우두머리
집단에 차별 두지 않고 베푼 인욕·자비·애민의 마음
사냥 좋아하던 왕 감복시켜 모든 짐승들 목숨 구해

17굴은 아잔타 석굴 벽화에서 가장 보존 상태가 좋다.
21개의 부처님 전생담 벽화가 그려져 있어 아잔타 석굴에서 가장 많은 이야기를 담고 있다.

니그로다미가 본생담(Nigrodhamiga Jātaka)은 사슴왕 이야기이다. 'nigrodha'는 무화과과의 나무로서 용수(龍樹)로 옮기고 'miga'는 사슴을 의미하므로, 한자로 '용수록 본생(龍樹鹿 本生)'이라고 한다. 남전 《본생경》의 12번 본생담이다. 아잔타 석굴의 17굴에 벽화로 그려져 있다. 기원전 1세기의 바르후트탑에도 부조로 조각된 작품이 남아있는데, 이를 보면 산치 대탑에도 부조화되었을 가능성이 많다고 짐작된다.

이 본생담은 앞서 연재했던 마하까삐(대원大猿) 본생과 같이 부처님이 많은 과거생에 걸쳐 스스로를 희생한 이야기 중 하나이다. 마하까삐 본생이 자신이 이끄는 집단의 구성원들을 위한 것이었다면, 니그로다미가 본생은 자신의 집단이 아닌 이웃 집단의 구성원이 그 집단의 보호를 받지 못하고 곤란한 지경에 처했을 때 이를 위해 스스로를 희생한 이야기이다.

동시에 자신의 인생 목표를 설정하고 임신한 줄 모르고 출가하는 등 여러 가지 어려움을 지혜와 인내로 극복하면서 꿋꿋이 나아가 결국 처음의 목표를 달성하였다는 한 여성 수행자의 전생 이야기이기도 하다. 지면의 제한을 고려하여 니그로다미가 본생을 먼저 얘기하고 나서 다음 연재에서 여성 수행자의 출가 이야기를 해보고자 한다. 본생담은 다음과 같다.

아잔타 석굴 17굴의 니그로다미가 본생담

니그로다 사슴왕은 자신의 목숨을 바쳐 임신한 어미사슴의 목숨을 구하였다. 사슴왕이 인간의 왕에게 다섯 가지 계율을 지키고 바른 도를 행하면 천상세계에 태어날 것이라고 설법하였다. 화면의 왼쪽 끝에 엎드려 있는 사슴왕의 모습이 보인다. 그 위로 사슴고기를 조리하는 요리도구들이 진열되어 있다. 우측 건물 안에 왕이 앉아 있고, 사슴왕이 대신 목숨 바치러 온 것을 왕에게 보고하고 있는 모습이다.

옛날 브라흐마닷따(Brahmadatta, 범여梵如)왕이 바라나시를 다스릴 때, 황금빛 나는 두 마리의 사슴왕이 각각 5백 마리의 권속을 거느리고 함께 숲속에 살았다. 그 사슴왕의 이름은 니그로다(Nigrodha) 사슴왕과 사카(Sākha) 사슴왕이었다.

바라나시의 왕이 사냥을 좋아하여 백성들을 자꾸만 동원하자, 백성들은 사슴 떼를 왕의 동산에 몰아넣은 뒤에 왕에게 그것들을 사냥감으로 삼도록 했다. 왕이 사슴 떼를 보고 그 무리 가운데 있는 두 마리의 황금 사슴은 그 몸의 안전을 보장해 주었다. 그 뒤로 왕이나 왕의 요리사가 사슴을 사냥해 갔다. 그러자 니그로다 사슴왕이 사카 사슴왕을 불러서 자신의 권속과 사카 사슴왕의 권속이 교대로 순번을 정해서 하루에 한 마리씩 스스로 단두대에 목을 걸고 눕기로 약속하였다.

어느 날 사카 사슴왕의 권속 가운데 새끼 밴 암사슴이 당번이 되자, 그녀는 사카 사슴왕에게 가서 자신이 새끼를 배었으니 새끼를 낳은 뒤에 둘이 한꺼번에 그 당번을 받을 테니 순번을 다른 데로 돌려달라고 호소했다.

사카 사슴왕은 "네 자신의 과보로 알고, 가서 당번을 받아라" 하면서 거절하였다. 그러자 그녀는 니그로다 사슴왕에게 가서 이 사정을 말하였다. 니그로다 사슴왕은 그녀의 순번을 하였습니다. 그리고는 자기 자신이 단두대로 갔다.

요리사가 이것을 보고 몸의 안전을 보장받은 사슴왕이 단두대에 누워있는 까닭이 의아하여 왕에게 아뢰었다. 왕이 곧 수레를 타고 와서 단두대에 누워있는 사슴왕에게 물었다. "그대는 왜 여기 누워있는가?"

사슴왕이 답하기를, "대왕이시여, 새끼 밴 암사슴이 자신의 당번을 다른 데로 돌려 달라고 하였습니다. 그러나 저로서는 어떤 자가 받아야 할 죽음의 고통을 다른 이에게 씌울 수는 없었습니다. 그래서 내 목숨을 그 암사슴에게 주고, 암사슴에게 내려진 죽음을 대신 맡아 여기 누워있습니다."

"황금 사슴왕이여, 나는 일찍이 이 세상에서 이처럼 인욕, 자비, 애민(愛民)의 덕을 갖춘 이를 보지 못했다. 그대 덕택으로 내 마음은 맑아졌다. 일어서라. 그대와 저 암사슴에게 생명의 안전을 보장해 주리라."

연이어서 황금 사슴왕과 함께 이 동산에 있는 다른 사슴들, 동산 밖에 있는 사슴들, 네 발 달린 짐승들, 두 발 달린 짐승들의 안전도 보장받게 했다. 그러고 나서 니그로다 사슴왕은 인간의 왕에게 다섯 가지 계율(살, 도, 음, 망, 주)을 지키도록 하고, "바른 도를 행하십시오. 부모, 자녀, 바라문, 거사, 상인,

농부들에게 바른 도를 행하십시오. 그것을 평등하게 행하면 목숨을 마친 뒤에는 즐거운 천상 세계에 날 것입니다"라고 하여 인간의 왕이 실천할 바른 법을 일러 주었다.

그 뒤에 암사슴은 연꽃 봉오리 같은 새끼를 낳았으며, 그 아들이 사카 사슴왕 곁으로 가자 이를 제지하고 그 아들에게 "사카 사슴왕 곁에서 살기보다는 차라리 니그로다 사슴왕 곁에서 죽어라." 하고 가르쳤다.

안전을 보장받은 사슴들은 백성들의 곡물을 먹었는데, 사람들은 이를 제지할 수 없어 왕에게 이 사정을 호소했다. 왕은 "나는 신앙심으로 말미암아 니그로다 사슴왕에게 은혜를 베풀었다. 그러므로 나는 이 영토를 다 버리는 한이 있더라도 그와의 서약은 깰 수 없다. 모두 물러가라. 내 영토 안에서는 사슴을 해치지 못할 것이다"라고 하였다.

그러자 니그로다 사슴왕은 밭 둘레에 풀잎을 맺기를 당부하고, 사슴들은 그 표시가 있는 곳에는 들어가지 않았다. 그때의 사카 사슴왕은 데와닷따(Deradatta)요, 그 권속은 데와닷따의 권속이며, 그 암사슴은 임신한 줄 모르고 출가했던 장로니이며, 그 아들은 꾸마라깟사빠요, 왕은 아난다이며, 니그로다 사슴왕은 부처님이었다.

이 본생담의 주 내용은 니그로다 사슴왕의 초월적 희생정신이다. 사슴왕은 다른 사슴의 목숨이 아닌 자기 자신의 목숨을 바침으로써 새끼 밴 사슴의 안타까움을 해결하였다. 자식을 위한 부모의 희생, 배우자를 위한 희생, 가족을 위한 희생, 소속 집단을 위한 희생, 신봉하는 가치를 위한 희생 등 희생이라는 것은 어렵고 고귀한 일이다.

더욱이 자신의 소속 밖에 있는 어떤 이를 위해 자신을 희생한다는 것은 결코 쉬운 일이 아닐 것이다. 사슴왕은 자신의 소속이 아니라고 해서 배척하거나 그 소속집단으로 돌려보내거나 하지 아니하고, 오히려 자신의 목숨까지 바쳐가면서 적극적으로 포용하고 보살펴 준 것이다. 그럼으로써 죽을 뻔한 한 생명체가 살아나고 그 후손까지 세상의 빛을 보게 된 것이니, 사슴왕의 집단 초월적이고 포용적인 희생 위에 새로운 해가 뜨게된 것이다.

동시에 구함을 받은 암사슴이 자식을 가르치는 태도가 보은(報恩)의 정신에 투철할 뿐만 아니라 엄격하고 단호하다. 자식에게 악을 가까이 하느니 선량함과 더불어 죽는 것이 나음을 가르치고 있다. 선과 악의 대비가 극명하기 이를 데 없다.

마지막으로 약속을 저버리지 않고 지키는 바라나시 왕의 굳건함과 니그로다 사슴왕의 지혜로운 대처가 이 이야기를 마감하고 있다.

🪷댓글🪷

2022.2.7.　부처님이나 성인들을 기준점으로 두고 바라보면 많은 걸 깨달을 수 있습니다. 관계 속에서 모범이 되고 지혜를 줍니다. 그래서 부족한 나를 좀 더 좋은 사람이 되고자 노력하게 합니다. 니그로다 사슴왕의 차별두지 않는 자비와 지혜로운 대처로 많은 이들에게 이익이 된 거처럼 나도 매순간 선택할 일이 생기면 더 나은 선택을 할 수 있는 지혜의 힘을 길러야겠습니다. 그리고 임신한 줄 모르고 출가했던 장로니 비구니의 이야기가 무척이나 기다려집니다. 그 암사슴이 전생이었다니 더 흥미진진합니다. 기다리는 시간이 소중한 것만큼 다음 시간이 더 감동이겠지요. 감사합니다.

2022.2.7.　본생담의 내용도 내용이지만 스님의 설명이 더 감동입니다. 그냥 읽고 넘어갈 수도 있는 부분들을 각자의 입장에서 세밀하게 설명해주셔서 상대방의 입장에서 생각해보는 시간이 되었습니다. 감사합니다.

2022.2.7.　사람이 매순간 생각하면서 산다는 것은 그만큼 깊

이가 있다는 것이라 생각됩니다. 니그로다 사슴왕의 생각과 결단 그리고 모든 것을 초월할 수 있는 힘은 과연 어디서 나오는 힘일까요? 보살의 힘! 많은 것을 생각하게 하는 부분입니다. 스님의 연재, 갈수록 저를 빠져들게 하네요. 감사합니다.

2022.2.8. 인욕·자비·애민, 이 3가지에 모든 답이 다 있네요. 어떻게 주위를 돌아보면서 살아야 되는지 인간이란 테두리에서 말로만 하면서 실천은 안 하고, 많은 반성이 됩니다. 감사합니다. 지금부터라도 조금씩 실천할 수 있도록 노력하겠습니다.

2022.2.8. 스님, 좋은 글 감사합니다.
예전에 사슴 전생에 대한 얘기를 들을 때 희생심만 크게 생각했고, 두 개의 사슴 집단이 있는 사실은 몰랐네요. 자신이 속하지 않은 집단을 위한 희생은 정말 힘든 것 같습니다. 선악을 구별하여 악을 가까이하지 않도록 하는 가르침도 마음에 와닿네요. 제가 요즘 비윤리적인 행동이나 범계 행위에 대해서도 자비라는 이름으로 무조건 포용하는 것이 불교적이라는 주장에 동의하지 못하고 있기 때문인지 모르겠습니다.

2022.2.16. 본문에는 니그로다 사슴왕과 사카 사슴왕이 선과 악의 대립으로 표현되어 있지만, 조금 더 섬세히 보면 등장인물들은 각각의 가치를 표현하고 있습니다. 사카 사슴왕은 개별적 상황의 다름에 흔들리지 않는 원칙을 고수하고 있고, 어미사슴은 모성애라는 보편적인 사랑을, 바라나시의 왕은 굳건한 약속을, 니그로다 사슴왕은 애민정신과 희생정신입니다. 각각의 모든 가치는 인간사회를 구성하고 유지하는 데 필요한 것들입니다. 세속적인 원칙은 법과 연관되어 있고, 그 원칙이 제

대로 이루어질 때 우리는 사회에 대한 믿음이 커집니다.

예를 들어, 미국의 재판은 엄격하기로 유명한데, 악질적인 범행을 저지른 범죄자에게 300년이 넘는 형량을 부과하는 판결을 심심치 않게 볼 수 있습니다. 원칙을 깨버린 자에 대한 원칙적 대처가 주는 통쾌함이 사회에 대한 믿음과 신뢰로 전환되며, 이는 곧 사회를 지탱하는 힘이 됩니다.

모성애를 대변하는 어미 사슴은 순수한 인간 본연의 감정으로 원칙을 깨버리고자 했습니다. 누구나 공감할 수 있는 모성애와 모두를 위해 지켜져야 하는 원칙은 필연적으로 이처럼 충돌할 수 있는데, 이것은 사회 구성원 모두가 각기 다른 존재이기 때문이며, 처한 상황도 다르기 때문입니다.

앞서 언급했던 미국의 다른 재판을 사례로 보면, 프랭크 카프리오라는 지방판사는 몇 건의 신호위반으로 270달러를 물어야 했던 전 베트남 참전 용사를 재판하게 되었고, 그의 경제적 상황과 베트남 참전 용사의 사회적 대우가 미미했던 점을 고려하여 벌금을 없애준 판결이 있었습니다. 원칙을 고수해야 하는 재판장이 그가 나라를 위해 헌신했던 점을 고려하여 원칙을 깨고 판결을 내었지만, 이를 본 수많은 사람 중 그를 욕하거나 비판하는 이가 없었고, 오히려 감동받고 응원했습니다.

그렇다면 어떤 지점에서는 원칙이 고수되어야 하고, 어떤 지점에서는 인간적인 감정인 공감이 우선되어야 하는지 판단의 모호함이 생깁니다. 이것에 대해 본 글은 부처님인 니그로다 사슴왕을 통해 애민정신과 희생정신이 원칙은 고수하되 모성애도 지키는 불교의 가르침을 보여줍니다. 내가 먼저 배려하고 남을 위한 희생정신으로 살아간다면 우리는 함께 좋은 사회를 만들어 갈 수 있다는 것을 다시 한번 생각합니다.

2022.2.18.　누군가에게 아무런 조건 없이 희생할 수 있다는 것이 결코 쉬운 일이 아니기에 그런 이를 가리켜 성인이라 하는 거겠죠. 또한 작은 것이라도 베풂을 받으면 고마움을 잊지 않아야겠죠. 무주상 보시입니다.

2022.2.19.　부처님 삶, 끊임없이 조금이라도 그분의 살아오신 삶을 실천해 보려고 노력해도 그 감정에 흔들려서 순간순간 다 잊고, 돌아서면 후회하고, 안 그래야지 하면서 또 그 흔들리는 그 마음. 비우면서 살아야 되는 것 알면서도 행과 실천이 항상 반대. 어쩔거나 하면서 살아가고 있는 나, 스님의 연재 읽으면서 오늘도 반성해 봅니다.

2022.11.17.　사람들에게 최후의 보루는 양심이라고 합니다. 사슴왕의 목숨을 내놓는 결단에 사냥하려는 왕은 감복했고 그로 인해 모든 짐승들의 목숨을 구한 것은 부처님의 자비겠지요. 지혜로운 사슴왕의 슬기로운 행동이 돋보입니다. 많은 것을 생각하게 합니다.

2022.12.25.　한글대장경(본생경)을 보면 글씨는 세로줄로 써 있고 머리말, 본말, 맺음말 이런 순서로 때로는 좀 잡다한 내용도 많은데 스님께서는 꼭 필요한 내용을 뽑아서 작품 자체가 많이 낡았지만 벽화나 부조 사진을 함께 넣어 주셔서 재미있고 실감이 났습니다. 니그로다 사슴왕의 지혜와 결단은 보살의 힘 그 자체입니다. 연등부처님께서 4아승지 10만 대겁 후에 '고따마'라는 부처가 될 것이라고 수기를 주셨기에 그리고 그 수기를 받은 자만이 유일한 보살로 부처가 되기 위해서 그 어려운 10바라밀을 닦으셨다고 하니 니그로다 사슴왕은 중생들이 어

떻게 살아야 하는지 그 길을 안내하고 있는 것 같습니다.

2022.12.28. 〈모든 것을 품고도 가장 아래에 있는 그대〉 땅이
라는 서윤덕 시인의 시가 생각나는 본생담입니다.
땅이 없이 하늘은 존재할 수 없지요/ 부처님은 하늘보다 높지
만 땅처럼 모든 것을/ 품어주시는 분이니까요

2023.7.17.　오늘 글은 지금까지 읽었던 글 중에 제일 마음에
들었습니다. 선과 악이 잘 나뉘어져 있어 인물이나 상황을 이
해하기 쉬웠습니다. 재미 또한 좋았던 것 같습니다.
재밌었던 점은 부처님과 그 주위 인물이 사슴이라는 동물로
나왔기 때문에 거리감 같은 것도 느껴지지 않고 더 친근하고
편한 느낌을 줘서 그런 것 같습니다. 단순하게 보자면 영웅과
악당의 모습이 명확했기에 글의 내용을 이해하기 쉬워서 글에
몰입이 되서 재밌었던 것 같기도 합니다. 〈중2〉

04

암사슴의 내생 이야기 1

— 니그로다미가(Nigrodhamiga, 용수록龍樹鹿) 본생담②《본생경》 12번)

암사슴은 임신한 줄 모르고 출가한 비구니의 전생
결혼 후 덕행으로 남편 설득해 출가했으나 뒤늦게 배불러
사부대중 함께 모여 출가일과 임신일 대조한 후 청정성 인정.
아들 꾸마라깟사빠 아라한과를 이루고 본인도 최상의 과위 성취.

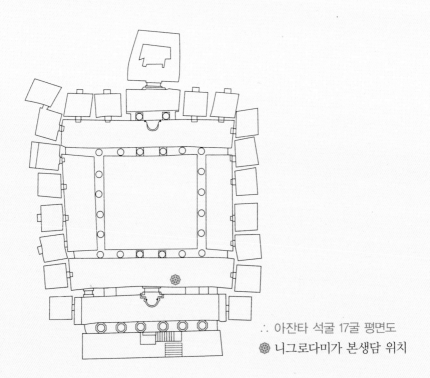

∴ 아잔타 석굴 17굴 평면도
⚙ 니그로다미가 본생담 위치

60

바로 앞 편에서 니그로다미가(龍樹鹿) 본생이 한 여성 수행자의 전생 이야기라고 말한 바 있다. 이번에는 그 여성 수행자의 출가 이야기를 해 보고자 한다.

그 여성 수행자는 웅변제일이었던 꾸마라깟사빠(Kumāra Kassapa)의 어머니이다. 왕사성의 큰 부호의 딸로 태어난 그녀의 마음속에는 성자(聖者)로서의 힘의 불이 타오르고 있었으므로 출가하려고 하였다. 그러나 부모의 반대로 출가하지 못하자 결혼을 한 다음에 남편의 허락을 받아 출가하려고 하였다. 그리하여 어진 아내가 되어 덕을 쌓고 좋은 일을 하였다.

그러던 어느 날 왕사성의 축제 날이었지만 그녀는 여느 여인들과 달리 향을 바르거나 화장을 하지 않았다. 남편이 그녀를 보고 말했다.

"온 시민이 경축의 기분에 들떠 있는데 당신은 아무 화장도 하지 않았구려."

그녀가 대답하였다.

"이 몸은 서른두 가지 더러운 물건으로 가득 차 있습니다. 장식한들 무엇 하겠습니까? 이 몸은 천신(天神)의 화생(化生)도 아니요, 범천(梵天)의 화생도 아니며, 황금이나 진주로 된 것도 아니요, 푸른 전단(栴檀)으로 된 것도 아니며, 하양·빨강·파랑 연꽃을 태(胎)로 하여 난 것도 아니요, 죽지 않는 약으로 가득 차 있는 것도 아닙니다.

더러움 속에서 생(生)을 받아 부모에게 났으니 덧없어 부서질 것이요, 무너지고 나누어지며 흩어질 것, 무덤 수만 보탤 것, 욕정에 집착하는 것, 괴로움의 인연이요, 슬픔의 근본이며, 온갖 병이 깃드는 곳, 업력을 담은 그릇, 내부의 고름은 항상 밖으로 흘러나오고 온갖 벌레들이 사는 집, 무덤으로 가까이 가다가 끝내 죽고 마는 것, 이것이 눈앞에 일어나는 일체 세간의 현상입니다."

이렇게 말하고 게송으로 읊었다.

이 몸은 뼈와 힘줄에 묶이었는데 가죽과 살은 그것을 쌌네.

이 몸은 가죽에 싸이어 그 참 모양 보이지 않네.

배 속에는 간장, 방광

심장, 폐장, 신장, 비장

가래, 침, 쓸개즙, 지방으로 가득하다.

아홉 구멍에서는 언제나 더러운 것 흘러나오나니

눈에서는 눈곱, 귀에서는 귀지,

칠엽굴 가는 바이바라 언덕에서 본 신왕사성 전경
우측 언덕이 비풀라산이고, 좌측 아래 평평한 곳이 마챤 조망대이다. 그 바
로 밑이 옛 온천정사였던 온천이며, 그 앞으로 죽림정사가 있다. 넓은 평원
에 신왕사성이 건설되었다. 사진의 위쪽 방향이 북쪽이다.

코에서는 콧물,

입으로는 쓸개즙과 담을 뱉고

몸에서는 땀과 때가 스며 나오며

두개골에는 머릿골로 가득 차 있다.

이것을 깨끗하다 생각하는 사람은

어리석거나 무명(無明)에 덮인 사람

이 몸은 한없는 재앙으로 독있는 나무에 견줄 것이니

모든 병이 사는 집, 참으로 이것은 고통 덩어리네.

나쁜 냄새 나는 더러운 이 몸은 문드러진 똥과 같네.

이 몸이란 지혜로운 이는 더럽게 보고 어리석은 이는 좋아
하는 것이네.

이렇게 게송을 읊은 뒤에 "이 몸을 장식한다는 것은 더러
운 똥을 담는 그릇의 껍데기를 장식하는 것과 같지 않습니까?"
하고 남편에게 되물었다.

남편이 말하기를 "왜 당신은 출가하지 않습니까?"

부인이 대답하기를 "오늘이라도 출가하겠습니다."

남편은 부인을 위해 많은 보시를 하고 크게 공양한 뒤에
많은 시중꾼을 붙여주고는 데와닷따에 속한 비구니 승단으로
데리고 가서 출가시켰다. 그런데 그때 부인은 임신한 줄을 모르

고 출가한 것이다. 태 안의 아이가 자라 그녀의 배가 차츰 불룩해지자 데와닷따는 사람들의 비방을 두려워하여 그녀를 자신의 승단에서 내쫓았다.

그리하여 그녀는 라자가하(Rājagaha, 현재의 Rajgir, 한역으로 왕사성王舍城)에서 사왓티(Sāvatthi: 현재의 슈라바스띠Śrāvastī, 한역으로 사위성舍衛城)까지 45유순(675km)의 길을 걸어 기원정사에 계신 부처님 앞에 이르렀다. 부처님께서는 꼬살라국의 왕인 빠세나디(Pasenadi)왕과 대급고독 장자, 소급고독 장자, 대신녀 위사카(Visākhā)와 그밖의 저명한 장자들을 초빙하고 사부대중들이 모였을 때에 우빨리(Upāli) 대덕에게 이 젊은 비구니의 사건을 명백히 하도록 맡겼다.

우빨리 대덕은 왕 앞에서 대신녀 위사카에게 그 젊은 비구니의 임신일과 출가일을 대조하는 일을 맡겼다. 그 결과 출가 전에 임신한 것을 알게 되었고 우빨리 대덕은 그 비구니의 청정을 알렸다.

그녀는 연화상불(蓮華上佛, Padumuttara Buddha. paduma: 연꽃, uttara는 위쪽의. 석가모니불의 성불을 수기한 과거불 중 한 부처님. 이 부처님은 깨달은 뒤에 걸으실 때 발밑에 연꽃이 솟아올랐다고 한다.)의 발아래에 솟아오른 연꽃 같은 아들을 낳았는데, 빠세나디왕의 명령으로 왕자의 신분으로 길러지게 된다. 이름을 꾸마라깟사빠라 하였고, 일곱 살에 자신의 어머니가 비구니인 줄 알게 되자 출가하였다. 20살이 되어 비구가 된 다음에는 숲속 정진을 통해 아라한도를 성취하였고 그대로 12년간 숲속에서 나오지 않았다. 나중에 웅변제일의 아라한이라는 이름을 얻었다. 그 어머니 비구니도 아라한이 된 아들의 도움으로 최상의 과보를 얻었다.

이 본생담에서 보이는 인상적인 점은 먼저 한 여인의 출가를 위한 노력과 결심이 단호할뿐더러 지혜로웠다는 점이다. 부모의 허락을 받을 수 없자 이를 거역하지 아니하고 결혼 후에 남편의 허락을 받아냈다. 그리고 결혼생활에서도 덕을 쌓고 공덕을 지음으로써 선한 삶을 살았다. 이러한 덕행은 출가의 토대를 쌓는 일이며, 출가 이후에도 출가 생활을 돕는 양식이 되어주었을 것이다.

더욱 중요한 것은 그런 과정에서 출가를 위해 변하지 않는 결심을 유지하였다는 것이다. 누구나 젊은 시절에는 정신이 맑고 깨끗하며 정의로움으로 넘쳐흐르기 마련이지만, 인생의 본격적인 과정이 진행되다 보면 푸르던 정신은 물들고 흐려져서 물이 흘러나온 첫 수원지는 아득하기만한 것이다. 맑은 물은 흐려지는 것을 알 수 있지만 이미 흐려진 물은 맑은 상태를 알 수 없다. 가느다랗던 물줄기도 커질 대로 커졌다. 어찌 되돌릴 것인가?

그리고 현재의 삶이 또 그럭저럭 살아갈 만해질 수밖에 없다. 왜냐하면 인간은 적응의 동물이기 때문이다. 적응은 행복을 헌납한다. 또 삶이 어렵고 힘들더라도 하루하루에 쫓겨 되돌아볼 틈도 없다.

이러한 물듦의 과정 속에서 그녀로 하여금 출가의 결심을 잊지 않게 한 것은 몸의 더러움에 대한 철저한 인식이다. 그리고 이러한 인식의 표출이 남편의 마음을 움직인 것이다.

몸의 더러움에 대한 인식을 수행법으로 발전시킨 것이 부정관(不淨觀)이다. 부정관은 탐심을 없애는 수행법으로서 32가지 명상 주제, 백골관 등 다양한 방법으로 개발되어 수행에 사용되었다. 탐심이야말로 중생심의 근본이다. 탐심을 없애는 것이야말로 정진의 근본인 것이다.

❀ 댓글 ❀

2022.2.21. 이 더러움의 수행은 우리에게 잘 알려진 부정관으로 알려진 수행이다. 명상 주제 가운데 가장 무섭고 어려운 주제라고 한다. 비록 이 대상이 혐오스럽지만 그 대상에서 강하고 단호하게 번뇌를 다스리고 지혜에 의지해서 출가라는 자신의 목표도 성취할 수 있었다. 목표의 방향을 잃지 않고 가는 사람, 법을 담아 최상의 과보를 얻은 사람, 참으로 훌륭합니다.

2022.2.21. 32가지 몸의 구성을 보면서 수행 생활을 한 시간이 작년 8월 시작해서 7개월 정도 됩니다. 처음에는 몸의 구성이 무섭기도 하다가 또 편안해지기도 하고 습관적으로 되뇌기도 하고 하면서 바위 위에 돌을 얹어 쌓아간다는 생각으로 반복해봅니다. 수행 자체가 말해주는 진리를 배우려 노력해봅니다.

2022.2.21. 내 몸속에 오물이 수두룩한데 겉모습만 치장하면서 살아간다는 것이 참으로 부끄럽고 한심하게 느껴집니다. 부모님이 허락하지 않으니 거역하지 않고 기다리면서 덕을 쌓고 공덕을 짓는 마음, 그 세월을 보내는 인내심, 과연 우리는 어느 잣대로 생각하면서 살아가고 있는 것인지 연재를 읽으면서 나 자신의 부족함이 자꾸 새록새록 생각납니다.

2022.2.22. 여성 출가자! 부모의 뜻을 거스르지 않고 결혼하여 어진 아내로 덕을 많이 쌓고 기꺼이 허락하며 아내의 출가

를 위해 보시하는 남편의 마음도 평소 수행하고 출가하고자 하는 굳은 심지에서 일어난 결과인 것 같습니다. 출가하여 한 승단의 계율에도 굴하지 않으며 먼 길을 걸어 부처님 승단을 찾아간 고행의 길! 그리하여 석가모니 부처님과 꼬살라왕과 급 고독장자를 만나 더 큰 성취를 이루는 깨달음의 인연! 자신의 운명을 어렸을 때부터 안다는 것은 전생 공덕과 수행의 삶이 윤회된다는 것을 여실히 느낍니다.

덕행과 지극한 믿음과 확고한 실천이 금생의 할 바임을 비추어 주는 각전 스님의 본생담을 읽게 되어 기쁘고 감사하며 멀리 있던 법보신문을 온라인으로 만나면서 다른 연재도 더불어 보게 되어 신문사에 감사하며 읽고 생각하고 분석하고 기억하는 내용을 마음속에서 가지 치는 마인드맵 공부처럼 본생담에서 중국 돈황 석굴로 또 여러 사찰 주련으로 부처님의 생생한 말씀도 읽고 옛 선인의 지극한 신심이 이뤄낸 역사의 기록 앞에서 무식함을 깨우치며 근원적으로 일어나는 호기심에 숨고르기도 합니다. 특히 정안 님의 긴 댓글에서 '……. 어떻게 살아야 하는가?……'를 읽는 순간 '게으르고 안주하며 다람쥐 쳇바퀴 같은 일상을 아~~또 이런 곳에서 또 나를 방일하지 않게 하는구나' 참회합니다○○○

2022.2.22.　역시 훌륭한 부모 밑에 훌륭한 자식이 태어난다는 것이 진리군요. 양대밭에 양대 나고 쑥대밭에 쑥대 난다는 것이 우리들의 삶 한 치의 오차도 없네요.

10달 동안 어머님의 뱃속에서 그리고 세상에 나왔어도 어머님의 삶을 알고서는 비구 길로 가서 아라한을 성취하였고 더군다나 웅변 제일의 아라한! 그 감동 오랫동안 뇌리에 떠나지 않네요. 부모란 모름지기 행동과 실천해야만 되는 줄 알았는데 묵묵히 본질을 잊지 않고 걸어가면 자식도 따라온다는 것을 다시 한번 생각해 봅니다.

니그로다미가 본생 2편 연재, 많은 생각을 정리할 수 있도록 도움 주신 스님께 감사드립니다.

2022.2.22. 부모의 반대로 출가하지 못하고 결혼했어도, 전생부터 수행력이 있었기에 오로지 그 마음 일심으로 생활하면서 뜻을 굽히지 않고 출가하는 그 모습이 참으로 아름답고 심지가 깊다고 생각합니다. 우리는 과연 전생이 있나 없나, 정말로 환생할까, 많은 의문 속에서 생각만 할 뿐이지 그 깊이에 빠져보지도 못하면서 말로만 계속한다는 것은 무얼 의미하면서 사는 것인지 생각해보는 시간이 되었습니다.

2022.22. 남편의 '왜 화장하지 않았느냐?'는 질문에 대한 여성 수행자의 답변은 인간 존재의 본질에 대한 접근이며, 무한하지 않고 소멸해갈 껍데기인 육체에서 벗어나 정신의 도를 취하여 궁극적인 자유를 얻기 위해 출가한 이 내용은 삶에 대한 근원적인 질문을 하게 만듭니다.
어떻게 살아야 하는 것인가?
세속을 살아가며 한 인생에게 드리워지는 수많은 잣대들이 존재합니다. 그 잣대와 기준들은 너무나도 주관적이며 개별적이고, 가볍고 물질적이며, 시대와 장소에 따라 변하고, 편견과 시기가 점철되어 있습니다. 세속적 정답을 따라 인생을 소비하기도 하고, 세속에 머물러 있으면서도 그걸 따라가지 않고 머물러 있기도 하며, 방황하고, 절망하고 포기하기도 합니다. 따라서 이것들은 '잘 사는 것'과 항상 일치하지 않으며, 진정한 행복을 찾는 안목을 흐리게 만듭니다. 누구나 유년기에는 이룰 수 없는 높은 꿈을 꾸지만, 연속적인 한계에 부딪히며 현실적인 꿈을 꾸게 됩니다. 그 과정에서 삶과 의미, 어떻게 살아야 되는지에 대한 삶의 자세에 깊게 고뇌하게 되는 것은 필연적인 과정입니다.

평생 공부하며 느낀 삶에 대한 저의 정의는 이렇습니다. '의미 부여'와 '합리화'. 불확실한 미래에 대한 현재의 수많은 선택지를 하나씩 밟아 나가며 의미를 부여하고, 나름의 기준으로 선택하지 않은 것들과의 소심한 비교를 통한 합리화로 마음의 평화를 얻고 나의 양심과 타협하며 살아가고 있습니다. 세속적 공부를 통해 내가 처한 세속적 상황을 객관적으로 볼 수 있는 안목을 갖게 되었을 때, 동시에 나의 그릇과 한계를 볼 수 있었습니다.

본 글의 여성 수행자가 세속적 한계에 부딪히면서도 결국에는 뜻을 잊지 않고 이루게 되는 내용은 용기가 부족했던 삶에 대한 반성을 하게 합니다. 본질에 눈을 두고, 허상으로 가득한 세속에 서서 고민의 시간을 가져봅니다.

2022.2.24. 세상을 살아내는 것이 그리 순탄치만은 않겠지만 모든 것이 마음먹기에 달렸나 봅니다. 지혜롭게, 순리대로 삶을 지켜내는 모습이 경이롭습니다. 오해의 시간 속에서도 꿋꿋이 초심을 버리지 않는 마음을 보며 지난 삶을 되돌아봅니다. 힘들어질 때마다 이런저런 이유로 자신을 합리화시키고 괜찮다고 했던, 또한 절대라는 단어를 많이도 사용하고 오만의 최대치였던 지난 삶이 부끄러워지는 날입니다.

남은 시간들은 이런저런 핑곗거리를 안 만들고 살아가렵니다. 매일 감사한 마음으로요. 행복하세요.

2022.2.24.   1. "젊은 날에는 정신이 맑고 깨끗하며 정의로움으로 넘쳐흐르고", 2. "푸르던 정신은 물들고 흐려져서." 이번 본생담 글 중 내 가슴을 울린 문장입니다. 항상 그 물은 맑은 상태로 흘러가야 되는데 어느 날부터는 흙탕물이 되어서 흘러가는 줄도 모르고 나 자신도 망각하면서 살아가고 있고, '아! 흙탕물이구나' 생각이 들 때 벌써 인생은 지는 해가 되어 있더군요. 그나마 지금이라도 정신차리고 살아갈 수 있도록 좋은 글 올려주신 스님께 감사드립니다.

2022.11.17.   부모의 반대로 출가 못하고, 결혼 후 어진 아내로 행복으로 가는 길로 갔지만 남편의 허락을 받아서 출가한 여인. 그의 게송을 읽어보면 그 내용이 현대의학과 너무나 닮았을 뿐만 아니라 그로 인해 남편이 감동하여 출가를 허락했고, 출가해서는 아쉬움과 부족함이 없이 참 만족이 있기를… 기뻐하십시오. 어디서나 행복해집니다. 너무나 흥미진진하고 감동적인 글, 감사합니다.

2022.12.25.   니그로다미가 본생담①에서 암사슴이 임신한 줄 모르고 출가한 비구니의 전생이라니 윤회는 정말 가볍지 않음을 느낍니다. 부처님 당시 웅변제일이었던 꾸마라깟사빠의 어머니는 출가의 발원을 항상 품고 있었기에 왕사성 축제에 화장도 하시 않고 있었습니다. 남편이 그 이유를 묻자 그녀는 《대념처경》에 나오는 '몸의 서른두 가지 부위에 대한 혐오'를 경전보다 더 확실하게 조목조목 혐오해야 할 상황을 설명하고 있어서 정말 놀랐습니다. 또한 이 몸은 '병이 사는 집', '고통의 덩어리', '나쁜 냄새나는 더러운 문드러진 똥'과 같다며 이 몸을 지혜로운 이는 더럽게 보고 어리석은 이는 좋아한다는 부정관을 이

미 꿰뚫고 있기에 그녀의 남편은 그날로 출가시키는 그 결단과 신심도 귀감이 됩니다.

2022.12.29. 가지고 싶은 마음이 삶의 원동력인 것 같아요. 갖고 싶은 게 없으니 사는 게 재미가 없네요. 욕심은 삶의 원동력이지만 탐욕은 모든 복을 깨버린다는 말이 생각나네요.

2023.1.22.   한 집단에서 쫓겨난 니그로다미가를 부처님께서 받아주신 것은 대자비의 부처님 정신을 그대로 보여주는 것이라고 생각합니다. 이 본생담에서는 대자비의 정신뿐만 아니라 니그로다미가의 임신에 대해 합리적이고, 누구나 받아들일 수 있는 실증적인 근거를 보여주며 받아들이는 모습에서 부처님의 사상이 현대 사회에서 강조되는 합리성을 그대로 보여주는 종교임을 알게 됩니다. 〈중2〉

05

암사슴의 내생 이야기 2

— 니그로다미가(Nigrodhamiga, 용수록龍樹鹿) **본생담 ③**(《본생경》 12번)

12년의 그리움을 단호한 경책으로 끊어준 아들
아라한과 얻고 12년간 숲에서 지낸 꾸마라깟사빠
자식 그리워하는 어머니 차갑게 대해 수행 정진하도록 이끌어

산치 대탑 북문 기원정사도 부조

니그로다미가 본생담은 아주 짧지만 그 이야기가 설해진 인연담의 내용이 풍부하고 시사하는 바가 많다. 초지일관한 마음을 잘 유지하여 출가에 성공한 여성 수행자는 출가하여 아들을 낳았고 그 아들은 마침내 웅변제일의 아라한이 되었다. 그리고 아라한이 된 아들의 도움을 받아 그녀 역시 최상의 과보를 얻었다. 이번에는 그 과정을 소개해 볼까 한다. 이 이야기는 법구경 160번 게송의 내용이기도 하다.

비구니의 아들인 꾸마라깟사빠가 장성하여 비구가 되자 자신도 아라한이 되어야겠다는 결심을 하고 부처님께 수행주제를 받아서 숲속에 들어가 정진하여 마침내 아라한과를 성취하였다. 그리고 그대로 그 숲에서 12년을 지내었다.

12년간 아들을 보지 못한 어머니 비구니는 너무도 아들이 그리웠다. 어느 날 아들을 찾아 기원정사에 간 어머니 비구니는 거기서 아들을 만났다. 그녀는 아들의 뒤를 쫓아가며 울면서 아들의 이름을 불렀다.

그러나 아들은 단호하고 차가웠다. "비구니로서 이 무슨 꼴입니까? 아직도 아들에 대한 애착 하나를 끊지 못하셨단 말입니까?"

어머니는 너무나 가혹하다는 생각이 들어 되물었다. "지금 무어라고 말했느냐?"

아들은 조금 전의 말을 다시 똑같이 하였다.

어머니는 큰 비탄에 빠져 이렇게 중얼거렸다. "아, 나는 아들을 그리워하며 12년 동안을 눈물로 살아왔는데, 내 아들은 나를 이토록 차갑게 대하는구나. 이런 자식에 대해 내가 애착한들 무슨 이익이 있겠는가? 자식이란 모름지기 의지할 바가 못 되는 줄 나는 이제 알겠다."

그녀는 이 일이 계기가 되어 자기를 되돌아보게 되었고, 마침내 자식에게 애착하는 것이 참으로 부질없는 짓임을 깨달을 수 있었다. 그녀는 부끄러움을 느끼고 이제부터라도 열심히 수행하여 자식에 대한 모든 애착과 애정을 끊으리라 결심했다. 이 같은 굳은 결심을 바탕으로 열심히 수행한 끝에 그녀는 결국 아라한과를 성취할 수 있었다.

모친의 애착 단호히 끊고
파불시대에 조동종 연 양개 스님

어머니와 아들의 간절한 또 하나의 이야기는 9세기 당나라 동산양개(洞山良价, 807~869) 스님의 일화이다. 양개 스님은 어려서 출가하여 10대에 사친서(辭親書; 어머니를 이별하는 편지)를 썼는데, 11세기 후반에 편찬된 《선문제조사게송》과 《치문경훈》에 전해오고 있다. 사친서에서 어린 양개는 이렇게 적었다.

"어려서는 젖을 먹은 정이 무겁고 양육하여 준 은혜가 깊습니다. 만약 재물로써 이바지한다 하더라도 끝내 보답하기 어려우며, 만약 혈식(血食)으로 봉양한다 하더라도 어찌 오래 살 수 있겠습니까… 서로 이끌고 침몰하여 영원히 윤회에 들어갈 것입니다. 망극한 은혜를 갚고자 한다면 출가한 공덕과 같은 것이 없습니다. 태어나고 죽는 애착의 강물을 끊고, 번뇌의 고통스러운 세상을 뛰어넘으며… 그러므로 한 자식이 출가하면 구족(九族)이 천상에 난다 하였습니다… 양개는 금생의 신명(身命)을 버려서라도 맹세코 집에 돌아가지 않고 영겁의 육근(六根)과 육진(六塵)을 가져서 반야를 단박에 밝힐 것입니다… 양개는 부모에게 효도하려는 마음을 어기려는 것이 아닙니다… '금생에 이 몸을 제도하지 못하면 다시 어느 생을 기다려 제도하겠는가'라고 하였습니다. 엎드려 바라옵나니 어머니께서는 더 이상 저를 기억하지 마십시오."

이에 대해 어머니가 편지로써 답을 하였다.

"내가 너와 더불어 숙세에 인연이 있어서 비로소 모자(母子)로 맺어져 은애의 정을 나누었구나. 자식을 품으면서부터 신과 부처님과 하늘에 기도하며 남자 낳기를 발원했었다. 태중에서 달이 차니 생명이 실에 매달린 듯하였으나 드디어 원하던 마음을 이루고는 보석처럼 아끼어 똥오줌의 더러움과 그 악취를 싫어하지 않았으며, 젖을 먹이는 것은 부지런하여 게으르지 않았었다. 조금씩 사람이 되어갈 때는 서당에 보내어 글을 익히게 하였는데 혹 때가 넘어도 돌아오지 아니하면 곧 문에 기대어 바라보고 있었단다.

… 아들은 어미를 버릴 뜻이 있으나 어미는 자식을 버릴 마음이 없다. 한번 네가 타향에 가면서부터는 밤낮으로 항상 슬픔의 눈물을 뿌렸으니 괴롭고 괴롭구나. 이미 고향에 돌아오지 않기를 맹세하였으니 곧 너의 뜻을 따르겠다.

나는… 다만 목련 존자와 같이 나를 제도하여 침륜(沈淪)에서 해탈케 하고 불과(佛果)에 오르게 하기를 바랄 뿐이다…. 간절히 바라노니 모름지기 잘 알아서 하여라."

아들 양개 스님을 그리워하다가 흘린 눈물로 인해 눈이 먼

아잔타 석굴 17굴 감실에 조성돼 있는 설법인의 부처님상
수미단의 사슴 두 마리가 녹원전법상을 상징적으로 표현하고 있다.

어머니가 아들을 만나기 위해서 어느 주막에서 스님들의 발을 씻어주었는데, 아들의 왼쪽 발가락이 여섯 개였기 때문이다. 양개 스님은 오른발만 씻고 왼발은 내주지 않고 길을 떠났다고 한다. 양개 스님은 많은 스님들을 참례하고 당 무종 황제의 회창파불(會昌破佛, 842~845년; 중국 역사상 가장 큰 법난)의 역경을 경험하면서 마침내 조동종의 개파조사가 되었다.

윤회의 이 언덕을 떠나서 적멸의 저 언덕에 오르려는 사람은 사랑과 미움의 바탕에 깔려 있는 애착을 끊어야 하는데, 이것이 잘 되지 않는다. 그 이유는 마음을 쳐다보아도 애착이 있는지조차 잘 분간하기 어렵다는 것이 그 첫 번째이며, 두 번째는 알아도 그것 없이 살아간다는 것이 너무도 막막하기 때문이다. 왜냐하면 바닷가의 큰 나무에 매어져 있는 동아줄이 큰 바다를 떠다니는 이 육신을 묶고 있어서 나의 육신이 해류에 밀려 완전히 저 멀리 떠다니다가 없어질지도 모를 불안감을 안정시켜 주기 때문이다.

또 하나는 동아줄이 질기디질겨서 끊으려고 해도 잘 끊어지지 않기 때문이다.

이러한 연고로 이 애착을 드러내고 끊도록 외부에서 누군가 작용해 줄 필요가 있게 된다. 몸의 더러움을 인식하고 비록 출가까지 하였지만, 아들에 대한 애착을 끊지 못하고 아들을 그리워하고 있던 비구니는 자신의 애착의 대상인 아들에 의하여 그 애착을 드러내고 끊도록 강제당하였다. 그 아픔은 애착의 동아줄이 질긴 만큼이나 컸을 것이다. 그러나 일어서려면 앉았던 자리가 주는 안락함을 버려야 하는 것은 어쩔 수 없는 것이다.

만약 아들 꾸마라깟사빠 스님이 어머니 비구니의 애착을 끊어주지 않았다면 비구니는 나이가 들면서 계속 아들에 대한 애착심을 버리지 못하고 출가한 보람도 없이 평범한 여인으로 늙고 죽음을 맞이해야만 했을지도 모른다. 그러한 그녀에게 아들의 냉랭함은 오히려 약이 되어 그녀를 차원 높은 정신세계에 이르게 한 것이니, 양개 스님 어머니의 바람과도 같이 꾸마라깟사빠의 어머니는 아들의 도움으로 침륜에서 해탈하였던 것이다.

🪷 댓글 🪷

2022.3.7. 저도 아들이 하나뿐이라 남 얘기 같지 않은 심정으로 읽었습니다.

2022.3.8. 깊은 마음을 가지고 어머니의 애착을 끊게 하는 아들, 어머니를 애중히 여기는 마음이 참으로 깊습니다. 수행자는 인정(人情)이 농후(濃厚)하면 '도심소(道心疎)'라고 하지 않는가. 사람이 살아가는 데는 인정이 필요하지만 수행인은 인정이 너무 많은 것을 경계해야 하지요. 어머니에겐 수행자 이전에 자식으로 보여지는 마음도 이해가 됩니다. 대부분 우리 어머니 마음이지요. 내 목숨과도 바꿀 수 있는 어머니의 사랑. 부처님의 아버지 정반왕에게도 부처님은 자식으로 보여 부처님께서 깨달음을 얻으신 후 고향 까필라성에 도착하셨을 때 아버지로서의 마음이 더 드러나지요. 연재를 읽으니 오늘은 우리 어머니가 생각납니다^^.

2022.3.8. 박달 토굴의 인연으로 그나마 떨쳐내려는 공부를 1층 올려진 것이라고 생각합니다. 조심하고 조심하고 조심해서 공부에서 눈을 떼지 않아야 한다고 새깁니다. 스님과 도반님의 인연으로 밝은 곳으로 옮기는 방법을 몸에 익혀 나가려 합니다.

2022.3.8. 부모 자식의 인연이란 참으로 헤아릴 수 없겠지요. 한 아이의 엄마가 되어 자식을 가르치며 살아온 시간들, 정답이 없었던 것 같습니다. 잘 살아냈다 스스로를 위안 삼으며 이

젠 조금 더 나 자신의 성장을 위해 시간들을 채우려 합니다. 길라잡이가 되어주시는 스승님께 감사한 마음 전해봅니다.

2022.3.13.   어머니의 은혜가 아무리 깊다지만 그 마음 계속 가지고 있다면 윤회를 벗어날 수 없다는 생각에 어린 아들은 출가했습니다. 그 어린 아들이 어머니에게 보낸 편지에, 출가를 했으니 영겁의 육진과 육근을 가져서 반야를 밝히겠다고 하였습니다. 여기서 많은 생각을 하게 됩니다. 이 마음 어디로 가는지 오는지도 모르고, 매순간 알아차리면서 살아야 되는데 놓치고, 놓치고, 알아차리는 순간 또 놓치고. 그나마 스님의 연재가 있기에 조금 더 빨리 알아차리려고 합니다.

2022.3.13.   저는 여성 수행자가 출가하여 자식을 낳고 그 자식은 비구가 되어 숲에서 12년간 오로지 정진 수행하여 모든 애착을 다 끊었지만, 12년간 아들을 보지 못한 어머님 마음 너무나 아픕니다. 무릇 수행자란 강철같은 냉정함이 있어야 되겠지만, 어머니는 자식이 아무리 스님이 되었다 해도 자식에 대한 그리움과 애잔함은 어디에도 비교가 될 수 없겠지요. 나 역시 불자로서 산다지만 자식이 스님의 길로 간다면 기쁜 마음으로 보낼 수 있을까? 각전 스님의 연재가 읽기 쉽게 나와서 꾸준히 잘 읽고 있습니다만, 이번 연재 너무 마음 아프게 합니다.

2022.3.13.   교육심리에서 한 사람이 성장하는 과정에서 가장 중요한 개념이 부모와의 애착 형성입니다. 이때 애착 형성이 제대로 되지 않으면 성장하면서 집 밖의 환경에서 부딪히는 장면에 자신 있게 대응하지 못하고 여러 가지 정서적인 문제를 가질 수 있습니다. 그래서 아이가 태어나고 최소 3년간 엄마와

아이의 애착 형성이 정말 중요합니다.

그런데 이때 애착 형성의 개념은 아이에 대한 집착을 의미하는 것이 아닙니다. 아이에 대해 일관성 있는 양육 태도와 신뢰를 통해 아이가 단단한 한 사람으로 성장하도록 지원해 주는 것을 의미합니다. 아이 양육 과정에서 형성되는 애착 관계는 다양한 형태를 보이고 관계란 상호작용이다 보니 보호자인 어머니의 정서에도 영향을 미칩니다. 이 정서가 자식에 대한 지나친 집착은 아닌지 곰곰이 생각해볼 필요가 있습니다.

2022.3.13.　니그로다미가는 남편에 대한 애착과 자신의 가족에 대한 애착을 끊어내고 출가했음에도 불구하고 자신이 낳고 기른 아들에 대한 애착은 그것이 집착인지조차 인지하지 못하리 만큼 간절한 사랑으로 나타납니다.

양개 스님의 어머니는 아들을 보고자 하는 마음을 벗어나지 못해 그 흘린 눈물로 눈까지 멀었다니. 그 니그로다미가의 집착을 인지하지 못했던 그 모습이 너무 안타깝습니다. 아들의 똥오줌을 마다하지 않고 행여 다칠세라 걱정하는 마음이 아들에 대한 집착이 되어버려 안타깝습니다. 현 시대 우리네 많은 어머니와 아들의 모습이지요.

그 모습에 머물 것인가, 그것이 집착인 줄 알아 지금의 마음 상태를 뛰어넘을 것인가. 어머니가 처음 출가했던 그 마음을 알도록 어머니에게 한쪽 발만 씻기도록 하는 양개 스님의 효심에 감탄합니다.

2022.3.14.　많은 생각을 일으키는 글입니다. 덮어놓은 자신을 들추게 합니다.

부모, 형제, 결혼으로 이룬 가족, 모든 인연들이 이 생 마치면

끝인 줄 알다가…. 어느 날 엄마가 돌아가셨습니다. 슬프고 두려웠습니다. 내 안의 엄마는 여전히 살아 계시는데 잠깐 데려갔다가 돌려 줄 것만 같았습니다. 여동생이 49재라고 불렀습니다. 어리둥절 삼배의 예도 모른 채 법당에 서 있었습니다.

이십 년이 지난 지금은 불법으로 인도해 준 모든 인연들이 너무 감사합니다. 애착, 두려움, 어리석음, 화냄, 터무니없는 바램, 부러워하는 마음, 편견, 고집스러움과 자주 만납니다. 정진이 부족한 제게 니그로다미가 본생담과 꾸마라깟사빠, 동산양개 스님의 가르침이 자식을 특히 아들에 대한 애착을 냉정히 바라보게 합니다. 엄마의 사랑이 곧 집착이라 자식에게 오히려 장애를 주는 것 같습니다. 뚝 끊어 자유로워지겠습니다. 스님 감사합니다〇〇〇

2022.3.14.　자식에 대한 내 마음가짐을 돌아보게 됩니다. 각전 스님의 부모님은 우리를 부러워할 것 같습니다. 우리들은 스님을 뵙고 식사도 하고 좋은 불법 말씀을 듣는데, 스님의 부모님도 스님을 보고 싶어 하실 텐데… 부모 맘은 그렇지 않을까요.

2022.3.14.　사랑하는 부모 형제 주위의 모든 것을 다 끊어내고 수행자의 길을 간다는 것은 전생부터 가지고 있는 선근이 아닌가 싶어요. 얼마든지 밖에서도 잘 먹고 잘 살 수 있는데 오로지 부처님 법대로 살기 위에 그 가시밭길을 간다는 것은 전생의 수행이 있어서겠지요. 사람 몸 받기 그렇게 어렵다는데 사람 몸 받고 태어났으면 그만큼 정신 차리고 살아야 되겠지요. '무엇을 어떻게 왜 생각을 하면서 살아야 되겠구나' 생각하게 해 주는 내용인 것 같습니다. 많은 것을 알 수 있도록 하는 내용, 감사합니다.

2022.3.14. 한 사람이 나고 죽는 일생 동안 인연이 되는 모든 사람은 우연을 가장한 운명적 만남이고, 전생과 현생과 내생의 윤회의 고리의 연속선상에 있는 존재들입니다. 그중의 부모와 자식의 인연은 그 어느 인연과도 비교할 수 없는 영역과도 같습니다. 자식에게 부모는 든든한 후원자며, 언제나 기댈 수 있는 존재이며, 대가 없이 얻을 수 있는 마음의 안식처이며, 최후의 보루이자 버팀목입니다.

부모에게 자식이란 절대적인 사랑의 존재이자, 영원한 그리움의 대상이며, 무한한 기대감과 행복을 느끼게 해 주고, 동시에 실망과 몸이 분절되는 상처를 주기도 합니다. 자식에게 부모는 거대한 자산이고 부모에게 자식은 자신보다 더 사랑하는 존재이니, 부모가 죽으면 땅에 묻고 자식이 죽으면 가슴에 묻는다고 하였습니다.

출가하여 아라한에 이르는 운명을 타고난 이라 할지라도 그 인연은 부모와 자식의 관계에서 출발하는 것이니, 그것을 끊어내는 것은 결코 쉽지 않습니다. 또한 가장 질긴 인연이면서 서로를 가장 이해할 수 없어 다투기도 많이 합니다. 자식은 부모의 사랑이 부담으로 다가오고, 부모는 자식에 대한 기대에 실망을 느낍니다.

세속을 살면서 부모와 자식의 인연에 대한 성찰은 집착이 만들어내는 방식들에 대한 주의이며, 자식에 대한 순수한 사랑의 마음으로 기도하며 사는 것을 배우고, 자식은 부모의 사랑을 이해하고 감사함을 표현하고, 행복하게 살아가는 것이라 생각합니다. 그리고 불교의 가르침에서 '착'을 놓는 방법을 배우며, '착'에서 자유로워지는 수행을 한다면, 순수한 사랑의 마음으로 대할 수 있을 것이라 생각합니다.

2022.11.17. 부모가 있어 엄마의 젖을 먹고 정성 어린 보살핌으로 자란 자식이 엄마의 그 정성을 어찌 잊겠는가! 똥오줌의 냄새를 향기롭게 여기면서 게을리하지 않고 성장시켜 준 엄마의 정성을 저버릴 수 있겠는가! 그럼에도 불구하고 그렇게도 애타게 기다렸던 아들을 12년 만에 만났는데, 아들은 엄마를 보고 "아직도 아들에 대한 애착 하나를 끊지 못하였단 말입니까?" 하는 질책으로 12년간 엄마의 그리움을 떨쳐버렸다…. 아라한이 되고자 하는 아들의 꿈을 엄마는 이해하지 못한 탓일까? 아들도 아라한이 되고 그 후 엄마도 아라한이 되었다는 것은 많은 이들의 귀감이 된 것 같아요. 잘 읽었습니다.

2022.12.26. 《자애경》에서 "마치 어머니가 하나밖에 없는 자식을 목숨을 다해 보호하듯이 모든 존재를 향해 가없는 자애를 닦아야 합니다"라는 구절을 독송할 때마다 어머니는 자식을 위해서는 목숨도 아끼지 않는 인연이므로 한 자식이 출가하면 구족이 천상에 난다고 하지만, 애착 때문에 내 자식만큼은 안 된다고 승락하지 못합니다. 그러나 스님 덕분에 아잔타 석굴 17굴의 벽화로 니그로다미가 본생을 보여주시며 또 동산양개 스님의 일화까지 서로의 색깔은 다르지만 오직 진리를 위해 그토록 질긴 애착을 끊고 수행 정진으로 금생에 이 몸을 제도함이 얼마나 중요한가를 깊이깊이 새겼습니다. 스님, 감사합니다.

2022.12.28. 자식들이 나이가 들수록 부모가 살아계시는 게 큰 재산이지요.

06

'무소의 뿔처럼 혼자서 가라'

— 니그로다미가(Nigrodhamiga, 용수록龍樹鹿) 본생담④《본생경》12번)

'자신을 의지처 삼으라' 거듭 당부하신 부처님
"아라한 이루려면 결코 남 의지할 수 없다" 부단한 수행 강조
남 따르면 자신과 멀어질 뿐…
부처, 의지함 없음에서 나와 선종으로 계승…

기원정사의 간다꾸띠(부처님 처소)
부처님께서는 이곳에서 24년간 18안거를 머무겠다.

꾸마라깟사빠 장로의 어머니 장로니(니는 여성명사어미)는 데와 닷따의 승단(僧團)을 떠나 부처님께 의지함으로써 걸출한 아들을 낳을 수 있었고, 세월이 흐른 뒤에는 모자(母子) 모두가 아라한(번 뇌를 모두 없앤 분. 살적殺賊)이 되는 지복(至福)을 누리게 되었다.

이에 대하여 어떤 비구가 부처님께 여쭈었던 이야기가 '법구경' 160번 게송에 이어지고 있다.

"부처님께서는 지금도 아라한을 이룬 그들의 의지처가 되시는지요?"

이에 대해 부처님께서 다음과 같이 대답하셨다.

"비구들이여, 천상에 태어나거나 또는 아라한을 이루려고 하는 사람은 결코 남을 의지할 수 없느니라. 자신을 위한 일은 오직 자신만이 할 수 있나니, 자기 스스로 열성적이고 진지하게 노력해 나가야 한다."

진정 자기야말로 자기의 의지처
어떻게 남을 자기의 의지처로 삼으랴?
자기를 잘 단련시킴으로써만

자기를 의지처로 만들 수 있는 것

이는 실로 성취하기 어렵다.

자신에게 의지하라는 이 성스러운 구절은 부처님께서 보리
수 아래에서 깨달음을 얻고 난 후 49일간의 칠처선정 기간 중
5주째의 반조(反照), 마지막 안거 후 비구 승단에 대한 당부의
말씀, 부처님의 열반송, 마지막 유훈 등에서도 분명히 드러나고
있다.

먼저 깨달은 뒤 5주째에 반조하신 내용을 보면,

그때 부처님께서는 '이 세상에 의지할 사람 없이 살아가는
것은 괴로움이다. 내가 의지할 만한 사람이 있을까?'라고 깊이
사유했다. 존중할 만하고 의지할 만한 사람을 찾아보았으나 찾
지 못하자 스스로 깨달으신 법을 존중하고 법에 의지하면서 지
내리라고 마음먹었다고 한다.

두 번째로 비구 승단에 대한 당부의 말씀은 웨살리(Vesāli:
현재의 바이샬리Vaishali, 한역으로 비사리毘舍離) 근처의 벨루와
(Beluva) 마을에서 행해진 마지막 안거 직후에 설해졌다. 그 안
거 중에 부처님께서는 죽음에 이를 정도의 혹독한 병을 앓으셨
다. 부처님께서는 정진으로 병을 다스렸는데, 그 인내를 지켜본
아난존자가 여래의 반열반(완전한 열반) 후 비구 승가에 대한 당

부 말씀을 여쭈었다. 아난존자의 질문에 대해 부처님께서 말씀하신 것이 유명한 자등명 법등명(自燈明 法燈明) 법문이다.

"아난다여, 누구든지 지금이나 내가 죽고 난 후에 자신을 등불로 삼고 자신을 귀의처로 삼아 머물고 남을 귀의처로 삼아 머물지 않으며, 법을 등불로 삼고 법을 귀의처로 삼아 머물고 다른 것을 귀의처로 삼아 머물지 않으면서 정진하기를 원하는 비구들은 최고 중의 최고가 될 것이다."

또 부처님은 열반송에서 다음과 같이 읊으셨다.

내 나이 무르익어
나의 수명은 이제 한계에 달했도다.
그대들을 버리고 나는 가리니
나는 나 자신을 의지처로 삼았다.
비구들이여, 방일하지 말고
마음챙김을 가지고 계를 잘 지켜라.
사유를 잘 안주시키고
자신의 마음을 잘 보호하라
이 법과 율에서

방일하지 않고 머무는 자는
태어남의 윤회를 버리고
괴로움의 끝을 만들 것이다.

마지막 유훈은 다음과 같이 남기셨다.

"내가 가고 난 후에는 내가 그대들에게 가르치고 천명한 법과 율이 그대들의 스승이 될 것이다. … 비구들이여, 참으로 이제 그대들에게 당부하노니, 형성된 것들은 소멸하기 마련인 법이다. 방일하지 말고 해야 할 바를 모두 성취하라. 이것이 여래의 마지막 유훈이다."

처음 깨달으신 때로부터 마지막 열반에 드실 때까지 전 인생을 통틀어 일관되게 부처님께서는 남에게 의지하지 않고 자신을 의지처로 삼아 자신의 등불을 밝혔고, 등불이 밝혀진 후에는 그 밝아진 법에 의지하셨으며, 제자들도 그렇게 하기를 바라셨다. 이러한 정신은 동아시아로 건너와서 선종(禪宗)에 그대로 계승되었다. 9세기 초 당나라의 동산양개 스님(807~869)

바이샬리의 대림정사 터의 아소카왕석주

바이샬리는 부처님께서 반열반을 선포하시고 자등명 법등명 법문을 하신 곳이다.

이 깨달음을 얻은 뒤에 읊은 오도송인 과수게(過水偈)에서 이러한 부처님의 뜻을 잘 계승하고 있다.

절기수타멱(切忌隨他覓 남을 따라서 찾지 말라.)
초초여아소(迢迢與我疎 점점 자신과 멀어질 뿐이다.)
아금독자왕(我今獨自往 나는 지금 홀로 가노니)
처처득봉거(處處得逢渠 곳곳마다 그것을 만난다.)

거금정시아(渠今正是我 그것이 지금 바로 나요.)
아금불시거(我今不是渠 나는 지금 그것이 아니다.)
응수임마회(應須恁麼會 응당히 모름지기 이렇게 알아야만)
방득계여여(方得契如如 바야흐로 여여함에 계합하리라.)

임제종을 창시한 당나라의 임제 스님(?~867)도 "오직 내 앞에서 법을 듣고 있는 어디에도 의지함이 없는 도인(무의도인無依道人)이 모든 부처님의 어머니이다. 부처는 의지함이 없음(무의無依)에서 나오기 때문이다. 만약 의지함이 없음을 깨달으면 부처도 또한 얻을 것이 없다(無得). 이와 같이 본다면 이것이야말로 참되고 올바른 견해(진정견해眞正見解)이다."라고 하였다.

동안상찰(同安常察, ?~961) 스님도 십현담(十玄談: 열 가지 현묘

한 말씀)의 네 번째 진이(塵異)편에서 "장부에게 원래부터 하늘을 찌르는 의지가 있으니 여래가 행한 곳을 행하지 않느니라(장부자유충천지丈夫自有衝天志 불향여래행처행不向如來行處行)."라고 하였다.

이 구절은 고려시대 진각 국사(1178~1234)가 편찬한 《선문염송(禪門拈頌)》 894번에도 실려 있으며, 이러한 정신은 현재 우리나라에서 출가하여 계를 받으면 처음 배우는 교과서인 《치문경훈(緇門經訓)》의 서문에도 그대로 계승되어 학인들의 공부하는 기준이 되고 있다.

"중생들의 근기와 욕구와 성품이 모두 달라서 그것을 하나로써 논하려 한다면 그 뜻을 얻지 못할까 두렵다. 그러므로 장부에게 원래부터 하늘을 찌르는 의지가 있으니 여래가 행한 곳을 행하지 않느니라 한 것이 이것이며, 부처님의 말씀이 아니면 말하지 않고, 부처님의 행하신 바가 아니면 행하지 않는다는 것도 또한 이것이다(비불지언불언非佛之言不言 비불지행불행非佛之行不行 역시야亦是也)."

이러한 면면들은 우리나라의 불교가 '무소의 뿔처럼 가라'는 부처님의 말씀과 뜻을 그대로 계승하기 위해 노력해온 역사를 짐작하게 한다.

🪷 댓글 🪷

2022.3.22. 스스로 깨닫고 스스로 증득케 해야지만 비로소 열반으로 향하는 행을 행하게 되겠지요. 세상사 한낱 꿈같고 환 같은 줄 알면서도 고통의 뿌리를 끊지 못하는 우리는 중생, 결점이 많아도 법을 계속해서 생각하는 사람이 되어 부지런히 정진하겠습니다.

2022.3.2. 자등명 법등명으로 부처님 가르침을 의지하고 의지하고 의지해서 삼귀의 합니다. '부처님에게 완전히 의지합니다. 4성제·8정도를 의지합니다. 부처님 승단에 귀의합니다. 도반님들 얼굴 속 부처님 미소에 마음 기울입니다.'

2022.3.25. 누구를 의지할 수도 없고 의지할 사람도 없이 살 때는 항상 불안하고, 모든 것을 혼자서 처리할 때는 힘들다는 생각만 하고 살았습니다. 그러다가 부처님께서 자신을 의지처로 삼으라고 말씀하신 것을 듣고 조금씩 조금씩 이해하려고 하였습니다. 각전 스님의 니그로다미가 본생담4편에서 그 주제를 써 주셔서 편안하게 잘 이해할 수 있었습니다. 감사합니다.
자등명 법등명이라는 말에서 왜 우리가 자신을 알면서 살아가야 되는지에 대해서 좀더 가깝게 생각이 들고, 조금 더 나 자신에게 자신 있게 살아야겠다는 생각이 듭니다. 모든 것이 형상일 뿐인데, 잡히지 않는 형체를 쫓아갔던 그 무수한 세월이 안타깝기만 하네요. 정신 바짝 차리고 살아가야 할 날들인데….

2022.3.25. "방일하지 말고 마음챙김으로 계를 잘 지켜라. 사유를 잘 안주시키고 자신의 마음을 보호하라." 되뇌어 봅니다. '지금 자신은 사유를 잘 안주시키려 하는지? 게으름과 나태함을 멀리하고 있는지? 자신을 믿고 법을 귀의처로 믿고 있는지?' 부족하고 어리석다는 자신 없는 말은 안 하려 합니다. 그 짧은 순간 곧 믿음이 흔들리기 때문입니다. 오늘 내용은 자신을 바로 보게 하십시오. '누가 하노? 누가 가르쳐 주노?' : :::: : 바로 자신입니다. 부처님, 역대 선지식, 현존하는 스승님들께 감사드립니다.

2022.4.1. 본생담의 이야기가 이렇게 불교의 수행과 연결되니 스님의 글에 놀라움을 금치 못합니다. 지난 연재까지 이야기로 재미있게 읽다가 '그 이야기들이 결국 부처님의 가르침인 것을⋯'이라는 생각이 머리를 때립니다. 깨달은 자신을 의지처로 삼는 것, 이것이야말로 불교가 다른 여타 종교와 다른 점일 것입니다. 내가 원하는 것이 이루어지지 않았을 때 얼마나 하늘을 원망하고 누군가를 원망하고 그랬던가. 나를 의지처로 삼을 때 누구를 탓할 것이며 누구를 원망할 것인가. 나에게 남은 길은 하늘을 찌를 의지로 부처님의 행하신 길에 발을 내딛는 것뿐. 열심히 정진하고 부처님의 가르침을 배우겠다는 의지를 새롭게 합니다.

2022.3.29. 인간은 본래 나약한 존재입니다. 생(生)의 선택 없이 태어나 사(死)의 막연한 두려움을 느끼며 사회를 만들고 의지했습니다. 따라서 종교의 탄생은 자연 앞에 무력한 인간이 만들어낸, 마음의 안식처를 찾는 과정에서 구성한 필연적 복합체입니다. 불교는 그런 인간 중생들에게 자신과 법을 등불로 삼

고 정진하기를 요구하였습니다. 남에게 의지하며 사는 것은 쉽습니다. 두 눈과 두 귀로 남이 걸어가는 모습을 보고, 남이 설교하는 것을 듣는 것은 쉽습니다. 그래서 우리는 흔들리는 자신을 발견하고, 자신의 인생을 남과 비교하며 살아갑니다. 서점에 가면, 소위 성공한 자들의 수기를 써놓은 책들이 베스트셀러 칸에 많은 지분을 할애하고 있습니다.

우리는 남들이 정해놓은 기준에 따라가기 위해 자신의 인생을 소비하고 있지 않은지 돌아봐야 합니다. 각기 달리 정해놓은 남들의 기준에 자신을 맞추다 보면, 어느새 자기 자신은 거기에 없기 때문입니다. 진리는 하나지만, 진리를 깨닫는 길은 다양합니다. 원효 스님이 의상 스님과 당나라 유학을 가던 길에 해골물로 '모든 것은 마음먹기에 달려 있다'는 것을 깨달은 뒤, 유학을 가지 않고 돌아오십니다. 의상 스님은 유학길을 마친 뒤에 원효 스님과 다른 길을 가게 됩니다.

이처럼 진리로 가는 길은 다양하며, 또한 진리로 나아가는 시간들도 각기 다름을 알아야 합니다. 같은 목표를 향해 가더라도, 가는 길과 도달하는 시간은 사람마다 다릅니다. 더 빨리 간다고 반드시 좋은 것이 아닙니다. 그 여정에서 무엇을 얻었는지가 다르므로 남을 보고 자신을 평가해서는 안 됩니다. 지금 걸어가는 본인들의 길이 '아라한'으로 가는 길이 맞는다면, 어떤 길을 선택하든, 얼마나 시간이 걸리는 지는 중요하지 않습니다. 또한 그것은 누가 대신해 줄 수 없는 일이기 때문에 두 눈으로 자신을 들여다보고, 두 귀로 자기 내면을 들으며 느리더라도 단단한 길을 만들어 간다면 시간이 흘러 온전한 자기 자신의 정진으로 얻은 자신감으로 막연하고 불확실한 인생을 잘 살아갈 수 있을 것입니다.

속세의 허상이 만들어낸 기준을 좇지 말고, 불교의 가르침으로 조급함을 다스리고, 불법의 믿음으로 마음을 새로 고치면서 살아가는 것이 이 글의 부처님이 현생의 인간들에게 전달하는 메시지일 것이라고 생각합니다. 인간은 본래 나약한 존재입니다. 그래서 우리는 실패의 경험들을 겪습니다. 수많은 실패의 경험들로부터 얻은 값진 교훈들을 정진의 밑거름으로 삼는다면, 우리 안에 내재되어 있는 부처를 확인할 수 있다고 생각합니다. 오늘도 좋은 글로 다시 한번 신발 끈을 묶어봅니다.

2022.11.17. 자기에게 의지하라는 부처님 말씀은 많은 것을 생각케 한다. 무엇을 꼭 이루어야 한다는 강박 관념이 나를 얼마나 괴롭히겠는가? 노력한 만큼 얻고도 만족하지 못하면 마음은 더 괴롭게 될 것이니 진실하고 성실하게 생활해 가면 모든 것이 수월해질 것이다.
지금부터 약 1,300여 년 전에 원효 대사께서는 당나라에 유학하러 가다가 도중에 깨닫는 바가 있어 되돌아와서 공부하여 많은 저서를 냈고 그의 사상은 신라통일의 주요한 요소가 되었다는 것은 잘 알려진 사실이다. 그때 깨달은 바 말씀이 바로 '일체유심조(一切唯心造)'였다고 한다. 한 번 더 되새겨 볼 말이다.

2022.12.26. 저는 니그로다미가 본생담④에서 중요한 대반열반경을 만나게 되어 좋은 공부가 되었습니다. 성스러운 여래의 유훈을 잊지 않으려고 항상 기억합니다. "내가 그대들에게 가르치고 천명한 법과 율이 그대들의 스승이 될 것이다." "형성된 것들은 소멸하기 마련인 법이다. 방일하지 말고 해야 할 바를 모두 성취하라." "자신을 섬으로 삼고 자신을 귀의처로 삼고, 법을 섬으로 삼고 법을 귀의처로 삼아 머물고 다른 것을 귀의처로 삼아 머물지 말라"라는 유훈은 자기를 의지처로 삼으

라는 말씀입니다. 자기 자신을 의지처로 만드는 것은 방일하지 말고 자기를 잘 단련시킴으로써만 가능하다는 가르침이기에, 자기 자신을 위한 일은 오직 자신만이 할 수 있으니 스스로 꾸준히 노력해야 함을 알게 되었습니다.

2022.12.29. "무소의 뿔처럼 홀로 가라. 혼자 있는 것이 두렵지 않아야 된다." 공부할 때마다 느끼는 겁니다.

2023.7.30. 이번 글은 부처님이 여러 말씀을 하셨는데 그것들이 전부 깊기도 하고 생각도 많이 하게 되는 말씀이셨습니다. 특히 자기한테 기대라는 말씀은 더욱더 와 닿았던 것 같습니다.
그리고 다 읽고 댓글을 봤는데 댓글에서도 많이 배울 수 있었던 것 같습니다. 앞으론 댓글도 좀 봐야겠다는 생각을 했습니다. 〈중2〉

궁극의 보시를 실천한 시위왕

― 시위(Sivi) 본생담 ① 《《본생경》 499번)

"육체의 눈보다 일체 지견이 천 배는 귀하다."
몸 보시, 자존심·열등감·우월감·교만의 원인인 '아상'을 버림 상징
교통·통신 발전된 만큼 더 복잡해진 현대의 인간관계 해결책 제시

아잔타 석굴 17굴의 실내벽화
승방문 우측에 시비왕 벽화가 있다.

베풂은 인생의 길에서 실천할 만한 가장 가치 있는 일 중의 하나다. 베풂이 반야바라밀과 결합하면 보시바라밀로 승화된다. 시위왕 이야기는 두 가지가 있는데, 하나는 비둘기를 위해 살점을 떼주는 내용이며, 다른 하나는 자기의 신체 중 눈을 보시하는 본생담이다.

이번에는 눈을 보시하는 이야기를 소개해 보고자 한다. 이 시위 본생은 눈을 보시하는 과정과 눈을 보시한 후에 회복하는 두 부분으로 크게 나뉘므로 두 번에 걸쳐 연재하기로 한다. 남전《본생경》499번에 전하고 있으며, 아잔타 석굴의 17굴에 벽화로 그려져 있다.

부처님께서 기원정사에 계실 때 꼬살라 국왕이 일체의 필수품을 보시하고도 만족하지 못하여 천금의 가치가 있는 시위국산의 가사를 보시한 것에 대하여, "좋아하는 물건을 보시하면 좋아하는 사람을 얻는다"고 하면서, 외적 물건의 보시로 만족하지 못하고 자신의 눈을 보시한 이야기를 말씀하신 것이다.

옛날 시위왕이 따까실라(Takkasilā, 산스끄리뜨어로 Taksaśilā, 현재의 탁실라Taxila)에서 교육을 받고 돌아와 시위국의 수도 아릿타뿌라(Ariṭṭhapura)에서 왕위에 올랐다. 왕위에 오른 그는 여섯 군데, 즉 네 문과 성 중앙과 왕궁 입구에 보시당을 설치하고 날마다 60만 금의 보시를 했다. 그는 생각했다.

'외적인 것으로서 내가 보시하지 않는 것은 하나도 없다. 그러나 나는 이 외적인 것만으로는 만족할 수 없다. 내적인 보시를 하고 싶다. 오늘 내가 보시당에 갔을 때 내적 보시를 요구하는 사람은 없을까?

만일 누군가가 내 심장을 요구하면 마치 흐르는 물속에서 줄기 있는 연꽃을 끌어 올리는 것처럼 나는 창으로 이 가슴을 찔러 핏방울을 뿜어내는 내 심장을 끌어올려 보시하리라.

만일 누가 내 몸의 살덩이를 요구하면 문자를 새기는 끌로 글자를 새기는 것처럼 내 살을 베어 그에게 보시하리라.

만일 누가 내 피를 요구하면 내 피를 그 입에 쏟아 넣고 또 그 발우에도 가득 채워 보시하리라.

만일 누가 자기 집 일이 잘 안 된다 하여 내가 그 집의 종이 되어 일을 해달라고 요구하면 나는 이 왕의 옷을 벗어버리고 그 문밖에 서서 내가 종이다 하고는 그집 일을 해 주리라.

만일 누가 내 눈을 요구하면 다라나무의 심을 빼내듯 이 눈을 빼내어 보시하리라.'

제석천이 이를 알고 그가 과연 그렇게 할 수 있을지 시험해 보기로 하였다. 제석천은 늙은 장님 바라문으로 변장하고 보시당에 나온 시위왕 앞에 나타나 왕에게 눈을 요구하였다.

멀리서 눈먼 장로
눈을 얻으러 여기 왔네.
그 한쪽 눈을 내게 다오.
우리는 한 눈씩 가지게 되리.

시위왕은 이 말을 듣고 '자신의 소원이 이루어지는구나' 하면서 게송을 외웠다.

내가 원하는 것 중의 최상의 소원
너는 하나 원했지만 나는 두 눈 다 주리.
너는 눈을 갖고 모든 것 바라보며 저 인간에 가라.
네가 바라던 것 이제 이루어지게 하라.

시위왕은 시와까(Sīvaka)라는 의사를 불러 "내 눈을 빼라"고 명령했다. 그러자 장군을 비롯한 왕의 충신들, 성안 사람들, 궁녀들까지 모여와서 반대하였다. 그러자 왕은 게송을 외웠다.

아잔타 석굴 17굴에 있는 시위왕의 보시당 벽화

시위왕은 보시당을 설치하여 날마다 60만금을 보시했고, 자신의 모든 것을 보시하기로 마음 먹었고, 한 눈을 요구하는 제석천에게 두 눈을 빼주며 인욕과 기쁨에 감동했다.

한 번 주겠다 약속해 두고도
그 약속 지키지 않으면 그런 마음 가진 자
그는 그 목이 땅에 떨어지거나
또는 함정에 빠진 신세 되리.

대신들이 무엇을 바라기에 눈을 보시하느냐고 묻자, 시위
왕은 다음 게송을 읊었다.

영광을 위해 나는 보시하지도 않고
처자, 재산, 왕국을 위해서도 아니네.
이것이야말로 성인(聖人)들이 선을 행하는 오래된 길
그러므로 내 마음은 보시에 매혹당하네.

왕이 게송을 마치고 시와까 의사에게 다시 명령하자, 시와까
는 갖가지 약재를 섞어 푸른 연꽃에 바른 약을 시위왕의 오른쪽
눈에 문질렀다. 처음에는 눈알이 돌면서 통증을 일으켰다. 시와
까는 말했다.
"대왕이시여, 아직은 본래대로 할 수 있습니다."
"꾸물거리지 말라."
두 번째 문지르니 눈알이 눈을 삐져나오면서 더 심한 통증

을 일으켰다. 시와까는 말했다.

"대왕이시여, 아직은 본래대로 할 수 있습니다."

"꾸물거리지 말라."

세 번째 문지르니 격렬한 통증과 함께 눈알이 빙빙 돌면서 눈에서 나와 힘줄에 달리고 피는 쏟아져 옷을 다 적셨다. 시와까는 말했다.

"대왕이시여, 아직은 본래대로 할 수 있습니다."

"꾸물거리지 말라."

시위왕은 통증을 참으면서 다시 "시와까, 꾸물거릴 일이 아니다"라고 말하자 시와까는 칼로 눈 힘줄을 끊었다. 그리고 그 눈알을 왕의 손바닥에 놓았다.

왕은 왼눈으로 오른 눈알을 보고 고통을 참으면서 "이 눈보다 일체지견(一切知見)의 눈은 백배 천배 귀중한 것이다. 나는 그것 때문에 이렇게 하는 것이다"라며 눈알을 바라문에게 주었다. 바라문은 그것을 받아 제 눈에 넣자 꼭 맞아 들어갔다.

왕은 왼눈으로 그 눈을 바라보고 "내 보시는 참으로 훌륭한 것이었다"라고 마음에 넘치는 기쁨으로 감동한 나머지 남은 눈도 마저 보시했다. 제석천은 그것마저 받아 제 눈에 넣고 왕궁을 나가 천상으로 돌아갔다.

이 이야기는 보시하는 과정과 보시하는 마음의 인욕과 기쁨을 자세히 설하고 있다. 기쁨이 솟는 보시가 잘 된 보시임은 말할 것도 없다. 또 좋아하는 물건을 보시하면 좋아하는 사람을 얻는다는 경구가 포함되어 있다. SNS 등 통신과 교통이 고도로 발전된 만큼 인간관계의 이합집산도 복잡하고 세밀해졌으며, 그에 비례하여 군중 속의 고독도 비약적으로 증가한 현대 사회에서 위 문구는 현대적 인간관계에 대한 해결책을 제시하고 있는 셈이다. 그리고 보시한다고 말해놓고 하지 않는 것에 대하여 목이 땅에 떨어질 악인으로 취급할 만큼 매우 비판적이다.

시위왕은 재물의 보시에 만족하지 않고 살아서 자기 몸의 일부를 보시하였다. 시위왕은 왜 눈을 보시하느냐는 질문에 대해 '성인들이 선을 행하는 오래된 길'이며, 육신의 눈이 아니라 일체지견의 눈을 원해서라고 대답한다.

몸을 보시한다는 것의 의미가 무엇일까? 그것은 자신을 버리는 것이다. 자신을 버리는 것은 아상(我相)을 버리는 것이다. 아상으로 인해 자존심이 상하고 열등감과 우월감에 휩싸이고, 교만에 놀아난다. 아상을 버리는 것이야말로 '성인들이 선을 행하는 오래된 길'이다.

그것은 버리려 해도 잘 버려지지 않는다. 그래서 자기 몸을 버려 아상을 버리고자 하는 것이다. 내가 보시한다는 생각, 즉 아상을 버리고 보시를 하는 것이 최상의 수행법이 되는 것이다. 이것이 《금강경》 가르침의 핵심이다.

🪷 댓 글 🪷

2022.4.5.   거룩하고 숭고한 글 올려주신 저희들의 스승님께 공경함을 표시합니다. 연재가 거듭될수록… 오랜 습성으로 인한 저의 무지의 옷을 하나씩 벗어버리고 … 진리의 태양을 향해 한 걸음 더 나아가봅니다.

2022.4.7.   현명한 사람이란 스스로 나아가는 방향을 조율하는 서원을 가지는 사람일 것이다. 보시를 통해서 나누어주거나 내려놓는 것이 행복하다는 것을 확인하는 것, 진리와 맞먹는 행동이 가져오는 행복감을 아는 것, 세간의 바람에 휩쓸려도 마음이 동하지 않는 안온함, 최고의 행복입니다

2022.4.7.   "베풂은 인생의 길에서 실천할 만한 가장 가치 있는 일 중의 하나다." 이 대목을 읽는데 얼음물 속에 내가 들어가는 것같이 온몸이 서늘해지네요.
인간이라는 이름 아래 내려놓을 줄 모르고 태산같이 쌓을 줄만 알았고, 그것이 어느 날 모래같이 바람에 흩날려 날아갈 때

아파하고 힘들어하였습니다. 그러나 또다시 거짓과 오만과 사투를 벌이면서 다른 사람보다 더 많이 가져야 한다는 강박 관념 속에서 보낸 세월!

부처님께서는 보시바라밀을 행하시면서 즐겁고 기쁘게 다 베풀어 주셨고, 어른스님은 항상 마음의 눈으로 세상을 바라보라고 말씀하셨지만, 항상 잊고 살았습니다.

이번 시위왕의 눈 보시는 많은 것을 깨우칠 기회를 만들어 줍니다. 이런 글을 써주신 스님께 감사합니다.

2022.4.7. 스스로 바른 서원을 세우고 공덕을 쌓고 보시하는 일상을 살아가는 경지가 최고의 행복임을 아는 시위왕, 세간적인 가치관을 초월해서 살아가는 모습을 보며 초월적인 행복에 대한 깨달음이 생겨나길 서원해 봅니다.

2022.4.10. 눈을 보시하는 것이 단순히 필요한 누군가에게 무엇인가를 준다는 것을 넘어 곧 아상을 버리는 것을 의미한다는 것에 가슴을 얻어맞은 듯합니다. 어제도 나는 '내가 이것을 했어요. 내가 이것을 주었어요. 내가 만들었어요. 내가 썼어요. 내가---. 내가---' 하며 얼마나 나를 보이고 싶었고 그에 대해 보상받고 싶어 했나 불현듯 나를 돌아보게 되었습니다. 눈을 도려내는 그 고통이 가슴 절절히 느껴집니다. 아상을 버리는 것이 이렇게 고통스러운 것임을, 그래서 여전히 나는 '나'를 붙잡고 있음을 알게 됩니다.

2022.4.12. 서양철학의 출발이 '너 자신을 알라'에서 시작되었다면, 동양의 부처님은 '자신의 아상을 버리라'고 하셨네요. 저역시 보잘것없는 과거에 알량한 자부심을 느끼며 살았습니다.

자신을 돌아보는 일을 놓치지 않고 살고 있다고 생각했음에도 아상은 놓지 못한 채, 자존심을 지탱하기 위한 삶을 살고 있다고 반성하게 됩니다. 자유로운 삶을 추구하였음에도 용기가 부족했습니다. 잘 살아가는 것이 무엇인지 어떤 삶이 내게 맞는 것인지 잘 알면서도, 잘 모르게 되었습니다. 이번의 스님 글은 다시 읽기 싫어질 정도로 아픈 글입니다.

2022.4.5. "육신의 눈이 아닌 일체지견의 눈", 가슴이 서늘해집니다. 그런가 봅니다. 보여지는 것이 다가 아니고 거기까지 오는 과정을 보지 못하고 함부로 판단하고 생각하고 행동하고 지금 나는 어떠한 모습인지~~~~~ 스님께 합장합니다.

2022.4.6. 채워도 채워도 채워지지 않는 그 항아리 때문에 끝없는 세월을 허비하고 진리를 찾을 생각은 안 하고 욕심과 허영 그 속에서만 헤매면서 공허하고 허무하다고 말만 하면서 살았습니다. 부처님께서는 줄 수 있는 것 다 주시면서도 더 줄 것 없을까 하면서 당신 눈까지 다른 사람한테 내주셨네요.
나 역시 부처님 법 만나서 조금씩 내 마음 비우는 방법을 알고부터 또 다른 행복을 느낍니다. 또 더 깊은 부처님의 법을 조금씩이나마 채워나가니 진정 안 먹어도 오는 포만감에 무엇을 채워야 하는 지에 대해서 늦게나마 알게 되어서 기쁘기 그지없습니다. 본생담이 저를 이끌어주는 스승이 되고 있습니다.

2022.11.17. 눈을 보시하며, '내 보시는 참으로 훌륭했다'라고 생각하고 생명을 희생해 가면서도 만족해하는 시위왕은 신의 경지였을 듯… 현대 사회에서는 신체적으로 정상인은 사후에 필요한 사람에게 눈도 심장도 콩팥도 보시하는 등 불편한 사

람 또는 죽어가는 사람도 재생시킬 수 있는 기회가 제공되는 의술이 발달되어 있다. 시위왕의 보시와 현대 사회의 보시 중 어느 쪽 보시가 더 참 보시일까 생각게 한다.

2022.12.27.　시위왕은 최상의 보시를 몸소 실천하여 아상을 버리는 '성인들이 선을 행하는 오래된 길'을 법문하듯이 펼쳐 보이셨다고 생각합니다. 외적인 보시도 무주상 보시가 아닌 상을 나타내는 보시로 자랑하는 세상에서 내적인 보시의 실천은 고행 같은 어려움도 바라는 마음 없이 육신의 눈이 아니라 일체지견의 눈을 위해 보시하는 것이 최상의 수행법이며 《금강경》 가르침의 핵심이라고 하신 스님 말씀에 마음이 숙연해집니다. 시위왕 본생을 통해 최상의 보시의 가르침을 바르게 배워서 감사드립니다.

2022.12.28.　바다는 가장 낮은 곳에 있어서 바다가 되었지요. 가장 겸손한 사람이 가장 높은 사람이지요. 보시나 기부도 가장 낮은 자세로 해야 일체지견을 얻지 않을까요?

2023.8.14.　자신의 신체를 포기해가며 보시하는 시비왕이 대단하다 생각됐고 중간에 눈알을 빼는 과정에서 고통도 심하고 중간에 멈출 수 있는 상황에서도 계속 진행시키는 게 멋지다고 생각했습니다.
특히 "좋아하는 물건을 보시하면 좋아하는 사람을 잃는다"라는 문장은 제 마음에 드는 생각이 되는 문장이었던 것 같습니다. 〈중2〉

08

진실된 보시와 서원으로
'진실바라밀의 눈' 얻은 시위왕

— 시위(Sivi) 본생담 ②(《본생경》 499번)

두 눈을 보시한 시위왕, 장님이 된 신세 한탄하며 왕좌도 버려
"보시에만 머물지 말고 진실한 서원 세워야" 제석천 조언
보시해도 불행 올 수 있지만 궁극엔 행복·희망 있음 보여…

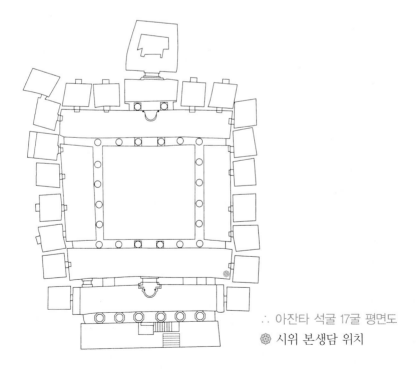

∴ 아잔타 석굴 17굴 평면도
◉ 시위 본생담 위치

앞에서 시위왕이 하나의 눈을 달라는 바라문에게 두 개의 눈을 다 빼서 주어버린 이야기를 소개하였다. 그다음 부분에서는 두 눈을 보시한 뒤 장님이 된 시위왕의 모습을 사실적으로 묘사하고 있는데, 정상적인 생활이 불가능해진 시위왕의 탄식과 진실바라밀의 눈을 얻어 기뻐하는 왕의 즐거움을 잘 드러내고 있다. 그 과정에서 보시의 여러 가지 의미를 반추해 볼 수 있다.

두 눈 부위의 통증이 멎자 시위왕은 눈먼 장님에게 나라가 무엇이냐 하면서 출가할 생각을 하여 마부 한 사람만 데리고 왕의 동산에 있는 연못가에 앉아서, 장님이 된 지금 나를 기쁘게 할 것은 죽음뿐이라고 탄식하였다. 그때 제석천이 이를 알고 왕의 눈을 본래대로 해 주고자 하였다. 제석천은 왕에게 죽음을 희망하는 이유가 그저 죽음을 바라는지, 그렇지 않으면 장님이기 때문인지를 묻는다. 시위왕은 장님이기 때문이라고 대답한다. 이에 제석천은 다음과 같이 말한다.

"사람들이 나를 신들의 왕 제석천이라 부르지만, 그 누구에게도 내가 눈을 줄 수는 없습니다. 그러나 다른 그 어떤 것이 아니라 당신이 보시한 열매로써 당신의 눈은 회복될 수 있습니다. …

대왕이시여, 보시란 그 자체만으로 모든 것이 아닙니다. 미래의 생을 위해서 눈 하나만 보시해야 하는 것입니다. 아직은 눈으로 보이는 세상에 연결된 이유가 남아있기 때문입니다. 하지만 당신은 눈 하나의 요구를 받고는 두 눈을 모두 다 보시했습니다. 그러므로 당신은 그것에 대해 진실한 서원을 세우지 않으면 안 됩니다."

이 말을 듣고 왕은 "만일 내게 눈을 주시려거든 다른 방편은 쓰지 말고 내가 보시한 결과로 내게 눈이 생기도록 해 주십시오. 그러면 내 보시는 완전한 것입니다"라고 말하고 진실의 서원을 세웠다.

"아무리 여러 족속의 사람들이라도
내게 청하러 오는 그 사람들은
모두 내가 사랑하는 사람들이다.
이 진실한 내 말에 의해
내게 그 눈이 생기기 바라네."

아잔타 석굴 17굴 시위왕 본생담
인육의 기쁨과 감동으로 두 눈을 보시하였으나, 앞이 안 보여 정상적인
생활이 불가능해진 시위왕이 비탄에 빠진 모습.

이 말끝에 첫째 눈이 생겼다.

"내게 요구해 온 사람 그 바라문은
눈 하나를 가지고 싶다 했다.
나는 그 바라문에게 두 눈을 모두 주었네.
내게 요구해 온 그 사람에게.

그러자 더 큰 기쁨과 환희, 나를 파고들었네.
그 흐뭇함 어찌 적다 말하랴.
이 진실한 내 말에 의해
또 하나의 내 눈이 생기기를."

그 순간 둘째 눈이 생겼다. 그 눈은 날 때부터의 그것도 아니요, 신(神)들의 그것도 아니었다. 그것은 실로 〈진실바라밀의 눈〉이라 불리는 것이었다.

왕의 눈이 본래와 같이 되었다는 소문이 온 시위국에 퍼졌다. 왕을 보려고 사람들이 모여들자 왕은 왕궁 입구에 임시 건물을 짓고 한 달에 두 번 보름날마다 네 개의 게송으로 설법했다.

"달라고 하는데 '안 돼!'라고 누가 말하리,
가장 값지고 서로 갖고 싶어 하는 최상의 것일지라도.
오~ 왕궁 앞에 모인 시위국의 백성들이여,
여기로 와서 신이 선물한 내 눈을 보라!

어떤 장애물 있어도
벽과 큰 바위를 뚫고 언덕과 계곡을 넘어서
내 눈은 볼 수 있나니
사방 백 유순을.

때가 되면 죽을 수밖에 없는 모든 사람들을 위한
자기희생이야말로 가장 훌륭한 것
나는 문드러져 썩어 없어질 눈을 희생하여
하늘 눈을 받았노라.

보라, 백성들이여, 그대들이 먹기 전에 주라.
그리하여 다른 사람들도 한 몫을 가지게 하라.
그대들의 최선의 의지와 배려로 이렇게 행하면
하늘에 부끄러움 없이 그 보답을 받을 것이다."

이 말을 들은 많은 사람들은 보시 등 복덕의 행을 했기 때문에 죽어서는 모두 천상 세계에 가서 그곳을 가득 채웠다. 그때의 시와까 의사는 아난다요, 제석천은 아누룻다(Anuruddha, 아나율)이며, 그 밖의 사람들은 부처님을 따르는 사람들이며, 시위왕은 부처님이었다.

시위 본생의 의미를 단 하나의 문장으로 표현하자면 "모든 사람을 위한 자기희생이야말로 가장 훌륭한 것"이라는 것이다. 이러한 점은 육신의 눈을 주고 하늘 눈을 얻음으로써 증명되었다. 이것은 자기희생적 보시이다. 부처님께서 바라밀행의 마지막 생인 웻산따라(Vessantara)왕이었을 때에도 다른 바라밀이 아닌 보시바라밀로 일관함으로써 바라밀을 완성하셨다는 것에서도 증명된다.

시위 본생은 보시를 행하더라도 곧 불행이 찾아올 수 있고, 그 불행 끝에는 다시 행복이 찾아온다는 희망이 있다는 것을 보여준다. 다시 말하면, 보시의 선행이 극단에 이르고 그 극단에 이른 보시가 현재의 삶을 파괴하였다가 진실에 의해서 다시 복원되고 더 나은 결과를 낳고 있다. 동일한 구조가 자식과 아내를 보시한 윗산따라 본생에서도 반복된다. 우리나라의 심청전에서 아버지의 눈을 뜨게 하기 위해 임당수에 빠져 목숨을 버렸다가 왕비로 되살아나는 이야기도 동일한 구조를 보여준다.

그런데 왜 선행은 행복으로 직행하지 못하고 불행을 겪은 뒤에야 행복으로 가는가? 선행은 불행을 겪고 비 온 뒤에 땅이 굳듯 완전해진다. 그리하여 보시바라밀이 완성에 이른다.

선행이 초래한 불행이 다시 행복으로 가는 티켓은 무엇인가? 그것은 진실이다. 진실된 마음으로 하는 보시야말로 그 보시를 헛된 것으로 만들지 않게 하는 원동력이다. 시위왕 역시 진실의 서원을 통해서 눈을 회복한다.

시위왕이 두 눈을 다 보시하고 앞을 볼 수 없게 되자 왕의 동산 연못에 앉아서 "이제 나를 기쁘게 해줄 것은 죽음뿐이다"라고 독백하는 장면은 이 본생담을 너무도 솔직하게 만들어 주고 있다. 그리고 그러한 솔직함이 진실의 토대가 되어 준다. 또한 시위왕은 보시를 "최선의 의지와 배려"로 행하라고 하고 있다. 이것이 진실된 보시자의 태도이다.

이제 두 개의 진실바라밀의 눈을 갖게 되는 과정에서 보여준 두 가지 진실에 주목해보자. 첫 번째 진실한 말은 "아무리 여러 족속의 사람들이라도 내게 청하러 오는 그 사람들은 모두 내가 사랑하는 사람들이다"로 여러 본생담에 무수히 등장하는 것이다. 부처님은 보시를 행할 때 차별 없는 자비심으로 보시하였다. 부처님을 양족존이라 하는 것은 자비와 지혜를 갖추었기 때문이니, 자비심은 뿌리요, 정진은 줄기이며, 지혜는 열매이다.

두 번째 진실한 말은 "나는 그 바라문에게 두 눈을 주었네, 내게 요구해 온 그 사람에게. 그러자 더 큰 기쁨과 환희, 나를 파고들었네"로, 우리가 일상의 삶에서 보시의 기쁨을 느끼는 것은 어려운 일이 아니다. 보시가 주는 기쁨은 우리를 행복하게 하고 삶을 풍족하게 한다는 것을 우리 주변에서도 많이 볼 수 있다.

🪷댓글🪷

2022.4.18.   고통에서 벗어나는 것이 삼보와 인과에 대한 믿음이라 배웁니다. 진리를 믿고 두려워합니다.

2022.4.19.   본생담의 연재가 내 마음 밑바닥을 다 보게 하네요. 처음 우연찮게 절에 가니 스님들께서 보시도 많이 하고 공덕도 많이 지으라고 법문하시길래, 보시하면서 복 많이 달라고 계속 빌었고, 빌면 다 주는 줄 알았습니다.

어느 날부터 '이것이 뭐지?' 생각하면서 '보시한다는 생각 없이 있는 그대로 내 모습으로 하자'는 생각으로 하니 마음도 편안하고 세상도 온전히 편안하게 바라볼 수 있었습니다. 이것이 무주상보시가 아닐까 생각해봅니다.

조금 보시하면서 복은 우주 법계만큼 많이 달라고만 할 때는 쫓기는 것 같은 입장이었으나, 나름 순리대로 따르고 있는 지금은 잔잔한 물처럼 바라볼 수 있다는 것이 행복으로 느껴집니다. 스님 글을 계속 읽으면서 조금씩 나의 본모습을 본다는 것이 참 감사한 일입니다.

2022.4.20. "보시란 그 자체만으로 모든 것이 아닙니다." 오늘 이 한마디가 저의 가슴을 내려칩니다. 보시를 하면 내가 복을 받는 것이라는 말로 위안 삼고, 때로는 무의식적으로 때로는 의식적으로 내가 준 것에 대한 대가를 바라지 않았던가? 나는 진실한 보시를 했던가? 내가 주었는데 그에 대한 보답이 없다고 한 번이라도 불평하지 않았던가? 오늘은 부끄러워지는 날입니다.

2022.4.22. 내가 가진 것을 남에게 주는 것은 쉽지 않습니다. 그것이 나에게 얼마나 소중한지가 클수록 힘든 법입니다. 주면서도 전혀 대가를 바라지 않는 마음가짐은 더더욱 어렵습니다. 우리는 내 것이라는 집착을 쉽게 놓지 못하기 때문입니다. 하지만 나고 죽는 기간 동안 내 것이라는 것은 없습니다. 무에서 무로 돌아가는 것이 삶의 순리입니다. 진실로 베푸는 보시는 무에서 무로 돌아가는 인생에서 유의미한 가치와 행복을 만들어 낼 수 있다는 이번 글은 소유에 대한 집착을 내려놓고 궁극적인 행복을 위한 자기희생의 교훈을 담고 있는 것 같습니다.

2022.4.23. 많은 사람들 속에서 다양한 삶을 보면서 나는 어느 쪽을 보면서 살아가야 되는지 궁금함이 머리 속을 떠나지 않았습니다. 그중에서도 있는 자와 없는 사람들 양쪽의 이면을 어느 정도 볼 수 있었습니다. 어떤 이는 많이 가지고 있으면서 더 모으려고 바둥거리고, 또 어떤 사람은 생활이 윤택하지 못해도 다른 사람을 생각하고 배려하더군요. 다 가져도 더 가지려는 이들은 행복해 보이지 않고 불만 있는 모습이었고, 덜 가져도 보시하면서 다른 사람 배려하면서 사는 사람은 항상 얼굴에 웃음이 있고 편안해 보였습니다. 오랜 시간의 인생살이는 무엇을 위해서가 아닌 나 자신을 위해서 비우고 비워야 된다는 것을 내게 가르쳐 주었던 것 같습니다.

2022.4.24. 시위 본생은 보시를 행하더라도 곧 불행이 찾아올 수 있고 그 불행 끝에는 다시 행복이 찾아온다는 희망이 있다는 것을 보여준다는 말씀에 두 손 모읍니다. 기쁜 일이나 슬픈 일이 찾아오면 그것 또한 멀지 않아 사라지는 것. 어떤 것도 영원하지 않음을 기억하며 어떤 일이 일어난다 해도 마음의 평화를 잃지 않게 나 자신에게 정직해야 한다는 것. 나를 구속하고 있는 건 다른 누구도 아닌 나 자신임을. 나 자신이 나를 자유롭게 할 수 있다는 것을… 나쁜 인과를 좋은 인과로 수정해 주는 게 수행이라 생각했는데 새로운 인과로 지금 삶이 순조롭고 평화로운 것임에 감사합니다. 눈은 입으로 말할 수 있는 것보다 더 많은 걸 말할 수 있다는 것을 보여준 시위왕의 두 눈 보시의 거룩한 마음에 두 손 모읍니다.

2022.11.17. 내 것을 남에게 주는 것이 쉽지 않다는 것은 모든 이들이 느끼고 있을 것이다. 또 내가 준 것에 대한 대가를 바

라는 것이 일상에서 일반적인 생각이 아닐까? 두 눈을 보시하고 앞을 보지 못해 캄캄하고 답답한 세월을 보냈는데…얼마나 진실되고 참 보시를 했길래 다시 두 눈을 얻었을까?
모든 사람을 위한 보시가 가장 훌륭한 보시라고 생각한 시위왕이 자기희생적 보시가 참 보시라고 믿고 참 보시를 하면 보답을 받는다는 말씀은 우리들 일상에서 남에게 많이 베푸는 정신을 교훈으로 삼아야 할 것 같습니다.

2022.12.27.   진실바라밀의 서원은 《앙굴리말라(M86) 경》에도 놀라운 효력을 보여주는 것을 보고 '오늘날도 가능할까?' 하는 의문도 있었지만, 시위왕 본생에서도 진실된 마음으로 보시한 선업이 원동력이 되어 진실의 서원이 이루어졌고 부처님의 차별 없는 자비심으로 하는 보시를 잘 배웠으니 앞으로는 꼭 진실된 보시를 하리라 다짐합니다.

2022.12.31.   심봉사는 공양미 3백 석으로 눈을 떴지요. 1석이 144kg이라고 합니다. 그래서 안과에 갔다 올 때마다 감사의 의미로 보시를 합니다. 수술을 해서 더 잘 보이게 되었거든요.

09

해를 입히는 존재라도
보호하는 코끼리왕

— 마뚜뽀사까(Mātuposaka) 본생담(《본생경》 455번)

장님 어머니 봉양한 코끼리왕…덕성의 근본은 '효'
길 잃은 산림관을 구해줬지만 도리어 왕에게 붙잡혀가
자신을 버리는 보살의 난행으로 불해(不害; 아힘사)의 미덕 지켜

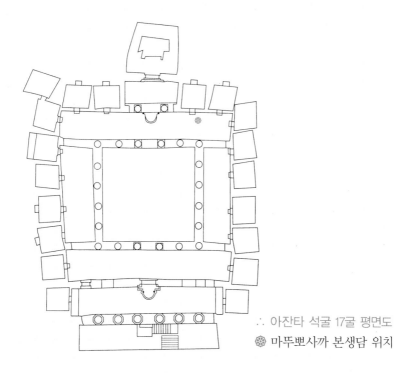

∴ 아잔타 석굴 17굴 평면도
◉ 마뚜뽀사까 본생담 위치

부처님께서 오신 음력 사월 초파일은 양력으로는 보통 5월이며 가정의 달이다. 그러나 부처님은 숫도다나왕(정반왕)의 아들로 태어났지만, 출가하여 가족과 이별하고 나라를 떠난 분이다. 그렇다면 출가한 싯다르타(Siddhārtha, 빨리어로 싯닷따 Siddhatta)는 진정 가족을 버리고 나라를 잊은 사람인가? 결론부터 말하자면 그렇지 않다. 깨달음을 얻으신 후에 까삘라성으로 돌아와 아버지를 만나고 가족과 친척들을 만났으며 천상에 올라가 어머니에게 설법하셨다. 종래에는 아내와 아들을 포함한 많은 석가족들의 출가를 받아들여 진리의 눈을 뜨게 해 주었으며 나라의 멸망을 막으려고 세 번이나 마른 나무 아래에 앉으시는 노력을 다하셨다.

더욱이 아주 먼 과거생에서부터 어머니를 봉양해온 부처님의 삶은 모든 도덕과 덕성의 근본이 효도임을 주장하는 동아시아의 유교적 전통과도 일맥상통한다. 부처님께서 기원정사에 계실 때 어머니를 봉양하는 비구에 대해서 "어머니를 봉양하는 비구에 대해 성을 내서는 안 된다."고 말씀하시면서, "옛 현인은 축생으로 태어났을 때에도 왕이 맛난 음식을 주어도 어머니를 떠나서는 이레 동안 아무것도 먹지 않고 야위어 있었다."는 이야기를 들려 주셨다.

그 이야기가 마뚜뽀사까 본생으로, 사마 본생과 동일한 인연으로 설해진 본생담이다. 이것은 《본생경》 455번째 이야기로서 산치 제2탑의 기둥에 문양화되어 있고, 아잔타 석굴 17굴에 벽화로 그려져 있다.

옛날 브라흐마닷따(Brahmadatta, 범여)왕이 바라나시에서 나라를 다스릴 때, 히말라야 설산에 온몸이 새하얗고 아름다운 한 코끼리가 8만의 코끼리를 거느리고 있었다. 코끼리왕은 그 어머니가 장님이어서 맛난 과일을 부하들에게 주어 어머니에게 보냈다. 그러나 부하들은 그것을 저희들끼리 먹어 치웠다. 이 사실을 알게 된 코끼리왕은 코끼리 무리들을 버리고 짠도라나(Caṇḍoraṇa) 산기슭의 어떤 못 가에 있는 굴속에 어머니를 모시고 가서 봉양하였다.

그때 바라나시의 어떤 산림관이 이레째 길을 잃고 방향을 알지 못해 큰 소리로 울고 있었다. 하얀 코끼리는 그 소리를 듣고 "저 사람은 길을 잃었다. 그러나 내가 있는 이상 절대로 저 사람이 길을 잃도록 하지 않으리라." 하고 그 사람에게 다가갔다 큰 코끼리가 나타남으로 인하여 두려워하는 그를 잘 설득해서 등 위에 앉히고 사람 사는 곳에 데려다주었다.

그러나 이 산림관은 애초부터 이 코끼리가 있는 곳을 왕에게 알릴 생각으로 나무와 숲에 표시까지 해두었다. 때마침 바라나시 왕의 코끼리가 죽어서 왕이 타고 다닐 만한 적당한 코끼리를 찾고 있었다. 왕은 코끼리 조련사를 산림관에게 딸려 보냈다.

코끼리 조련사와 산림관은 히말라야로 와서 그 코끼리왕이 연못에 들어가 먹이를 먹고 있는 것을 보았다. 코끼리왕은 그들을 보자 위험을 감지하고 다음과 같이 생각했다.

'나는 힘이 세어 천 마리 코끼리도 대적할 수 있다. 그리고 만일 내가 성을 내면 왕국의 군사를 태우는 모든 짐승들을 다 무찌를 수 있다. 그러나 내가 성을 낸다는 것은 내 덕을 손상시키는 것이다. 그러므로 나는 칼에 맞아 죽는 한이 있더라도 결코 성내지 않을 것이다.'

이렇게 결심하고 코끼리왕은 머리를 숙인 채 꼼짝하지 않고 서 있었다. 코끼리 조련사는 코끼리왕을 잡아 바라나시로 돌아갔다. 코끼리왕의 어머니는 왕이나 왕자가 자기의 아들 코끼리를 타면 두려움 없이 적을 쳐부술 수 있음을 잘 알고 있었으므로, 아들이 오지 않자 왕의 관리들에게 잡혀갔음을 알았다. '더 이상 아들 코끼리에게 그 이파리들을 먹히지 않아도 되는 나무들만 무성하겠구나.' 하면서 슬퍼하며 탄식하였다.

코끼리 조련사는 코끼리 몸에 향을 뿌리고 훌륭하게 장식한 뒤 온갖 빛깔의 천막을 둘러친 집에 데려다 놓았다. 왕이 와서 그에게 맛있는 음식을 주었으나 코끼리왕은 먹지 않았다. 먹기를 권하는 왕에게 코끼리는 대답했다.

"그 여자는 참으로 가엾게도 장님인데다 봉양할 이도 없이 짠도라나 산기슭에서 슬퍼하면서 나무 그루터기를 발길로 차리."

왕이 "그 여자가 누구냐?" 하고 물었다.

"대왕님, 그분은 바로 제 어머니입니다. 장님인데 또 봉양할 이도 없어 짠도라나 산기슭에서 슬퍼하면서 나무 그루터기를 발로 차는 그 여자가."

왕은 이 말을 듣고 코끼리를 놓아주었다. 그리고 결박에서 풀려난 코끼리는 어느새 원기를 회복하여 어머니가 있는 산으로 돌아갔다. 그리고 그는 맑고 시원한 못으로 가서 코로 그물을 빨아들여 그 어머니 몸에 뿌려 주었다. 어머니 코끼리는 비가 내리므로 다음 게송을 읊었다.

때도 아닌데 비를 내리는
이 우매한 천신은 누구냐?

나를 모셔 받들던
내가 낳은 내 아들은 떠나갔거니.

아들 코끼리는 "아들이 돌아왔습니다." 하고 외치니 어머니
는 그제서야 알고 왕에게 감사하였다.
바라나시의 왕은 아들 코끼리의 덕을 기뻐하여 못에서 멀

지 않은 곳에 마을을 만들어 그 모자(母子)에게 영지로 주었고, 코끼리상을 만들고 해마다 코끼리의 제전(祭典)을 거행하였다. 코끼리왕은 어머니가 돌아가시고 난 뒤에 카란다카라는 은둔처에서 살고 있는 히말라야의 오백 선인에게 그 영지를 주었다.

이 법화를 마치고 4성제(四聖諦: 고집멸도)를 설하자 어머니를 봉양하던 그 비구는 수다원과를 얻었다. 그때의 왕은 아난

다요, 그 어머니 코끼리는 마하마야요, 어머니를 봉양한 코끼리는 바로 부처님이었다.

이 이야기는 어머니를 봉양하는 효도에 관한 내용이다. 동

어머니와 만나 기뻐하는 코끼리왕

시에 효의 미덕을 실천해 나가는 과정도 인상적이다. 코끼리왕
은 어머니를 봉양해야 했기 때문에 산림관과 코끼리 조련사를
물리치고 잡혀가지 않을 수도 있었을 것이다. 하지만 그렇게 하
지 않고 순순히 잡혀간다. 자신에게 해를 끼치려는 자들에게
해를 입히지 않으려고(불해不害=아힘사) 한 것이다. 이 불해는 남
에게 해를 입히지 않는다는 단순한 불해가 아니라 자신을 해치

려는 자들에게 해를 입히지 않는 불해이다. 이것이 자신을 버리는 보살의 난행(難行: 어려운 행)이다. 더욱이 효라는 덕목을 위해서 불해라는 미덕을 훼손하지 아니한 것이다.

그것에서 한발 더 나아가 그렇게 하기 위해 마음의 변화를 일으키는 것, 즉 화를 내는 것조차 하지 않기 위해 머리를 숙이고 꼼짝도 하지 않은 것이다. 어떤 미덕이 고귀하고 중요한 만큼 그 과정도 아름다운 것이 부처님의 많은 생에 걸친 삶이었다.

이러한 미덕이 몸으로 익혀지고 가슴에 스밀 때, 탁발로써 어머니를 봉양하던 비구는 4성제가 설해지자 성인(聖人)의 과(果)를 증득하게 된 것이다.

🪷 댓 글 🪷

2022.5.8. 오늘의 글에서는 효를 위해 불해를 실천한 것이 부처님의 가르침이었음을 알게 되어 놀라웠습니다. 우리는 늘 선택하면서 살아야 합니다. 하나를 선택하고 핑계를 대거나 변명합니다. 이게 더 중요하기 때문이라고. 오늘 글을 읽고 알았습니다. 모든 선택의 최우선은 불해라는 것을.

2022.5.10. 어떤 경우에도 지켜지는 자비심이 진리를 맞이하는 마음이라 배웁니다. 세상의 어머니들이 부처의 마음 한 자락을 보여주는 것 같습니다.

2022.5.19. 큰 사랑과 큰 베풂이 무엇인지 순리를 따르는 방법의 큰마음은 무엇인지 즉 화를 내는 것조차 하지 않기 위해 머리를 숙이고 꼼짝도 하지 않는 것. 사사로움이 없으면 모든 것이 바르게 이어지는 진리를 깨우치게 하여 주시는 것 같습니다. 본생담을 읽을수록 부처님의 그림자라도 바라봅니다. 참 행복을 찾을 수 있는 선택을 하게 해 달라고.

2022.5.19. 부모와 자식의 관계는 참으로 오묘합니다. 부모는 자식에게 마르지 않는 맹목적인 사랑을 주고, 대신 고통을 받기를 자처합니다. 자식 또한 죽는 순간까지 부모를 그리워하며, 자신이 받은 사랑을 자신의 2세에게 베풀며 살아갑니다. 부모에게 받은 사랑에 보은하는 효를 하지만 언제나 부족합니다. 오늘 글에서 코끼리왕의 헌신적인 효, 그 과정에서 불해의 미덕을 보여줬습니다. 아주 중요한 두 가치의 충돌에서도 코끼리왕의 대처는 시사하는 바가 많습니다. 종교 활동을 위해 세속의 삶에서 타인에게 피해를 주고 있지 않은지 되돌아봐야 합니다. 절에 가기 위해 신호위반은 하지 않았는지, 과속은 하지 않았는지 등 실생활에서 저지르는 작은 것들을 되돌아보며 바른 삶을 의식하며 지내야 합니다.

2022.5.26. 큰 사랑과 큰 베풂이 무엇인지 순리를 따르는 방법의 큰 맘은 무엇인지 사사로움이 없으면 모든 것이 바르게 이어지는 진리를 깨우치게 하는 것 같습니다. 본생담을 읽을수

록 저는 범부중생임을 알아갑니다. 어느 것 하나 실제 못할 행동입니다. 그저 부처님의 그림자라도 바라보며 닮아가고자 노력하고 또 노력해야겠다는 생각만 합니다. 코끼리왕의 어머니 봉양과 탁발로써 어머니를 봉양하는 비구의 모습에서 부모와 자식에 대해 생각도 해봅니다. '믿음, 지계, 베풂, 지혜로 금생이 행복하고 수행으로 궁극 행복도 실현하여 최상의 유산을 스스로도 가지고 자식에게도 물려 주어야겠다'고.

2022.5.28. 5월! 《부모은중경》이 생각나는 달. 일찍이 부모님이 돌아가셔서 부모님의 은혜를 입음을 채 느끼지도 못하고 또 부모님께 효도 한번 해보지도 못해 오히려 이달만 되면 유독 생각나는 두 분입니다. 그래서 5월은 나에게는 없었으면 하는 달입니다. 그리움과 원망의 세월 속에 살아왔습니다. 세월은 흘러 내가 자식을 키우는 입장이 되고 보니 자식에 대한 애틋함에 아플 때 내 몸의 피라도 다 빼서 주고 싶은 것이 부모의 마음임을 알게 되었습니다. 일찍이 돌아가셨지만 두 분 역시 살아계셨다면 나와 같은 마음이 아닐까 생각해봅니다. 5월의 마지막이 다가오니 몇 자 적으면서 그리움을 달래봅니다.

2022.11.25. 어머니의 날을 생각하지 않을 수 없다. 1913년 미국 필라델피아 교회에서 시작, 현재는 전 세계에 퍼진 연중행사로서 어머니의 사랑을 찬미하고 존경하고 추모하는 감사의 날. 우리나라는 5월 8일이다. 부모와 자식 관계는 참으로 묘한 관계다. 부모는 그 대가를 바라지 않는 사랑을 주고, 부모에게 받은 사랑에 보답하려는 자식들은 효를 하지만 만족하지 못할 것이고… 항상 바른 생활을 하고 있는가를 생각하면서 살아가고, 부처님의 정성을 조금이라도 닮아가고자 노력하면서 생활

했으면 한다. 노력합시다.

2022.12.28.　본생담 이야기는 사실적이며 인간의 심리에 대한 묘사가 생생하다고 하신 스님 말씀처럼 장님 어머니를 모시고 살던 코끼리왕은 어쩌면 그렇게도 효성이 지극할까요? 인간보다 더 깊은 효성에 바라나시의 왕도 감동해서 결박했던 코끼리를 놓아주고 코끼리 모자에게 영지를 주고 제전을 거행하게 하였습니다.
코끼리왕은 길 잃은 산림관을 도와준 자신의 은혜를 저버리고 왕의 명령에 따라 자신에게 해를 끼치려는 자들에게 성을 내지 않는 것은 자신의 덕을 손상시키는 것이므로 불해한 것이니, 이것이 보살의 난행임을 시사합니다. 자타카는 훌륭한 지혜의 보고임을 다시 한번 알아차렸습니다.

2022.12.29.　요양원에서는 자식들이 자주 찾아오는 분들이 권력자라네요. 부모를 맡겨놓고 아예 찾아오지 않는 XX님들이 대부분이랍니다.

2023.7.30.　니그로다 미가 본생담③처럼 어머니와 관련되어 있는 재미있고 생각할 수 있게 되는 깊은 글이었습니다. 〈중2〉

질투! 움트는 비극

— 찻단따(Chaddanta, 육아상六牙象) 본생담①《본생경》514번)

질투에 사로잡힌 왕비, 남편 죽이는 참혹함 불러
산치 대탑·아잔타 석굴 등에 등장하며 널리 회자된 본생담
자신을 사랑하지 않는다고 생각하며 코끼리왕에게 복수 발원
질투는 분노에 속한 마음…극복하면 선과 성취의 원동력

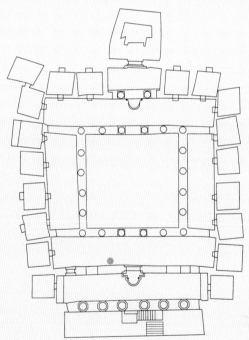

∴ 아잔타 석굴 17굴 평면도
◉ 찻단따 본생담 위치

이 본생담은 기원전에 건립된 산치 대탑의 남문, 북문, 서문의 가로들보에 대형 작품으로 새겨져 있고, 아잔타 석굴의 17굴에도 아름다운 벽화로 그려져 있을 만큼 유명하고 널리 회자된 본생담이다.

그 이야기의 주제가 여인의 질투심이어서 질투가 어떤 참혹한 일을 낳는지, 그에 대해서 부처님은 어떻게 대응하셨는지, 질투심의 최종적 극복은 어떻게 이루어지는지를 보여주고 있어 세인들의 관심을 증폭시키기에 충분하다.

이 법화를 듣고 많은 사람들이 성인의 과위를 성취한 기록이 있는 것을 보면, 질투의 마음이 그만큼 강력한 에너지를 갖고 있으며 그 에너지가 강력한 만큼 그것의 극복은 성인의 지위에 오르는 동력으로 전환될 수 있다는 의미이기도 하다.

세간적인 문학으로서도 인상적인데, 상황에 대한 자세한 파악을 하지 않고 무조건적인 질투의 원한을 갖는 점, 자신을 증오한 아내를 위해 기꺼이 목숨을 버린 코끼리왕의 정신, 미워하던 남편의 이빨을 받아 무릎 위에 얹은 왕비가 슬픔으로 가슴이 터져 그날로 죽었다는 상황 설정은 심리묘사의 탁월함을 보여준다. 내용이 간단하기는 하지만 시사하는 점이 많으므로 두 번에 걸쳐서 쓰고자 한다.

산치 대탑 북문 가로들보 뒷면 꼭대기층에 부조된 찻단따 본생담

찻단따 본생담

∴ 산치 대탑 북문 뒷면

부처님께서 기원정사에 계실 때 어떤 젊은 비구니가 부처님이 법좌에 앉아계신 것을 보고 과거생을 기억하는 지혜가 생겨서 과거에 부처님께 지은 죄를 생각하고 크게 울었는데, 이를 계기로 말씀하신 것이다.

옛날 설산의 찻단따(Chaddanta, 육색아六色牙: 여섯 빛깔의 상아) 호수 가까이에 날아다니는 신통이 있는 코끼리들이 8천 마리가 살았다. 부처님은 과거에 그 우두머리 코끼리의 아들로 태어났는데, 몸은 새하얗고, 얼굴과 발은 새빨갰다. 성장한 그의 어금니는 둘레가 15주(肘: 팔꿈치만큼의 길이), 길이는 30주로서 여섯 가지의 빛깔을 가지고 있었는데 할아버지와 아버지로부터 물려받은 것이었다. 그는 코끼리들의 우두머리가 되었고, 벽지불을 존경하였다. 그에게는 쭐라수밧다(Cullasubhaddā, 소선현)와 마하수밧다(Mahāsubhaddā, 대선현)라는 두 아내가 있었다.

찻단따 호수는 길이와 넓이가 모두 50유순(1유순=15km)이며, 청·홍·백의 연꽃떼들, 덩굴떼와 나무숲으로 우거져 있었다. 호수 주변은 일곱 산이 둘러쳐 있고 호수면은 금변산으로 둘러싸여 아침 해가 오르는 것처럼 금빛으로 빛났다.

산치 대탑의 남문 가로들보(2층) 뒷면에 새겨진 '찻단따 본생담'

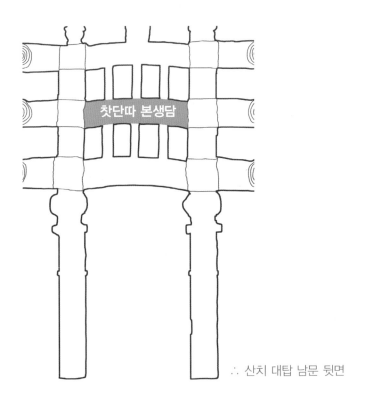

∴ 산치 대탑 남문 뒷면

어느 날 큰 사라숲에 꽃이 만발하자 찻단따코끼리왕은 꽃놀이를 하기 위해 사라숲으로 가서 이마의 혹으로 꽃이 만발한 사라나무 하나를 쳤다. 그때 바람이 불어오는 쪽에 서 있던 쭐라수밧다(소선현)에게 마른 가지가 섞인 묵은 나뭇잎과 빨강개미들이 떨어졌다. 그러나 바람이 불어가는 쪽에 서 있던 마하수밧다(대선현)에게는 꽃가루와 꽃술과 나뭇잎이 떨어졌다. 쭐라수밧다(소선현)는 '자기가 사랑하는 사람에게는 꽃가루와 꽃술과 나뭇잎을 떨어뜨리고, 내게는 마른 가지가 섞인 묵은 나뭇잎과 빨강개미를 떨어뜨린다. 어디 두고 보자.' 하고 원망했다.

다른 날 코끼리왕은 무리들과 호수에 갔다. 두 젊은 암코끼리가 우시라풀의 뿌리 다발로 몸을 비벼 코끼리왕을 목욕시키고 난 뒤에 두 왕비코끼리들도 목욕을 시켜 주었다. 목욕을 마치고 두 명의 왕비코끼리들은 물에서 나와 코끼리왕 앞에 섰다. 그런 다음 8천의 코끼리들도 목욕하고 호수에서 갖가지 꽃을 꺾어 코끼리왕을 꾸며주었는데, 그 모습이 장식한 은탑 같았다. 두 명의 왕비코끼리도 장식해주었다.

그때 코끼리 한 마리가 물속을 다니며 일곱 개의 싹이 있는 연을 꺾어와 코끼리왕에게 바쳤다. 코끼리왕은 그것을 코로 받아 꽃가루를 흩으며 마하수밧다에게 주었다. 쭐라수밧다는 이를 보고 '저 일곱 개의 싹이 있는 연도 자기가 사랑하는 사

산치 대탑 서문 가로들보에 새겨진 찻단따 본생담

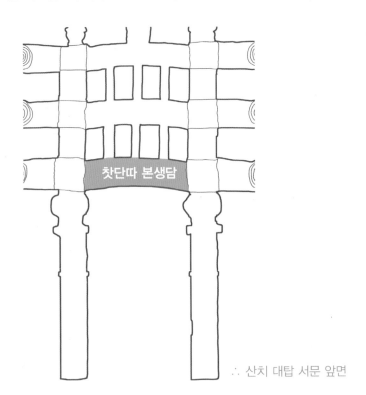

찻단따 본생담

∴ 산치 대탑 서문 앞면

람에게만 주고 내게는 주지 않는구나.' 하고 원한을 품었다.

그 뒤 어느 날 코끼리왕이 맛난 과일과 단맛 나는 연 줄기를 오백 명의 벽지불에게 공양할 때, 쭐라수밧다는 자기가 얻은 과일을 그 벽지불들에게 바치고 서원을 세웠다.

'이 다음에 나는 죽어 맛다(Madda) 왕의 집에 태어나 수밧다(Subhaddā, 선현)라는 이름의 왕녀로 성장하다, 바라나시 왕의 첫째 왕비가 되어 왕의 총애를 받아 내 욕망을 채울 수 있으며, 그리고 왕에게 말해 사냥꾼을 보내어, 이 코끼리왕을 독화살로 쏘아 죽이고, 저 여섯 가지 빛을 내는 한 쌍의 어금니를 가질 수 있기를!'

그렇게 서원한 다음 그녀는 음식을 끊고 이내 죽어 맛다국의 왕녀로 태어났다. 이름을 수밧다(선현)라 하고 차츰 성장해 바라나시 왕의 왕비가 되어 왕의 총애를 받았으며 1만 6천 궁녀들의 우두머리로서 전생을 기억하는 지혜까지 얻었다.

마침내 그녀는 전생에 했던 복수의 맹세를 실행에 옮기기로 하였다. 몸에 기름을 바르고 더러운 옷을 입고 병든 것으로 가장하여 침대에 누웠다. 그러자 왕이 왕비의 초췌한 안색이 마치 저 짓밟힌 꽃다발 같아 안타까워하였다. 왕비는 이러한 왕의 근심에 편승해 자신의 소원을 말했다. 이에 왕은 나라의 모든 사냥꾼을 모아 주었다. 수밧다는 그중에서 한 사냥꾼을 선택해서 코끼리를 죽이고 그 여섯 빛깔 어금니를 가져오게 하였다.

부처님께서는 《원가경(중아함경30권 129경)》에서 "질투심은 마음의 더러움이 되어 재물이나 명예에 이롭지 않고 도리어 무섭고 두려운 일을 가져온다. 눈먼 장님처럼 바른 일을 깨닫지 못하고 앞이 캄캄해진다."라고 하시면서 질투하는 사람에게 일곱 가지 나쁜 것이 생긴다고 말씀하셨다. 얼굴이 점점 나빠지고, 편안히 잘 수 없고, 좋은 일이 생기지 않으며, 좋은 벗이 피해가고, 나쁜 이름이 사방에 퍼지며, 재산을 잃고, 나중에 지옥보를 받게 된다고 하셨다.

웃따라(Uttarā)와 시리마(Sirima)의 일화는 질투를 극복한 좋은 예이다. 웃따라는 시집을 가서 바라문교도인 시아버지의 허락을 받지 못해 부처님을 뵐 수 없게 되자, 친정아버지가 준 돈으로 하룻밤에 천 냥을 받는 유녀(遊女) 시리마를 사서 보름간 남편 시중을 들게 하고, 자신은 죽림정사에 계신 부처님께 직접 공양을 올릴 수 있게 되었다. 보름간의 마지막 날 공양 준비를 하는 웃따라를 바라보며 웃음 짓는 웃따라의 남편을 본 유녀 시리마는 불같은 질투심이 일어나 펄펄 끓는 기름을 웃따라에게 퍼부었다. 이때 웃따라는 '내가 화를 낸다면 기름이 내 몸을 태울 것이고 화를 내지 않는다면 내 몸을 태우지 못할 것이다'라고 생각하면서 자애삼매에 들었다. 기름은 웃따라를 태우지 못했고 웃따라는 시리마를 용서하고 부처님께 공양하고 참회하게 하여 부처님의 법문을 듣게 하였다. 이에 부처님께서 게송을 읊으셨다.

분노는 자애로 이겨내고
악은 선으로 이겨낸다네.
인색은 보시로 이겨내고
거짓말은 진실로 이겨낸다네.

질투는 분노에 속한 마음이다. 사랑하고 미워하는 것, 이기고 지는 것, 남보다 더 많이 갖고 싶고 더 많이 알고 싶은 욕구들에서 분노는 말미암는다.

탐진치로 대표되는 악한 마음의 근본에 대하여 《이교도의 경(Annatitthiyasutta, A3:68)》은 그 특성을 잘 서술하고 있다. "탐욕은 작은 잘못이지만 극복하기 어렵고, 분노는 커다란 잘못이지만 극복하기 쉽고, 어리석음은 커다란 잘못일 뿐만 아니라 극복하기 어렵다."

이처럼 경전에서도 분노는 커다란 잘못이지만 탐진치 중에서 상대적으로 극복하기 쉽다고 하였다. 커다란 잘못을 뉘우치면 커다란 선과(善果)가 있을 수 있다. 탐진치가 없으면 곧 열반도 없는 것이니 중생심이 모두 성인을 만드는 용광로의 땔감들인 것이다.

🪷댓글🪷

2022.5.30. 상황에 대한 자세한 파악은 하지 않고 무조건적인 질투의 원한을 갖는 쫄라수밧다와 같은 일들이 많이 일어납니다. 비교 본능으로 자신을 괴롭게 합니다. 괴로움을 작은 불로 냄비 속에서 끓기도 하고, 강한 불로 냄비 밖으로 넘치게 하기도 하고, 냄비 안에서 말라 없어질 때까지 끓고 있기도 합니다. 괴로움을 뛰어넘고 괴로움의 그침에 도달하려는 방법으로 쫄

라수밧다처럼 잘못된 방법으로 해결하기도 합니다. 그때는 이해할 수 없었던 말과 행동들이 지금은 하나씩 보이기 시작합니다. 그동안 애써 모른 척했던 벗을 생각해보는 계기가 되었습니다. 이번 글을 읽고 보살도의 마음에 대해 더 공부하고 배우고 싶습니다.

2022.6.2. 동서고금을 막론하고 중생의 마음은 돋보기와 같아서 한 곳에 오래 머물면 타오르기 마련임을, 그것이 때로는 애정이고 때로는 질투거나 연민이라 하더라도 지혜가 없는 마음은 동굴 속에서 타들어 가는 한 자루의 촛불과 같아서 그 끝이 어둠으로 귀결됨을 알아차리고 단속하라는 자비로우신 음성을 깊이 새겨 듣습니다. 코끼리왕과 쭐라수밧다(소선현)의 일렁이는 금빛 물결 같은 뒷이야기를 맑은 거울을 보듯 기대합니다.

2022.6.2. 질투, 시샘! 이것들은 전생에도 현생에도 끊임없이 돌고 도는 반복되는 쳇바퀴 같습니다. 끝없게 느껴지던 오랜 직장 생활 중에서 질투와 시샘하면서 살아왔던 지난 세월 돌이켜 보니 한없이 내가 작아지고 부끄럽기 그지없습니다.
각전 스님의 글을 읽으면서 불자로서 어떻게 살아갈지 그리고 부처님 공부를 왜 해야 되는지 등 많은 걸 배우고, 그나마 지금은 조금씩 빨리 자신을 볼 수 있다는 것에 감사합니다. 그러나 나이가 말년을 바라보면서도 아직도 허둥대고 있습니다. 나 때문에 상처받은 모든 분을 위해서 참회합니다. 이 참회로써 금생의 후회가 사라져 다음 생에 따라오지 않기를 바랍니다. 일찍이 혜능 대사의 공부를 했다면 하는 아쉬움에 그분의 게송을 적어봅니다.

보리본무수(보리에 본디 나무가 없고)
명경역비대(밝은 거울 또한 받침대가 없네.)
불성상청정(부처의 성품은 언제나 맑고 깨끗한데)
하처유진애(어디에 티끌과 먼지가 묻으리오.)

사람이란 생각을 가지고 있고 심장이 뛰고 있으므로 조그마한 일이라도 자기의 생각과 감정에 휩쓸려서 앞뒤 생각 안 하고 행동부터 하기 일쑤입니다. 게다가 그것만 계속 생각하고 끄달리면서 본래의 청정한 마음을 볼 생각은 하지도 않습니다. 계속 이 계송을 외웁니다. 빨리 본성을 보기 발원합니다.

2022.6.6. 내가 가지고 있지 않은 것을 가지고 싶어 하는 탐욕은 곧 어리석음에서 온다는 것을 알게 되었습니다. 우리의 삶도 그러고 있지 않은지 돌아볼 일입니다. 내가 갖고 있지 않은 벤츠 자동차를 타는 사람을 시샘합니다. 어리석음이지요. 나에게는 없는 예쁜 아들을 자랑하는 친구를 시샘합니다. 어리석음이지요. 나에게는 어울리지 않는 명품 가방을 든 친구를 시샘합니다. 어리석음이지요. 이제 누군가 시샘하는 마음이 생기면 곧 피식 웃게 됩니다. 어리석음 임을 알기에.

2022.6.6. 질투의 어리석음을 보이는 시녀에게 분노로 대처하지 않은 웃따라의 이야기는 질투와 시샘을 보이는 사람에게 어떻게 대처해야 하는지 잘 보여주고 있습니다. 사회관계에서 가장 어려운 일이 질투와 시샘으로 나를 괴롭히는 사람이었습니다. 불교를 알지 못했던 지난 날은 분노로 그에 대처하느라 너무 많은 에너지를 소비했습니다. 이제 어리석음으로 생겨난 탐욕, 질투, 시샘에 분노로 대처하지 않습니다. 분노로 대처할

때는 또 다른 질투와 시샘으로 괴롭혀서 그 관계의 어려움이 산처럼 쌓이더니 분노로 대처하지 않으니 더 이상 쌓일 게 없습니다. 부처님 본생담은 21세기 지금에도 우리의 삶에 방향을 보여줍니다. 각전 스님의 글에 그저 감동할 뿐입니다.

2022.11.25. 질투란 우월한 사람을 시기하고 증오하는 감정이라고 합니다. 현생에도 있고 전생에도 있을 질투심은 남편 죽이는 참혹함을 불러왔지만… 조물주는 인간이 혼자서는 행복을 누릴 수 없도록 만들었다 합니다. 주위 환경이 대단히 중요하지요. 향기가 있는 곳에 있으면 나에게도 향기가 나고, 악취가 있는 곳에 있으면 내 몸에서도 악취가 난다고 합니다. 그래서 내 주위에 누가 있는지 살펴볼 필요가 있지 않을까요? 일상에서 질투, 탐욕 등을 내려놓고 살아가는 지혜를 배웁시다.

2022.12.29. 찻단따 본생은 질투에 사로잡힌 왕비의 전생을 비유하면서 여자들의 질투가 얼마나 무서운 것인가를 보여주며, 질투의 에너지는 강력하여 질투의 극복은 성인의 지위에 오르는 동력으로 전환될 수 있다니 질투의 극복이 화두가 되는 것 같습니다.

아나율 존자가 부처님께 여쭈어본 말씀은, 천안으로 보면 여자가 사후에 지옥에 떨어지는 이유를 여쭈어보니 부처님께서는 여자는 아침에는 인색하고, 낮에는 질투하고, 저녁에는 정욕에 마음이 사로잡혀 있으므로 사후에 지옥으로 들어간다고 하시니 여자의 오온의 뿌리는 탐·진·치로 만들어진 것 같아서 부끄러워 자신을 돌아보게 됩니다.

2022.12.31. 질투 때문에 죽은 고구려의 미인으로 유명했던 관

나 부인 생각이 나네요. 시리마나 관나 부인이나 자기 처지에 만족하면 좋았을 것을요~~

2023.8.12. 개인적으로 질투를 별로 안 좋아하기도 하고 왜 질투나 시샘을 하는지 잘 이해도 안 됐었는데, 솔직히 글을 읽으면서도 이해는 안 됐습니다. 그렇지만 질투나 시샘 같은 것의 끝은 밝지 않다는 걸 알게 되었고, 너무 과분한 욕심은 좋지 않다는 것도 알게 되었습니다.
마지막 부분에 시리마가 웃따라에게 끓는 기름을 부었는데, 그 상황에서 침착하게 생각을 해서 죽지 않은 것도 인상 깊었고, 그 후에 시리마를 용서까지 해주는 모습은 인상 깊으면서도 대단하단 생각이 들었습니다. 〈중2〉

11

질투가 빚은 복수, 최후의 결말

— 찻단따(Chaddanta) 본생담 ②(《본생경》 514번)

사냥꾼에게 어금니 잘라 주고 죽음 맞은 코끼리왕
독화살 쏜 사냥꾼을 '벗'이라 부르며 분노 대신 은혜 베풀어
자신을 해친 전생의 부인도 감화시켜 아라한 성취의 동력 제공
분별 넘어선 인욕·보시가 완전한 깨달음에 이르는 유일한 길

전생 남편의 육색아를 받아서 보고 있는 왕비(아잔타 석굴 17굴)

앞에서 쭐라수밧다(소선현)가 복수할 준비를 단단히 하고 위력 있는 왕비로 환생하여 전생의 복수를 위해 병을 가장하여 왕에게 전생의 남편인 코끼리왕을 잡을 사냥꾼들을 모아달라고 한 것까지 소개하였다. 이번 글에서는 그 후의 구체적인 복수의 과정과 결말을 이야기해 보자.

왕비는 모여든 사냥꾼들 중 한 사람을 발견한다. 그는 커다란 두 발, 밥 포대 같은 장딴지, 큰 무릎, 큰 갈빗대, 짙은 수염, 구릿빛 이빨, 더러운 상처 자국과 함께 무서운 얼굴의 소눗따라(Sonuttara)라는 사냥꾼이었다. 왕비는 다섯 마리 코끼리만한 힘이 있는 소눗따라에게 천금과 다섯 개의 좋은 마을을 주고, 대장장이를 시켜 준비한 장거리 여행과 사냥에 필요한 물품들을 피혁 장수가 가져온 물병을 넣는 가죽 포대에 넣어 주었다. 사냥꾼의 아들들에게도 생활비를 주었다.

사냥꾼은 울창한 숲과 진흙 바다, 물 바다, 산지 등 열여덟 가지 땅을 차례로 통과하고, 열일곱 산지를 쇠갈퀴와 밧줄을 이용해서 넘었다. 다시 여섯 산을 넘어 금변산 꼭대기에 올라 육색아 코끼리왕을 발견하였다. 떠난 지 7년 7개월 7일 만

아잔타 석굴 17굴에 벽화로 그려져 있는 찻단따 본생담
벽화 오른쪽에 스스로 자신의 어금니를 잘라서 사냥꾼에게 주는 코끼리왕
과 그 어금니를 받아서 왕비에게 가져가는 사냥꾼이 그려져 있다.

의 일이었다.

소눗따라는 코끼리왕이 섰던 곳에 함정을 파고 독화살과 활을 갖고 함정에서 기다렸다가 코끼리왕이 오자 독화살을 쏘았다. 독화살을 맞은 코끼리왕이 무서운 소리를 내니, 다른 코끼리들도 놀라 소리치고 풀과 나무들을 가루 내듯 다 부수고 모두 팔방으로 내달았다. 코끼리왕은 활 쏜 이를 죽이려고 찾다가 선인(仙人)들의 표시인 누른 색깔 옷을 보고 '아라한의 표시이다, 선인을 죽여서는 안 된다'라고 생각하였다. 그는 분노를 억제하고 삿된 마음 없이, "벗이여 그대는 왜 나를 쏘았는가? 그대 자신을 위해서인가, 혹은 다른 사람을 위해서인가?" 하고 물었다.

소눗따라는 까시(Kāsi) 국왕의 첫째 왕비 선현이 코끼리왕의 어금니를 가지고 싶어 한다고 대답했다. 코끼리왕은 다음 게송을 읊었다.

내게는 많고 큰 쌍이빨이 있다.
그것은 아버지 것, 할아버지 것이다.
마음이 비뚤어진 왕녀는 그것을 알고
우치한 원한으로 날 죽이려 한 것이다.

사냥꾼이여, 일어나 그 톱으로
내가 죽기 전에 이 이빨을 베어라.
그리고 마음이 비뚤어진 저 왕녀에게 말하라.
보라 이 이빨 때문에 저 코끼리 죽었다고.

소눗따라가 톱을 들고 어금니를 베려고 하였지만 코끼리왕이 너무 높아 벨 수 없었다. 코끼리왕이 몸을 굽히고 목을 늘어뜨려 누웠다. 소눗따라가 입 안에 톱을 쑤셔 넣고 베었지만 코끼리왕의 입에서 피만 흐를 뿐 좀처럼 벨 수가 없었다. 그러자 코끼리왕은 깊이 생각한 끝에 자신의 코에 톱자루를 잡게 하고는 앞뒤로 흔들었다. 이빨은 나무 싹처럼 베어졌다. 잘려진 이빨을 소눗따라에게 주면서 코끼리왕이 말했다.

"벗이여, 사냥꾼이여, 내가 이 이빨을 그대에게 주는 것은 거기에 애착하지 않기 때문도 아니요, 또 제석·마왕·범천 등을 바라서도 아니다. 다만 내게는 일체지자(一切智者)의 이빨이 이런 이빨의 백천 배 이상이나 중요한 것이기 때문이다. 이 선업은 내게 있어서 일체지를 얻는 인연을 위해서이다."

코끼리왕은 이 이빨의 신통력에 의해 그 사냥꾼이 7일 이

내에 바라나시에 도착할 것이라고 예언하여 돌려보내고는 다른 코끼리들이 오기 전에 죽었다. 돌아온 코끼리들은 적을 발견할 수 없었다. 코끼리들은 울며 슬퍼하다가 벽지불들에게 화장할 장소를 부탁하였다. 두 젊은 코끼리가 코끼리왕의 몸을 이빨로 들어 벽지불들에게 예배시키고 화장하였다.

사냥꾼 소눗따라는 이레가 되기 전에 바라나시로 돌아와 그 어금니를 왕비에게 주었다. 왕비는 보주(寶珠)를 뿌려 새긴 다라나무잎 부채로 그 어금니를 받아 무릎에 놓고, 전생에 자신이 사랑하던 남편의 어금니를 바라보면서, "저 사냥꾼이 독화살로 더없이 아름다운 코끼리를 죽이고 그 어금니를 베어 가지고 왔구나!" 하며 전생의 남편의 일을 생각하자 치미는 슬픔을 누를 수 없었다. 그때 그녀의 가슴도 찢어져 그날 죽고 말았다.

그때의 왕비 수밧다(선현)가 지금의 크게 우는 비구니요, 소눗따라는 데와닷따이며, 그 아름다운 코끼리왕은 부처님이었다. 이 설법을 들은 많은 이들이 수다원과와 그 밖의 과를 얻었으며, 그 비구니는 후에 관법을 수행하여 아라한과를 얻었다.

이 본생담은 복합적 의미들을 한 데 묶어 진한 감흥을 전달하고 있다. 먼저 한 생에 하지 못한 복수를 윤회하면서까지 실행하는 질투심의 강렬함을 새삼 느끼게 한다. 누가 힘 없는 자를 힘 없는 자라고 부르는가? 힘이 있고 없고는 변화하는 것이다. 힘 있는 자는 힘을 잃고 힘이 없는 자는 힘을 얻게 되는 것이 세상의 원리이다. 그러나 수밧다왕비가 다라잎 부채 위에 올려진 코끼리왕의 이빨을 보고 심장이 터져 죽었다고 한 결말은 그녀가 전생의 남편을 진실로 사랑하였음을 말해 준다. 그 인연으로 인하여 세월이 흘러 먼 훗날 부처님 앞에 출가한 비구니로 등장하는 것이다. 그리고 전생의 잘못에 대한 뉘우침이 아라한의 경지에 이르게 하는 원동력이 되었다.

그러면 부처님의 전생 보살의 태도를 보자. 코끼리왕은 한 여인의 질투가 나은 앙갚음에 대해 어떠한 희생도 감수하고 있다. 그녀의 요구에 부응해서 코끼리왕은 자신의 어금니가 할아버지와 아버지로부터 물려받은 것임에도 불구하고, 그 어금니를 주기 위해서 자신의 목숨을 바쳤다. 코끼리왕은 물려받은 어금니와 자신의 목숨이라고 하는 본인에게 가장 소중한 것을 아낌없이 보시한 것이다.

또한 코끼리왕은 자신의 어금니에 대한 요구가 질투와 분노의 감정이었음에도 불구하고 그 어금니를 보시했다. 자신에게 보시를 요구하는 것이 선한 동기이든 악한 동기이든 그것에 대하여 분별없이 보시하는 모습을 보여준 것이다.

세 번째로 코끼리왕은 자신을 죽음에까지 이르게 한 그녀에 대해 적의를 갖지 않았다. 여기에서 보살이 누생(累生)에 걸쳐 행한 난행(難行)의 능행(能行)이 시작된다. 부처님은 자신을 해친 상대방에 대하여 화를 내거나 해치지 않았으며 오히려 그를 도와주고 은혜를 베풀려고 하였다.

수밧다왕비가 잘못된 요구에 대하여 분별없이, 적의 없이 코끼리왕은 자신의 가장 소중한 것을 바침으로써 결국 미래에 쭐라수밧다(소선현)를 제도하게 되고, 코끼리왕 자신도 궁극의 경지에 이르게 된 것이다.

마지막으로 코끼리왕의 보시는 일체지를 위한 것이었다. 차원 높은 정신세계에 이르기 위하여 일체의 물질적인 것들을 한 점의 애착도 없이 포기하는 모습을 이번 본생담에서도 확인할 수 있다. 선악, 시비, 손익, 지위를 따지지 않고 분별을 넘어서서 인욕과 보시 등을 실천하는 바라밀이야말로 일체지라는 완전한 깨달음을 위한 유일한 길인 것이다.

⚜댓글⚜

2022.6.14.　자기 자신의 옳지 못함을 부끄러워할 줄 아는 지금 크게 우는 비구니, 그 비구니는 후에 관법을 수행하여 아라한과를 얻는 결과를 이루어냈습니다. 인생을 살아가다 보면 나를 흔드는 일이 많습니다. 마음의 동요가 적을수록 업을 지을 죄가 작아진다 여기고 어리석은 일을 되도록 만들지 않게 정념 현전하여야겠습니다.

2022.6.15.　자신을 죽음에 이르게 한 자에게 원망도 적의도 미움도 없는 코끼리왕의 모습이 저를 되돌아보게 합니다. 많은 살아온 날들 속에 나를 해쳤다고 생각한 사람에게 미움과 적의로 지새운 날이 얼마나 힘들었던가. 그것을 용서하려 애썼던 모습도 떠오릅니다. 오늘 알았습니다. 미움도 원망도 적의도 내 마음에서 갖지 않을 때 이미 용서라는 것 자체도 없음을. 용서라는 단어가 얼마나 무의미한지를. 본생담은 나의 마음을 돌아보게 합니다.

2022.11.25.　자신을 죽게 한 자에게 원망은 커녕 은혜를 베푼 코끼리왕의 모습은 많은 것을 느끼게 합니다. 사냥꾼이 코끼리를 죽이고 가져온 어금니와 전생의 남편 어금니를 비교하여 바라보면서 그녀의 가슴도 찢어져 죽었다는 것, 커다란 잘못을 뉘우치면 커다란 선과가 있을 수 있다는 말씀과 어리석은 일을 하지 않을 것을 재삼 새겨야 하겠습니다. 후회는 항상 늦은 것이니까요.

2022.12.29.　비탈리샤콘느라는 이 세상에서 가장 슬픈 음악이 듣고 싶은 본생담이네요.

2022.12.29.　질투의 에너지가 얼마나 강했으면 다음 생까지 복수 계획을 철저히 하여 사냥꾼에게 왕비 쭐라수밧다는 코끼리왕의 어금니를 뽑아 오라고 시켰을까요. 또 코끼리왕은 사냥꾼에게 잘려진 이빨을 주면서 이 선업은 바라는 마음 없이 일체지를 얻는 인연을 위해서라고 하며, 자신에게 보시를 요구하는 것이 선한 동기든 악한 동기든 분별없이 인욕바라밀과 보시바라밀을 실천하는 것이 완전한 깨달음의 유일한 길임을 보여주었습니다. 자타카는 난행을 능행으로 실천하는 지혜를 또한 번 보여줍니다.

2023.8.13.　이번 글에서는 코끼리왕이 자신의 목숨과 물려받은 어금니를 오히려 자신을 죽이려하는 상대방에게 내어주는 모습이 인상 깊었습니다. 활을 맞은 상황에서 정말 화가 나는데도 참는 모습 또한 대단하다고 생각했습니다.
질투 때문에 다음 생에서까지 어금니를 얻으려는 왕비의 모습도 이해가 안 되기도 하고, 다른 의미로 어떻게 저렇게까지 할 수 있을까 하고 생각되기도 했었던 것 같습니다. 〈중2〉

⑫
애욕은 마음의 병!
고통의 원인

— 맛차(Maccha) 본생담(《본생경》 34, 216번)

출가 후에도 부인 잊지 못하던 비구,
전생엔 암컷 쫓다 애욕 때문에 그물 냄새를 맡지 못하고 잡힌 물고기
삼독의 근본은 탐욕이며 밑바닥에 애정·애착 있음을 직시해야

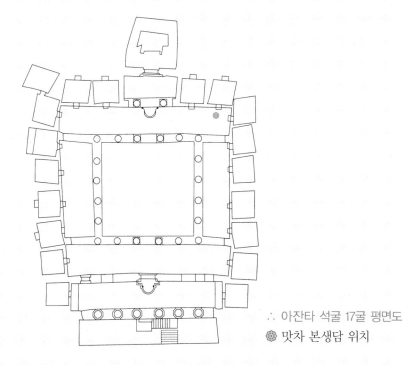

∴ 아잔타 석굴 17굴 평면도
⚙ 맛차 본생담 위치

《본생경》은 오랜 생들의 반복 속에서 애욕의 문제를 다양하게 다루고 있다. 산치 대탑과 아잔타 석굴에서 작품화된 본생담 중에서 애욕의 무서움에 대한 이야기 중 가장 먼저 나오는 것이 물고기의 전생 이야기인 맛차 본생담이다. 맛차 본생담은 아잔타 석굴의 17굴에 벽화로 그려져 있다.

맛차 본생담은 세 가지가 있는데, 34번과 216번은 동일한 내용으로 애욕의 불길에 대한 이야기다. 다른 하나의 맛차 본생담(75번)은 물고기왕이 동족에 대한 자비심으로 비를 내리게 하여 동족을 구한 내용이다. 75번 맛차 본생담은 필자의 저술인 《인도 네팔 순례기》에 소개되어 있으므로 이 글에서는 애욕의 불길에 대한 이야기를 해보기로 하자. 이 본생담의 인연은 출가 전의 부인을 잊지 못한 비구의 이야기이다.

옛날에 브라흐마닷따(Brahmadatta, 범여)왕이 바라나시를 다스릴 때이다. 어부들이 그물을 던져 고기를 잡고 있었는데, 마침 큰 고기 한 마리가 애욕에 이끌려 암컷과 함께 장난치면서 그물 가까이 오고 있었다. 암컷은 그물 냄새를 맡고 그물을 돌아 딴 곳으로 가버리고, 애욕에 빠진 수컷은 바로 그 애욕 때

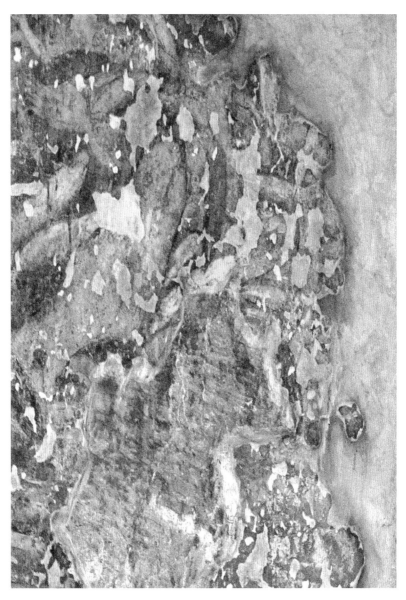

아잔타 석굴 17굴에 벽화로 그려져 있는 맛차 본생담
물고기들이 몰려가는 모습을 생생하게 구현하고 있다.

문에 그물 냄새를 맡지 못하여 그만 그물 속으로 들어가 버리고 말았다. 어부들은 그것을 끌어올려 뜨거운 모래밭에 던져두고 숯불을 피우고 꼬치를 깎았다.

그 물고기는 "불에 굽히는 고통도, 꼬치에 꿰이는 고통도, 그 밖의 다른 고통도 나는 괴로워하지 않는다. 다만 아내가 '내 남편은 사랑 때문에 다른 데로 갔다'고 생각할 그것이 몹시 나를 괴롭게 한다." 또 게송으로 읊기를,

애욕의 불길은 나를 다 태우네.
그 마음도 또 나를 괴롭히나니
그물 치는 사람들아, 나를 놓아다오.
연애하는 어떤 것도 죽이지 말아다오.

이때 모든 소리를 분별할 수 있는 사제관(司祭官)이 강가에 갔다가 그 물고기의 비탄하는 소리를 듣고 생각하였다. '저 물고기는 애욕으로 슬픔에 괴로워하고 있다. 저것은 마음의 병이므로 죽으면 지옥에 떨어질 것이다. 내가 도와주리라.' 하고 어부들에게 말하여 그 물고기를 자신의 두 손으로 움켜쥐고 강가로 내려와 "물고기여, 만일 오늘 내가 발견하지 않았더라면 너는 죽었을 것이다. 지금부터는 애정에 끌리지 말라."고 하면

서 놓아주고는 성안으로 돌아왔다.

내면의 큰 불길에는 두 가지가 있으니, 하나는 성냄이요, 다른 하나는 애욕이다. 성냄은 모든 공덕을 부수어버리고, 애욕은 어리석음이며 윤회의 근본이니, 수행자의 공덕을 부수는 것은 물론이고, 살아서 생명 자체를 말라 죽게 한다.

부처님께서도 애욕의 문제를 해결하기 위하여 바로 앞 생인 웻산따라(Vessantara)왕의 생애에서 자식과 부인을 보시하였다. 또한 석가족의 싯다르타(Siddhārtha)로 오셔서 태자의 자리를 버리고 출가하여 6년에 걸친 가혹한 고행의 시기를 거쳐 보리수 아래에서 정각을 이루실 때, 탐욕으로 구성된 마왕의 군대를 쳐부수고 그 깨달음의 감흥을 노래하여 '갈애의 파괴'라 하였다. 그리고 7주간의 선정락을 누리던 중 다섯 번째 주에 다시 마왕의 아름다운 세 딸인 갈애, 혐오, 애착이 등장했을 때도 이를 다시 물리치셨다.

또 이후에 부처님께서 유행(流行)하며 법을 널리 펴는 과정에서도 빼어난 아름다움으로 인도 최고의 미녀라는 명성을 얻은 마간디야(Māgandiya)를 부처님과 결혼시키려는 마간디야의 부모에게 하신 말씀은 이를 다시 확인하고 있다. 특히 마간디야에게 말씀하신 게송은 경종을 울린다. 다음 두 게송은 부모에게 설한 게송이다.

이 승리는 다시는 패배하지 않으리.

이 세상에서 누가 이 승리의 길을 가겠는가?

그 깨달음은 대상의 양변(antagocaram)에 끌려가지 않나니

깨달음에는 발이 없는데 욕망이 어떤 발로 끌어가겠느냐?

그 욕망의 그물이 사람들을 옭아매고 있지만

깨달은 자는 어디로 이끄는 갈애가 없다.

그 깨달음은 대상의 양변에 끌려가지 않나니

깨달음에는 발이 없는데 욕망이 어떤 발로 끌어가겠느냐?

(법구경 179, 180번 게송)

그리고 이어서 부모를 따라온 딸 마간디야에게도 다음 게송을 읊으셨다.

마왕의 세 딸 탄하(갈애), 아라티(혐오), 라가(탐욕)를 보고도

육체적 욕망의 일어남이 없었나니

똥오줌으로 가득한 가죽 물주머니인 네 몸이겠느냐.

나의 발바닥에조차 닿게 하고 싶지 않노라.

(위 게송 주석)

이 법문을 듣고 마간디야의 부모는 수다원과를 성취하였지만, 마간디야는 자존심이 상하여 나중에 코삼비국의 왕비가 되어 부처님께 복수하고자 하였다. 그리하여 부처님에 대한 신심이 깊고 간절한 첫 번째 왕비인 사마왓띠(Sāmāvatī)와 여자 신도들 가운데 다문제일이라 불리던 쿠줏따라(Khujjuttarā)를 포함한 왕비의 시녀 오백 명을 불살라 태워죽였다. 그리고나서 그 사실을 알게 된 코삼비국의 우데나(Udena)왕에 의해 자신도 자기 친척과 오백 시녀와 함께 불태워 죽임을 당하였다.

입산하면 가장 먼저 배우는 《초심初心》과 《발심發心》과 《자경문自警文》은 모두 색(色)에 대해 경계하고 있다. 《초심》에서는 "재물과 여자의 화는 독사보다 심하다(재색지화심어독사財色之禍甚於毒蛇)."라고 하였고, 《발심》에서는 "마음에 애착을 떠난 것을 사문이라 이름한다(이심중애시명사문離心中愛是名沙門).", "수행자가 여색을 좋아하면 선신이 버리고 떠난다(도인련색선신사리道人戀色善神捨離)."고 하였다. 《자경문》에도 "여색을 보거든 호랑이와 독사 보는 듯 하라(안도여색여견호사眼睹女色如見虎蛇).", "마음이 깨끗하면 반드시 선신이 보호하고 색을 연연하면 모든 하늘이 용납치 아니한다(심정즉선신필호心淨卽善神必護 연색즉제천불 용戀色卽諸天不容)."라고 하였다.

이와 같이 불교는 탐진치 삼독으로 집약되는 팔만사천의 번뇌 가운데서도 탐욕을 가장 근본으로 보았고, 탐욕의 밑바닥 에는 애정과 애착이 깔려 있음을 직시하고 그것이 근본 무명을 이루어 자신의 밝은 성품을 보지 못한다고 본다. 《이교도의 경 (Aññatitthiyāsutta, A3:68)》에서는 "탐욕은 작은 잘못이지만 극복 하기 어렵다."라고 하였다. 작은 불씨 하나가 온 산과 들판을 태 우듯, 작은 욕망 하나가 개개인을 불태우고 사바세계를 불태울 수 있는 것이다.

그러므로 자신의 마음을 닦아 어느 정도의 경지에 이르렀 더라도 애욕을 완전히 버리지 못하면 다시 퇴전하여 범부로 돌 아갈 수 있음을 알고 완전한 번뇌의 소멸에 이를 때까지 부지 런히 정진을 멈추지 말아야 한다.

🪷 댓글 🪷

2022.6.28.   살다 보면 감각적 욕망으로 불탈 때가 있습니다. 그 불은 제 마음을 태웁니다. 애착하는 마음이 불타지 않도

록 소멸하는 법을 설해 주시는 스님께 감사합니다. 표상을 버리려고 이 몸에는 머리털, 몸털, 손발톱, 이, 살갗, 살, 힘줄, 뼈, 골수, 콩팥, 염통, 간, 근막, 지라, 허파, 큰창자, 작은창자, 위, 똥, 쓸개즙, 가래, 고름, 피, 땀, 굳기름, 눈물, 피부의 기름기, 침, 콧물, 관절활액, 오줌 등이 있다고 반조했습니다. 지금은 눈의 감각 접촉 등 여섯 가지 감각 접촉, 눈의 감각 접촉 등에서 생긴 여섯 가지 느낌(受), 부처님의 명상과 선 법문을 듣고 알아차림 하려 합니다.

2022.6.29. 아름다움이라고는 없는 그 본성을 보아야 합니다. 자신이 아름답다는 애착을 한 마간디야 왕비도 머리털, 몸털, 손톱, 이빨, 침, 콧물, 대변, 소변 등 부처님의 "똥오줌으로 가득한 가죽 물주머니가 네 몸이겠느냐"의 게송을 듣고 부모님처럼 수다원과를 성취했음 얼마나 좋았을까요. 무지의 어둠에 가려졌기 때문에, 외부의 장식으로 가려졌기 때문에 '나' '내것'이라 하고 좋아하고 애착합니다.
태어나면 소멸하여 백골이 될 이 몸임을 알고 늘 깨어 있으면 애욕·애착에서 조금은 벗어나지 않을까 생각합니다. 그래서 스님의 말씀처럼 부지런히 정진해야겠습니다.

2022.6.29. 내 몸속에는 온갖 오물투성이고 겉으로 보이는 것만 전부인 양 좋으니 나쁘니, 더럽다 예쁘다 등 어느 관점에서 보느냐에 따라서 마음대로 자기 잣대를 들이댑니다. 맑고 깨끗한 청안의 눈으로 삶에서 일어나는 것들을 고요히 바라보면서 모든 세상의 이치가 일어남과 사라짐임을 알아서 열심히 공부하라는 스님의 법문 매일 한 번씩 반복하면서 생각합니다. 이 댓글을 달면서도 나 역시 말과 행동이 일치되는지 좀 민망하

네요. 스님, 감사합니다. 무지의 세계에서 조금씩 한 발짝씩 세상 밖으로 나오도록 해주셨네요.

2022.7.1.   똥오줌으로 가득 찬 가죽 물주머니를 꾸미고 치장하며 애욕을 더 불러일으키려 애쓰는 현대 사회입니다. 온갖 매체들이 욕망을 부추기고 그것이 어리석음인 줄 모르고 자만과 탐욕으로 인해 결국 죽음에 이르는 마간디아처럼 더 끊임없는 욕망만 가지라, 누리라 외쳐댑니다. 지금 현재 나의 모습, 우리의 모습을 돌아볼 때입니다.

2022.7.1.   애욕에 집착하여 죽음을 받지 않기를 바라고 살려주었지만, 수컷 물고기는 그저 암컷 물고기가 자신을 오해하고 떠났을 거라 걱정만 합니다. 애욕은 어리석음을 가져오고, 어리석음은 다시 탐욕과 애욕을 가져오고, 애욕을 얻지 못하면 화를 내고… 탐진치가 우리네 사람의 삶 그 자체의 모습임을 물고기를 통해 배웁니다. 애욕을 즐기라 유혹하는 계절입니다. 똥오줌으로 가득한 가죽 물주머니를 더 드러내라고 이곳저곳에서 요구하는 계절입니다. 애욕이 일어나면 '이것이 탐욕이다' 하고 바라보고, '이것이 어리석음이다' 하고 바라보고, '탐진치 삼독이 나의 삶 자체'였음을 바라봅니다.

2022.11.25.   맛차 본생담은 애욕의 불길 이야기, 동족을 구한 물고기왕의 이야기이다. 애욕에 집착한 물고기는 그물에 걸려 불에 구워지는 고통도, 꽂이에 꿰이는 고통도 괴롭게 여기지 않으면서 자신의 아내가 사랑 때문에 다른 데로 간 것을 괴로워한다. 마침내 어부는 물고기를 살려주면서 지금부터는 애욕에 너무 끌리지 말라고…

탐진치가 현대사회 일상 그 자체인데, 이 물고기 이야기를 통해 끊임없이 다가오는 애욕과 욕망을 이겨내고 현재의 우리 모습을 되돌아보며 성찰합니다.

2022.12.29. "애욕보다 광대한 것이 없고, 분노보다 깊은 것이 없으며, 교만보다 높은 것이 없도다." 이번 본생담을 읽어보면서 생각나는 게송입니다.

2022.12.29. 출가하여 입산해서 배우는 초심은 "재물과 여자의 화는 독사보다 심하다." 발심은 "마음에 애착을 떠난 것을 사문이라 이름한다." … 이 공부를 하신다니 참으로 훌륭하십니다. 탐욕의 바탕에는 애정과 애착이 깔려 있고 어리석음이 기반이 되어 있음을 알게 되었습니다. 그러나 사마왓띠 왕비의 하녀인 청신녀 쿠줏따라는 모든 여성들에게 귀감이 되고 있음을 기억해야 합니다. 쿠줏따라는 곱추로서 몸도 불편하지만 부처님 말씀 듣고 예류과에 오르고, 왕비와 시녀 500명에게 불법을 전해주어 《이띠웃따가(如是語經)》라는 경전을 남겼습니다.

2023.8.14. 처음에 물고기가 그물에 걸려서 죽기 직전에 어떤 지나가던 사람이 마음을 읽고 지옥에 가는 것을 방지하여 살려주는 것이 인상 깊었습니다. 또한 자존심이 상했다고 죄 없는 시녀 500명을 죽이고 자신도 같은 방법으로 죽은 마간디야도 욕심의 끝을 보여주는 것 같아 인상 깊었습니다. 〈중2〉

13

애욕으로 망가진
수행자 이야기

── 알람부사(Alambusā) 본생담(《본생경》 523번)

부인 잊지 못해 출가 생활 싫어진 비구 위해 설법
고행·선정에 몰두한 이시싱가,
제석천의 명령으로 선인 이시싱가를 유혹한 알람부사
지계·정진·선정의 힘 하늘 세계 닿을 만큼 영향력 크지만
지혜 없이 선정에만 머문 수행은 퇴전할 수 있음 보여줘

아잔타 석굴 16굴
바라하데바 장관이 양친을 위해 보시하였다

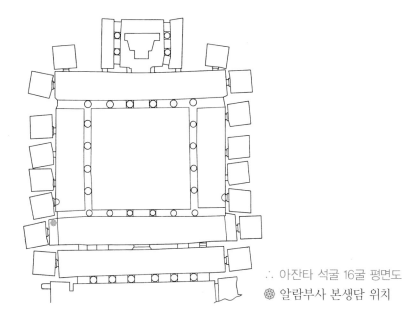

∴ 아잔타 석굴 16굴 평면도
⊛ 알람부사 본생담 위치

    부처님은 보리수 아래에서 마왕의 공포스러운 군대를 제압하고, 마왕의 세 딸의 떨치기 어려운 유혹을 극복하고 정각을 이루셨다. 그러나 애욕은 수행하는 이에게는 적어도 그 목표에 도달할 때까지는 영원한 과제일 것이다. 알람부사 본생담은 애욕이 수행자를 망가뜨린 이야기인데, 그 과정에서의 심리묘사가 돋보인다. 이 이야기는 출가 전의 부인을 잊지 못하여 출가 생활이 싫어졌던 비구를 인연하여 설해진 것이다. 이 본생담은 아잔타 석굴 16굴에 벽화로 그려져 있다.

옛날 브라흐마닷따(Brahmadatta, 범여)왕이 바라나시를 다스릴 때 까시(Kāsi)국의 어떤 바라문의 아들이 선인(仙人)의 도에 들어가 숲속에서 나무뿌리와 과일을 먹으면서 살아가고 있었다. 그때 거기에 있던 암사슴 한 마리가 정수(精水)에 젖은 풀을 먹고 물을 마시고는 사람의 아들을 낳았다. 선인은 그것을 자기 아들처럼 사랑하여 기르면서 이시싱가(Isisiṅga)라는 이름을 지어 주었다.

선인은 늙어서 "아들아, 이 설산에는 꽃에 비길 만한 아름다운 여자들이 있다. 누구나 그녀들의 손아귀에 들면 큰 파멸을 당한다. 그러므로 그녀들의 손에 떨어지지 않도록 주의하지 않으면 안 된다."고 일러주고 죽어서 범천세계에 났다.

선정에 유희하는 이시싱가는 그 고행이 과도해 모든 감관이 그 활동을 잃고 말았다. 그의 계율을 지키는 힘에 의해 제석천의 자리가 흔들렸다. 제석천은 그 까닭을 알고 '이것이 나를 제석천 자리에서 떨어뜨릴지도 모른다'고 생각하고는 남자들을 가까이 하여 봉사하는 길을 잘 아는 알람부사라는 천녀에게 그 계율을 깨뜨리라고 명령했다. 이 말을 듣고 알람부사는 다음 게송을 외웠다.

비록 천왕의 명령이 있다 해도
나는 거기 가기 좋아하지 않네.
나는 그를 범하기 두려워하나니
바라문은 그 위광(威光)이 놀랍기 때문이네.

저 선인(仙人)들을 범하였기 때문에
그들은 다 지옥에 떨어져
우치(愚痴)의 윤회에 잠기었나니
그러므로 내 몸의 털이 일어서네.

그러나 알람부사는 제석천의 명령을 받들지 않을 수 없었
다. 그녀는 아침 해가 오를 때쯤 목욕탕을 청소하는 이시싱가
앞에 갖가지 팔찌를 끼고 귀고리로 장식하고 금빛 전단과 같은
향기를 풍기고 태양 같은 광명을 발하며 나타났다.

고행자 이시싱가의 눈에 밑에서부터 위로 알람부사의 아름
다운 미모가 차례로 들어왔다. 그는 그녀의 자태를 보고서 "화
사하고 보드랍고 깨끗하며 알맞게 통통한 다리, 마음을 완전
히 사로잡아버리는 너무도 사랑스러운 걸음걸이, 탄력 있고 코
끼리의 코처럼 차츰 굵어지는 넓적다리, 도박장의 원반같이 통
통한 엉덩이, 청련화의 꽃받침같이 고운 배꼽, 줄기도 없이 반

형(牛形)의 호리병같이 통통하게 부풀어 오른 유방, 에나 사슴처럼 알맞게 긴 목, 혀처럼 새빨간 입술, 깨끗하고 아름다운 이빨, 진쥬카 열매같이 길고 큰 눈, 전단향이 나는 잘 빗겨진 머리카락을 가진 너는 누구냐?"고 물었다.

알람부사는 그의 어리석음을 알고 "오너라! 벗이여, 우리 이 도원에서 함께 즐기자. 오너라! 나는 그대 안아 주리. 그대는 향락의 달인(達人)이 되라."고 말하고는, 그냥 있어서는 저 고행자를 자신의 수중에 넣을 수 없다고 생각하고 슬쩍 돌아서서 떠나는 척했다.

평소에는 기운이 빠져 행동도 느리던 이시싱가는 그녀가 정말 갈까 봐 재빨리 뛰어나가 그녀의 머리카락을 움켜쥐었다. 아주 아름다운 그 여자는 즉시 돌아서서 그를 껴안아 그의 범행(梵行)을 깨뜨렸다. 그것은 제석천이 바라던 바였다.

그녀는 그를 안은 채 제석천이 50개의 덮개로 덮고 천 개의 일산을 씌워 준비해준 자리로 데려갔다. 그녀에게 안겨 있는 시간은 한순간 같았지만 3년이 지나갔다. 3년 동안 취해 있다가 그 바라문은 비로소 깨어났다. 나무와 꽃과 새들이 지저귀는 사방을 둘러보는 그의 눈에는 눈물이 가득 찼다.

아잔타 석굴 16굴의 알람부사 본생담
왼쪽의 여인이 알람부사. 가운데는 알람부사에게 명령하는 제석천왕.
가장 오른쪽이 이시싱가다. 이시싱가는 사슴이 낳았기 때문에 머리 위에
뿔이 하나 솟아 있다.

일찍이 나를 섬긴다 빙자하고

내 마음 유혹한 것 그 누구인가?

내가 숲속에 살면서

위력으로 내 몸에 쌓아 둔 것을,

마치 갖가지 보물을 가득히 실은 배를

바다에서 붙잡듯 잡은 이는 누구인가?

알람부사는 이시싱가의 저주가 두려워 제석천왕이 자기를 보냈다고 실토했다. 이시싱가는 아버지의 교훈을 생각하고 비탄게를 외웠다.

여자는 마치 연꽃 같나니

젊은이여, 그것을 알아차려라.

가슴에는 두 개의 종기(=유두) 있나니

젊은이여, 그것을 알아차려라.

깨어난 이시싱가는 비로소 쾌락을 버리고 선정을 일으켰다. 알람부사는 그 사문의 위광을 보고, 선정을 일으킨 것을 알고 두려워하며 이시싱가의 발에 머리를 대고 참회하였다.

그러자 이시싱가는 그녀에게 "부인이여, 그대를 용서하노

니, 행복 있으라. 그대가 가고 싶은 곳으로 가라." 하였다. 알람
부사가 하늘세계로 돌아오자 제석천은 기뻐하면서 그녀의 소원
을 말하라고 하였다. 알람부사는 제석천에게 자신의 소원을 말
하였다.

제석천님, 모든 생명의 주인님,
만일 제 소원을 들어준다면
다시는 선인을 유혹하러 가지 않는다는
이것이 제 소원이네요. 아! 제석천님이시여.

부처님은 이 이야기를 마치고 4성제를 설하시니 그 비구는
수다원과를 얻었다. 알람부사는 출가 전의 아내요, 이시싱가는
출가 생활이 싫은 비구요, 그 아버지 선인은 부처님이었다.

이 본생담을 통해 보이지 않는 세계에 대한 여러 가지를 알
수 있다. 먼저 이시싱가의 고행에 의해 제석천의 자리가 흔들렸
다는 이야기는 지계와 정진, 선정 등이 하늘세계에 영향을 줄
수 있다는 점이다. 지금 이 자리의 행위가 주는 여파는 보이는

한계를 벗어나 보이지 않는 영역에까지 미치고 있음을 보여준다.

두 번째는 수행자의 범행을 깨뜨리는 것이 두려움을 동반하는 일이며, 우치의 지옥에 떨어진다는 점을 알람부사가 토로하고 있다는 점이다.

세 번째는 이시싱가는 계율을 지키고 선정을 닦는 것이 배에 갖가지 보물을 싣는 것과 같다고 밝히고 있다. 그것이 바로 위력으로 몸에 쌓은 정신적 재보인 것이다. 물질적 재보는 눈에 보이지만 정신적 재보는 눈에 보이지 않아서 잘 알 수 없다. 그러나 정신적 재보가 훨씬 더 중요하다. 정신적 재보야말로 죽은 뒤에 선처에 나게 하는 원동력이며 진리에 이르는 길이다.

네 번째는 선정이 과도했던 이시싱가가 유혹에 쉽게 넘어가버리고 말았는데, 이는 지혜가 중요함을 간접적으로 드러내고 있다. 고요하게 가라앉은 호수는 바람 불면 다시 요동치지만, 지혜는 날카로운 칼과 같아 번뇌의 싹을 잘라버리기 때문이다.

마지막으로 천상의 궁전이 흔들릴 정도의 수행이 있다 하더라도 퇴전할 수 있다는 점이다. 시계제일 우빨리 존자는 "신심(信心)으로써 욕락(欲樂)을 버리고 일찍 발심(發心)한 젊은 출가자들은 영원한 것과 영원하지 않은 것을 똑똑히 분간하면서 걸어가야 할 길만을 고고(孤高)하게 걸어서 가라."고 하였다.

🪷 댓 글 🪷

2022.7.12. 물질과 정신, 보이는 것과 보이지 않는 것, 이 둘 중에 한쪽으로 치우치는 무지가 존재를 망치는 것 같습니다. 나를 너처럼 다루는 지혜를 공부합니다.

2022.7.12. 알고 있지만 그만둘 수 없는 상태로부터 알았더니 더이상 하고 싶지 않게 되는 상태로 변화하는 지혜를 얻은 알 람부사. 어리석음 때문에 하지 말아야 할 것을 하고 욕망의 대 상에 대한 탐욕으로 해서는 안 되는 것을 한 이시싱가.
계율의 준수는 세속적인 자세를 초월하는 것, 현실 세계에서 애착을 단념하는 것이야말로 높은 수행(지혜)을 기르는 계기가 되는 것, 이제는 그 매력과 위험성을 아는 지혜를 얻어 자신을 확고하게 하는 법을 얻은 이시싱가. 이번 글을 읽고 미혹으로 가는 길을 다시 생각해보게 되었습니다.

2022.7.13. "나무와 꽃과 새들이 지저귀는 사방을 둘러보는 그의 눈에는 눈물이 가득 찼다." 이 부분을 읽는데 이시싱가의 마음이 전해지는 것 같습니다. 애욕이 사람을 파멸하게 만드는 위험을 봅니다. 알람부사 본생담을 소개해 주셔서 감사합니다. 지혜가 부족한 저도 감각적 욕망에서 벗어날 때까지 스님의 글 과 법문을 들으며 모든 괴로움 제거하고, 안은(安隱) 증득하기 를 바래봅니다.

2022.7.13. 우리가 보이는 지계와 정진 그리고 선정이 하늘세 계에 영향을 줄 수 있다는 해석은 다시 한번 나를 돌아보게 합 니다. 깨달음을 위한 절실한 노력들은 하늘에 닿는다는 것입니 다. 나는 얼마나 절실한가 다시 돌아봅니다. 비단 여인에게서

만이 아니라 온갖 물질들로 유혹이 넘쳐나는 시대에 선정을 넘어 지혜를 얻기 위해 나는 어떤 모습인가 생각합니다.

2022.11.25.　알람부사의 예쁜 치장과 교태에 고행자 이시싱가는 마음을 흐리게 되고… 다시 태어난 이시싱가는 쾌락을 버리고 선정을 일으키니 두려움을 느낀 알람부사는 참회하고, 머리를 조아리니 이시싱가는 너를 용서하노니 행복 있으라고 하였다.
오늘날 온갖 물질문명이 난무하고 넘쳐나는 이 시대의 양상과도 흡사하지 않은가! 출가 전 부인을 잊지 못하고 늦었지만, 자신을 확고히 하는 법을 깨우친 이시싱가의 행동은 많은 것을 느끼게 합니다.

2022.12.28.　수행의 길은 참 어렵죠~ 그래서 스님들을 존경하는 게 아니겠습니까?

2022.12.30.　여자의 유혹을 극복하는 고지는 수행자에게는 영원한 과제라고 하셨지만, 부처님은 전생에 수많은 여자들의 복수의 대상이 되었을 때 그 원인을 이미 아셨으나 불해와 용서, 인욕, 보시, 지혜, 정진으로 10바라밀을 끝까지 지켜 자기를 버리고 아상을 버리는 최상의 수행법으로 일체 지견을 위해 보살의 난행을 능행으로 보여주셨습니다.
부처님께서 가신 지 2,600년 지나서 이러한 부처님의 난행 능행을 기록한 자타카에 불자들은 왜 주목해야 하는지, 각전 스님께서는 자타카는 불교 수행의 기초가 되는 심성과 성품을 형성하는 데 결정적인 역할을 하기 때문이며, 기초 없이 교학·수행·정진을 한다는 것은 1층 없이 2층을 짓는 것과 같다고 하셨기에, 박달 토굴 법우님들과 저는 복이 많다고 감히 생각하며 스님께 큰절 올립니다.

⑭
모욕을 당했을 때
어떻게 해야 할 것인가

— 마힘사(Mahimsa) 본생담(《본생경》 278번)

인욕은 윤회 반복 끊어내는 수행자의 길
무례한 원숭이의 모욕을 참아낸 선량한 물소, 살생의 업
고통 당해도 복수하지 않는 불해의 철학 보여줘
인과응보에 맡기고 자신의 길 가는 것이 수행자

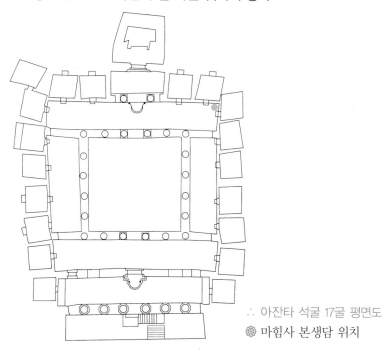

∴ 아잔타 석굴 17굴 평면도
◉ 마힘사 본생담 위치

우리가 마주치는 대상은 즐거움과 괴로움으로 양분된다. 알람부사 본생이 즐거움을 주는 대상에 대한 이야기라고 한다면, 마힘사 본생은 괴로움을 주는 대상, 즉 남에게 해를 입는 어려움에 처했을 때 어떻게 처신해야 하는가를 보여주는 대표적인 사례이다. 특히 인과응보의 사슬로부터 벗어나고자 하는 수행자에게는 감로(甘露)와도 같은 이야기일 것이다.

부처님은 과거생에 자신이 아무리 고통을 당하고 손해를 보고 위해(危害)를 당해도 그것에 대응하여 복수하지 않으셨다. 물소의 전생 이야기인 마힘사 본생담(278번)은 그러한 불해(不害)의 철학을 전하는 본생담 중의 하나이다. 아잔타 석굴의 17굴에 벽화로 그려져 있다.

부처님께서 사왓티(Sāvatthi: 슈라바스띠Śrāvastī, 사위성舍衛城)에 계실 때였다. 어떤 집에서 기르던 원숭이가 선량한 코끼리 등에 앉아 똥오줌을 싸면서 희롱하였다. 어느 날 그 선량한 코끼리인 줄 알고 다른 사나운 코끼리한테 기어 올라갔다가 그 사나운 코끼리가 코로 원숭이를 붙잡아 땅바닥에 놓고 발로 짓밟아 가루로 만든 일이 있었다. 부처님께서는 그 원숭이가 전생에도 그러한 일이 있었다고 하시면서 말씀하신 것이다.

옛날 브라흐마닷따(Brahmadatta, 범여)왕이 바라나시를 다스릴 때 설산(雪山)에 힘이 세고 큰 몸의 물소가 살았다. 그 물소는 시원한 나무 그늘을 발견하고 그 밑에 서 있었다. 그때 장난꾸러기 원숭이가 나무에서 내려와 선량한 물소의 머리에 올라앉아 그 물소의 눈을 가리고, 그 뿔을 잡아당기기도 하고 매달리기도 하고 꼬리를 잡아 흔들기도 하고 똥오줌을 싸면서 무례한 장난을 하였다. 그러나 선량한 물소는 그 원숭이의 행동을 제지하지 않고 묵묵히 참았다. 원숭이는 그 행동을 되풀이했다.

그러던 어느 날 그 나무의 목신(木神)이 "원숭이가 주는 고통을 참는 그대, 무슨 계획이 있어서인가?" 하면서 선량한 물소에게 말했다. "저 원숭이가 경솔하여 벗을 배반하고 모든 욕심을 왕처럼 채우고 있습니다. 저 나쁜 원숭이가 모욕하는 것을 그대로 두는 것은 무슨 까닭입니까? 저놈을 제지하십시오." 그리고는 게송으로 읊었다.

뿔로써 그것을 떠받아 치우고
발로써 그것을 짓밟아버려라.

아잔타 석굴 17굴의 마힘사 본생담 벽화

선량한 물소의 머리 위에 올라앉아 물소의 눈을 가리고
뿔을 잡아당기고, 똥오줌을 싸면서 괴롭히는 무례한 원
숭이(아래)와 눈을 부릅뜬 사나운 물소가 원숭이를 땅에
떨어뜨린 모습이 묘사돼 있다.

저것을 제지하는 이 없다고 한다면
어린아이에게조차 비웃음을 사리라.

그러나 선량한 물소는 목신에게 대답하여 말하였다. "목신
이여, 내가 만일 저 원숭이의 출신, 종족, 힘 등 때문에 저 원
숭이를 멸시하지 않고, 저 원숭이의 허물을 용서해 참지 않는
다면 어떻게 내 소원이 성취될 수 있겠는가? 내가 그렇게 하지
않더라도 저 원숭이는 다른 물소까지도 모두 나와 같다고 생각
하고 이런 무례한 짓을 할 것이다. 이런 짓을 한다면 그 물소들
은 저 원숭이를 죽일 것이다. 만일 저것이 다른 물소들에게 죽
는다면 나는 이 고통에서도 또 살생에서도 면할 수 있을 것이
다." 하고 다음 게송을 읊었다.

만일 저 원숭이가 지금 내게 하듯
다른 물소들에게도 이런 짓 하면
그때에 그들은 저 원숭이를 죽이리.
저 원숭이가 죽으면 나는 죄를 면하리.

며칠 뒤 이 선량한 물소는 거기서 다른 곳으로 떠나고 화를
잘 내는 다른 물소가 그 자리에 와서 서 있었다. 이 못된 원숭

이가 다른 사나운 물소를 이전의 선량한 물소인 줄 알고 올라가서 똑같이 무례한 장난을 하자 그 사나운 물소는 화가 나서 머리를 흔들어 원숭이를 땅에 떨어뜨리고 뿔로 심장을 찌르고 발로 짓밟아 가루를 내었다.

바라나시의 무례한 원숭이는 사위성의 무례한 원숭이이며, 사나운 물소는 사나운 코끼리이며, 목신은 사리뿟따(Sāriputta, 사리불)이며, 선량한 물소는 부처님이었다.

우리의 인생길은 무례와 모욕으로 점철되는 스트레스로 가득 찬 삶이다. 거기에 일일이 반응하기도 하고, 참고 참았다가 한꺼번에 폭발하기도 하고, 온갖 수단을 동원하여 상대방을 정의의 이름으로 심판하고자 하는 등 각자의 방식대로 대응하면서 살아간다. 그것이 윤회의 삶을 반복하는 길임을 알면서도 범하고 있는 것이 우리네의 삶이다.

그러나 윤회의 삶을 끊고자 하는 사람, 자신의 마음을 닦고자 하는 사람은 다른 행동 방식을 취해야 함을 이 본생담은 말해 준다. 첫째로 어떤 일이 잘못을 바로잡는 일이라 하더라도 그것이 업(業)을 짓는 일이어서는 안 된다. 업은 윤회의 원동력이기 때문이다.

둘째는 자신의 길을 묵묵히 가는 확고함이 있어야 한다. 그것이 지금의 모욕과 무례를 참고 견디면서 지나가는 힘이 되어주기 때문이다.

이 본생담에서 우리는 부처님의 전생이었던 선량한 물소가 자신에게 패악질을 한 원숭이를 해치지 않고 자신이 당한 무례와 모욕을 묵묵히 인내함으로써 살생의 업을 짓지 않았다는 사실을 확인할 수 있다. 자신이 당한 무례와 모욕에 보복한다면 그 무례와 모욕과는 무관하게 보복 자체가 하나의 새로운 업이 되고 과보가 익어서 떨어지게 되면 그 과보를 받지 않을 수 없는 것이다. 이러한 반복이야말로 윤회의 본 모습이다.

그러나 그것은 일체지를 향해 가고자 하는 보살 혹은 수행자는 가지 말아야 할 길인 것이다. 그리해서는 남들은 고사하고 자기 자신도 윤회에서 건질 수 없다. 묵묵히 인내하고 그 자리를 떠남으로써 물소는 받는 고통과 주는 고통 모두에서 벗어난 것이며, 피해자와 가해자의 두 입장으로부터도 해방된 것이다.

이제까지의 고찰이 주인공인 물소의 입장에서 본 것이라면, 화를 잘 내는 물소와 패악질을 한 원숭이의 입장에서도 생각해볼 필요가 있다. 화를 잘 내는 물소는 우리들이 갖는 보통의 심성과 행동 패턴을 대변한다. 으레 그리하는 것이며 사회적 규범으로서도 별로 문제가 없다. 그러나 물소는 마음에 크게 화를 내었고 심장은 빨라졌을 것이며 뿔과 발굽으로 엄청난 힘을 썼을 것이다. 윤회의 씨앗을 뿌린 것이다.

패악질을 한 원숭이는 어떠할까? 물소에게 한 번 뿔에 찔리고 발굽에 밟혀 죽었고, 코끼리에게 코로 감겨 내동댕이쳐지고 밟혀 죽었다. 남의 등에 타고 올라앉아 제 집처럼 놀아댄 심보와 습관을 버리지 못하여 결국 반복되는 참혹한 죽음에 이르고 만 것이다. 이러한 죽음의 모습은 죽음 중에서도 아주 비참한 것에 속한다.

이 본생담에서 이러한 처참한 죽음을 등장시킨 것은 우리의 일상의 심보와 습관이 얼마나 중요한지 말해 주는 메시지로 받아들여야 할 것이다. 잘못된 심보와 습관은 고쳐야 하고, 좋은 심보와 습관을 가져야 한다는 것은 두말할 나위가 없다. 여기서 좋은 심보라는 것은 자신에게 가해진 위해를 묵묵히 인욕하는 것이다. 이 본생담은 복수하지 않고 그것 자체의 인과응보에 맡겨 버리고 자신의 길을 가는 것이 수행자의 길임을 보여준다.

❀ 댓글 ❀

2022.7.25.　지혜로운 선량한 물소의 대답을 통해 '어떻게 살 것인지, 어떻게 이 위기를 극복할 것인지' 진지하게 배우게 되었습니다. "복수하지 않고 그것 자체의 인과응보에 맡겨 버리고 자신의 길을 가는 것이 수행자의 길임을 보여준다"는 말씀이 와 닿았습니다. 남이 내게 불친절하거든 '나도 모르는 사이에 언젠가 내가 불친절했구나', 남에게 악한 대접을 받으면 '내가 심어놓은 악이 오늘 악한 대접으로 내게 오는구나'라고 알고 남 탓을 하지 않아야겠다는 생각도 해 봅니다. 그리고 좋은 심보와 습관을 가지도록 노력하겠습니다.

2022.7.25.　며칠 전에 옆 사람에게 화를 냈습니다. 나에게는 이유가 있었습니다. 나를 놀려대고 함부로 했기 때문입니다. 불현듯 화가 치밀어 나도 모르게 화를 냈습니다. 그리고 그것은 당연하다고 생각했습니다. 화를 내지 않으면 또 나에게 함부로 할 것이니 잘한 것이라며 스스로 위안도 하였습니다. 그러나 마음은 아주 불편했습니다. 이제 알았습니다. 그것이 윤회의 씨앗을 뿌린 것임을. 원숭이가 나를 놀려대도 그것이 인욕의 대상임을 알아차려야 함을 알게 되었습니다. 불현듯 화가 일어날 때 이것은 윤회의 씨앗임을 알아차리는 힘, 그것을 어떻게 길러야 할지요….

2022.7.26.　정말로 현실에 살아있는 글입니다. 남이 조금이라도 나한테 불편한 말을 하면 그것에 발끈하면서 내가 상대에

게 하는 말은 별로 개의치 않으면서 하고 있고, 나 자신을 돌아보면서 느꼈을 때는 늦었다는 생각이 들면서 그다음 순간 어색해하곤 했습니다. 그러나 이 글에서 '윤회하고 있다'는 말씀에 정신이 번쩍 듭니다. 착한 마음과 악한 마음이 항상 경계선에 있다고 생각하고 살았는데, 윤회라는 말에 온몸이 서늘해지는 이 느낌, 정말로 자신이 부끄럽네요. 열심히 부처님 공부하면서 스님의 가르침과 특히 나 자신한테 부끄럽지 않은 재가자가 되길 발원합니다. 일어나는 마음과 나가는 마음을 유심히 느끼면서 살기를~~~

2022.7.26.　이 글을 읽으니 누군가에게 이유가 있다고 쉽게 화를 잘 냈던 제 모습을 되돌아보게 되었습니다.

2022.7.27.　각전 스님의 글과 법문 등을 통하여 많이 배우고 있습니다. 최근 법문에서, 부처님께서는 대기설법으로 듣는 중생의 수준과 처지를 맞춰가며 설법해주셨다고 알려주셨는데, 본생담을 읽으면서 '중생들이 윤회를 끊고 괴로움이 없는 세상으로 갈 수 있도록' 부처님께서 엄청난 자비와 사랑을 베푸셨음을 느낍니다. 저는 본생담 자체를 믿는다기보다는 그 수많은 본생담을 펼쳐가며 중생을 교화하려 하셨다는 사실에 커다란 감명을 받습니다. 스님께서 일전에 일러주신 '타면자건'이라는 고사성어를 가슴에 새기며 인과를 만들지 않도록 발원하옵니다~ 스님. 감사합니다!!

2022.7.30.　부처님의 본생경은 읽을수록 숨어있는 지혜를 알게 됩니다. 《인도 네팔 순례기》(벽화의 보고-제17굴 P.117)에서는 마힘사 본생담은 벽화가 없었는데, 이 책에는 물소들과 원숭이들

의 그림이 잘 묘사되어 있었고 자타카 내용이 자세하게 잘 나타나 있어서 마힘사 본생담 하면 벽화가 떠오를 것 같아서, 스님의 배려에 감사드립니다.

2022.7.31.　묵묵히 자기의 길을 가는 물소. 조금만 조건이 좋아지면 그것을 즐기고 휘두르는 마음의 숨은 모습을 봅니다. 병든 어머님, 아름다운 어머님, 모두 저란 존재를 키워주신 분입니다. 부처님의 전생 물소에게서 어머님의 마음조각을 사무치게 봅니다.

2022.11.25.　마힘사 본생담은 남으로 인해 해를 입는 어려움에 처했을 때 어떻게 처신해야 하는가의 대표적 사례입니다. 무례한 원숭이의 잘못된 심보는 고쳐야 합니다. 그 원숭이에 대해 모욕을 참아낸 물소는 살생을 피하고 참지 못한 물소는 살생을 했습니다. 착한 마음과 악한 마음이 항상 교차하는 세상에서 나를 비우니 행복하고, 나를 낮추니 모든 것이 아름답다 했듯이, 주어진 삶을 멋지게 엮어가는 위대한 지혜를 가져야겠습니다. 부처님의 전생 물소에게서 어머니의 마음을 보는 듯 커다란 감명을 받았습니다.

2022.12.9.　각전 스님께서 본생담을 통해 불교의 불살생, 특히 보복적 응보에 대해서 경계해야 함을 계속해서 알려주고 계신 듯합니다. 씨를 뿌리면 그에 맞는 싹이 나고 열매가 열리듯이 인연과보를 절대로 피할 수 없습니다. 흙과 물, 햇볕과 바람이 어떠했는지 원인이 되며, 발아가 되고 안 되고, 열매가 실하고 병들고, 모든 것이 결과로 나옵니다. 인과응보처럼 보복과 되갚음이 아니라 지은 대로 과보로써 받는다는 것이지요. 불교

신자는 이 사실을 알기에 보복의 마음을 거두어 고통이 고통을 낳는 사슬을 끊고자 지혜와 자비심을 냅니다. 그 결과는 보복을 못한 억울함이 아니라 평화와 환희일 것입니다. 악업을 지어 또 다른 과보를 받지 않도록 전념·근념·후념 이어지는 생각의 물결 속에 참회하고 참회하여 평화로운 사람으로 살고자 발원합니다.

2022.12.29.　원숭이 같은 사람들이 참 많죠~ ~특히 운전할 때요. 불경을 틀어놓고 저절로 욕이 나올 때는~~~당혹스럽습니다. 저는 성내는 물소인가 봅니다.

2023.7.26.　오늘 읽은 글에서는 원숭이가 전생에도 장난을 치다 변을 당했는데 다음 생에 또 같은 짓을 한다는 걸 보고 '세 살 버릇 여든 간다'와 '사람은 바뀌지 않는다'가 생각났습니다. 그리고 글을 읽다 생각이 든 것이 하나있는데, (부처님)물소가 원숭이가 계속 장난을 쳐도 묵묵히 인내심을 가지고 가만히 있었다고 나왔었습니다. 그리고 원숭이는 같은 짓을 반복하다 결국 죽음에 이르렀고요. 그 상황에서 처음에 (부처님) 물소가 좋게 타일렀으면 원숭이가 행동을 고치고 변을 안 당할 수도 있었지 않았을까 하는 생각입니다. 물론 '사람은 바뀌지 않는다' 라는 속담이 있지만 그래도 바꾸려고 노력은 해봐야했었지 않았나 하는 생각이 계속 들었었습니다.
힘든 일이 닥치더라도 인내심을 가지고 묵묵히 자신의 길을 가라는 말씀은 혼란스러울 때 바로잡아줄 수 있는 멋진 문장인 것 같습니다. 〈중2〉

은혜를 원수로 갚은
배신자의 말로

— 마하까삐(Mahākapi) 본생담(《본생경》516번)

구덩이에 빠져 죽을 뻔한 바라문을 구한 원숭이
원숭이 도움으로 목숨 구한 후
잠든 틈에 잡아먹으려 돌로 쳐
원숭이, 끝까지 덕행으로 대응
악행 과보 선명히 보여준 본생담

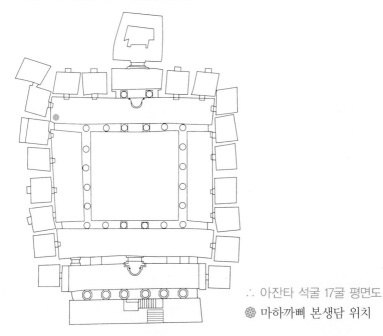

∴ 아잔타 석굴 17굴 평면도
◉ 마하까삐 본생담 위치

모든 성현들의 가르침에서 종교적 숭고함은 용서이다. 그럼에도 불구하고 은혜를 배반한 과보는 어떤 것인가? 남전 《본생경》 516번 마하까삐 본생담에는 은혜에 보답하기는커녕 자신의 목숨을 구해준 은인(恩人)을 때려죽이려고 한 행위에 대한 과보가 자세히 묘사되어 있다. 종족을 위하여 자신을 희생한 407번 마하까삐 본생 이야기와는 주인공이 원숭이로 같기 때문에 제목은 동일하지만 내용은 다른 본생담이다. 이 본생담은 부처님께서 기원정사에 계실 때 데와닷따가 부처님을 죽이려고 큰 돌을 굴린 것에 대해 말씀하신 것이다. 아잔타의 17굴 우측 벽에 그려져 있다.

옛날 브라흐마닷따(Brahmadatta, 범여)왕이 바라나시에서 나라를 다스릴 때 어느 마을의 바라문이 밭을 갈다가 잃어버린 소를 찾아 헤매어서 끝내 설산까지 갔다. 그는 방향을 모르고 헤매다가 진두나무를 발견하고 거기에 올라가 열매를 따 먹던 중에 발이 미끄러져 60주나 되는 깊은 구덩이에 떨어져 거기서 열흘을 보냈다.

이때 원숭이 한 마리가 갖가지 나무 열매를 찾아 먹다가 그 바라문을 보았다. 그 원숭이는 산중을 돌아다니며 무거운 돌을 날라서 그것으로 발판을 만들었다. 그리고 그 바라문을 등에 업고 손으로 목을 붙잡게 해서 끌어올려 주었다. 그렇게 힘을 많이 쓴 원숭이는 "나는 피곤하다. 내 곁에서 보초를 서 주시오. 사자, 호랑이, 표범, 곰이 알아채지 못하도록 해 주시오."라고 말하고는 자신이 구해준 바라문을 보호자 삼아 잠깐 잠이 들었다. 그러나 그 바라문은 "나는 지금 굶주려 있으니 이 원숭이를 잡아먹어야겠다." 하였던 것이다.

원숭이들, 사슴들 먹기 좋나니
저 원숭이 죽인들 무슨 상관이랴.
어차피 죽은 동물들 맛있는 고기 되는 것
그 고기 먹고 또 많이 가지고
나는 여기서 떠나자.
험난한 길을 넘어갈 때에
이 고기는 내 양식 되리.

이런 생각을 한 그는 자신을 믿고 의지하여 자고 있는 원숭이의 머리를 돌로 때렸다. 원숭이는 피투성이가 된 채 빨리 일어나 눈물을 흘리고 슬피 울면서 말하였다.

당신은 행복하라.

당신은 내게 이렇게 하지 말라.

당신은 자기 목숨 유지하려

남의 목숨 빼앗는구나.

실로 당신 야비한 사람이여,

할 수 없는 일을 차마 한 사람이여,

당신은 나로 인해 이렇게 험난한

깊은 산골짜기에서 구출되었다.

저세상에서 꺼내 주었는데도

당신은 나를 해치려 생각했다.

그러한 악한 법으로

악행을 저질렀나니

당신이 비법(非法=악)을 행했더라도

신랄한 고통 겪지 않기를,

당신의 삿된 업이 결국 당신 자신을 해치는 것,

대나무가 열매 맺으면 열매가 대나무를 해치듯.

마하까삐 본생담 벽화(아잔타 석굴 17굴)

원숭이는 머리에 피를 흘리면서 나뭇가지에 올라앉아서는
"어이 여보게, 그대는 그 밑에서 가게. 나는 나뭇가지를 타고
그대에게 길을 가르쳐 주면서 가겠네." 하고 그에게 돌아가는
길까지 안내해 준 뒤에 호수에 머리 감고 눈물을 닦고 산기슭
으로 사라졌다.

그 후 그 바라문은 문둥병에 걸려 7년 동안 괴로움 속에
방황하였다. 그러다가 바라나시의 미가치 동산으로 들어가 그
울타리 곁에 파초 잎을 깔고 고통스러워하면서 누워 있었다.
그때 바라나시의 왕이 동산에 들어가 돌아다니다가 그를 보고

너의 그 손발은 흰데
머리는 그보다 더욱 희구나.
네 몸에는 반점 있나니
너는 문둥병을 앓고 있구나.

네 등은 울퉁불퉁해
방추를 벌려 세운 것 같으며
네 손발은 검고 또 마디마디 썩었나니
너 같은 다른 사람 보지 못했다.

먼지를 뒤집어쓴 발은 떨면서
또 여위어 혈관이 드러났다.
굶주려 그 몸은 바짝 말랐나니
너는 어디서 온 자이냐?

너는 전생에 어떤 업을 지었는가?
아무 까닭 없이 누구를 죽였는가?
그 무슨 나쁜 업을 지었기에
이런 고통을 받고 있는가?

하고 물었다. 바라문이 게송으로 대답하였다.

원숭이의 저주를 받은 나는
뜨거운 고뇌에 괴로워하면서
온몸이 달아오르기 때문에
물을 마시기 위해 여기 왔나니

호수는 햇볕에 타는 듯
붉은 피를 띄우고
내 온몸은

피고름처럼 변해 버렸네.

내 몸에 쏟아지는
물방울이란 물방울은 모두
베루바 열매의 반조각 같은
부스럼이 되고 말았네.

부스럼이 터지고 더러운 내 몸에서
피고름이 줄줄 흘러내렸네.
내가 가는 길은
작은 마을에서나 큰 읍에서나

또 여자거나 남자거나 다
막대기 들고 내 길을 막으면서
너는 더러운 냄새를 풍기는구나.
우리들 사는 곳에 오지 말라고.

이런 고통 받아온 지
이제 7년 되었네.
이것은 일찍이 내가 지은

삿된 업의 그 과보이네.

그러므로 나는 당신에게 말하노니
여기 모인 사람들은 모두 행복하여라.
당신은 부디 벗을 속이지 말라.
벗을 속이는 것은 삿된 일이네.

벗을 속이는 자는
나병을 앓아 그 피부 희네.
벗을 속이는 자는
죽어서는 저 지옥에 떨어지네.

그 바라문이 왕에게 이야기를 하고 있을 때 대지가 입을 벌려 바라문은 그 자리에서 죽어 무간지옥에 떨어졌다. 바라문은 데와닷따요, 원숭이왕은 부처님이었다.

은혜와 배신, 그 배신에 대한 덕행의 실천이라는 구조를 가진 이 본생담은 악행에 대하여 덕행으로 대처함과 덕행에 대하여 악행으로 대처함이 서로 강렬한 대조를 이루고 있는 작품이다. 다른 본생담과는 달리 악행과 지옥보라는 인과관계를 무섭게 보여준다.

바라문은 자기 목숨을 구해준 은혜를 배반한다. 그 이유는 굶주림이 가져다준 음식에 대한 욕심 때문이다. 욕심으로 인해 악한 마음이 일어나고 악한 마음이 곧 악한 법(dharma)이 되고 악한 법을 행동에 옮겨 은인 살해라는 악행을 저지른 것이다.

원숭이왕은 은혜를 베풀고 그 베푼 은혜 때문에 자신의 목숨을 빼앗기는 위험에 처하지만, 다시 길을 가르쳐 주는 은혜를 베푼다. 나아가 그 바라문이 그 악행으로 인한 과보로 고통 속에 빠지지 않기를 바란다.

바라문은 그 과보로 고통 속에서 살다가 구제의 길 없이 살아서 지옥에 떨어지는 파탄의 결과[생함지옥生陷地獄]에 이른다. 악행을 은혜로 갚는 선행이 단순 선행보다 더욱 빛나는 것처럼, 은혜에 대한 악행도 단순 악행보다 그 과보가 더욱 깊기 때문이다.

나쁜 짓 중에서도 가장 나쁜 것은 오역죄이다. 오역죄는 어머니를 죽이고, 아버지를 죽이고, 아라한을 죽이고, 승가의 화합을 깨뜨리며, 부처님의 몸에 피를 나게 하는 다섯 가지 가장 큰 죄이다. 이를 범하면 무간지옥에 떨어진다. 마하까삐 본생은 오역죄에 못지않은 것이 배은망덕의 죄임을 보여준다. 그늘을 제공한 나무에게도 그 신세를 잊지 말라고 하는 것이 부처님의 가르침이다.

2022.8.17. 올해 봄, 5년 넘게 요양병원에서 치료 중이시던 98세 노모가 돌아가셨습니다. 지난주 백중 회향까지 각전 스님께서 정성 어린 독경으로 천도를 이끌어주셨습니다. 아직 마음의 정리가 다 못 되었는지 회한과 서글픔이 섞여 눈물이 났어요. 엄마는 불심 깊은 분이셨는데 막바지쯤 되니 "이제 아무 쓸모가 없어진 내가 왜 억지로 연명하며 살아야 하나. 나는 지겹구나."라며 자주 울었습니다.

우울감인가 하여 이런저런 대화를 이끌어봤으나 대화거리는 줄어들고 살갑게 지내지 못한 맏며느리에 대한 원망으로 끝이 나곤 했습니다. 만약 내가 진작에 본생담을 알았다면 엄마한테 옛날 얘기 들려주듯 들려주었다면 불심 깊으신 엄마는 얼마나 좋았을까요. 어쩌면 엄마는 이미 알고 계셨을 수도. "본생담을 어찌 다 아누. 고것 참 기특하구나." 하고 칭찬해 주셨을지도요….

2022.8.17. 올해 초에 많은 일을 겪고 올여름에는 각전 스님 한번 뵈러 가려고 했는데, 또 여름이 지나갑니다. 그림 속에 숨어있는 이야기가 많은 것을 생각하게 합니다.

이 세상에 왔을 때 어떤 역할을 하려고 왔는지에 대해 다시 한번 생각하게 합니다. 그 원숭이처럼 뭔가를 주려고 온 삶이라 생각하고 무엇을 위해 살고 있는지에 대해 다시 한번 더 생각하게 합니다. 눈앞에 보이는 행복에만 바빴던 지난 삶들이 허무함으로 다가옵니다.

백중회향 후에는 조금 여유 있는 토굴 생활이신지 궁금합니다.
항상, 건강한 정진으로 부처님과 함께하시길 바랍니다.

2022.8.17. 벽화의 그림에서 돌을 들고 내리치려는 바라문의
얼굴이 험악합니다. 바로 조금 전까지만 해도 살아나올 수 없
을 것 같던 구덩이에서 살려달라 애원했을 것 같은 간절한 마
음은 어디 가고, 이렇게 사람의 마음은 한낱 가벼운 깃털 같습
니다.
자신을 죽이려 한 바라문이 숲을 나갈 수 있게 끝까지 안내하
며 머리에 피를 흘리며 홀연히 떠나는 원숭이를 보니 지난번
마힘사 본생담에서 물소의 말이 떠오릅니다. 복수를 통해 업
을 짓지 않고 그 자체로서 인과응보에 맡겨버렸던 이유가 무엇
인지 알게 됩니다. 바라문이 문둥병을 앓는 자신의 모습을 묘
사하는 글 속에서 인과응보가 확연히 느껴집니다.

2022.8.18. 주변에 잘못하는 일이 많아 저러다 큰일 나지 싶은
데 별일 없이 잘 살고, 외제 차 몰며 떵떵거리며 사는 사람들
을 종종 봅니다. 그런 사람을 볼 때는 인과응보가 있는 것인가
생각이 들 때도 있습니다.
어제 마을버스를 기다리는데 17분 후에 온다 해서 기다렸는
데 20분 뒤 온 버스가 차가 고장이니 곧 오는 다음 버스 타라
고 합니다. 곧 오나 했는데 10분, 20분 … 도저히 못 기다리겠
다 싶어 택시승강장 가려는데 저 멀리서 버스가 들어왔습니다.
오기로 한 버스가 그렇게 오듯 인과응보도 그렇게 오는 것인가
봅니다.

2022.8.18. 현실 속에 살면서 선행·불선행은 의도나 결과를 구

분하고 예측합니다. 그렇지만 불쑥불쑥 나오는 욕구·욕망은 누적된 과보로 인한다는 것을 놓치게 됩니다. 본생담의 비슷한 예는 현실에서 발견되는 사실이기도 합니다. 수행하고 또 하고 그냥 할 때 새로운 인과가 시작된다는 신심을 가집니다.

2022.8.22. 자타카(본생담)는 참으로 신기한 얘기들이 많아서 흥미롭습니다. 어떻게 원숭이와 바라문이 서로 말을 할 수가 있었는지요? 이심전심으로 통했을까요?
원숭이는 인간인 바라문보다 더 지혜로운 삶을 살고 있음을 보게 됩니다.
"당신이 비법을 행했더라도 신랄한 고통 겪지 않기를" 하면서 자애를 보내고. "당신의 삿된 업이 결국 너 자신을 해치는 것/ 대나무가 열매 맺으면 열매가 대나무를 해치듯/ 쇠에서 나온 녹이 쇠를 갉아 먹듯이…." 피를 흘리면서 선법을 일깨워 주는 그 장한 모습을 실감나게 잘 묘사한 벽화를 보며 하루하루 '나의 삿된 업은 무엇인지 알아차리면서 반조해보리라.' 다짐합니다.

2022.8.22. 본생담이 재미있어 이런저런 글을 읽고 있는 중, 부처님을 시기하고 미워한 데와닷따라는 사람도 있군요. 대단하네요. 부처님을 해치려고 데와닷따가 보낸 자객은 선정에 드신 부처님을 뵙자 스스로 무너집니다. 욕망을 충족시키기 위해 과업을 쌓는 삶. 부처님을 뵙는 순간 그 위용과 비범함에 칼을 쥔 손은 떨리고 무릎의 힘이 빠져나갔다고 하네요. 그는 살해를 포기하고 부처님께 예를 올립니다. 그가 목적을 달성한다고 해도 살해의 대가를 받으러 내려가는 도중, 2차 자객에게 목숨을 잃게 되어 있었습니다. 데와닷따는 자신이 살인 청부한 사실을 철저히 덮으려 2차 3차 자객을 계획한 것입니다. 부

처님께서는 무릎 꿇고 떨고 있는 자에게 "왔던 길이 아닌 다른 길로 돌아가라."고 했답니다.

'무슨 말씀일까? 왜 그렇게 말씀하셨을까?' 그 사람은 살인을 방편으로 먹을 것과 입을 것을 취하는 삶을 살아왔을 것입니다. 자신이 얼마나 엄청난 과업을 짓고 사는지, 이 길의 사람이 사는 길인지 죽는 길인지, 그 삶의 끝은 어디로 가는지 생각할 수 없는 죄짓는 삶. 부처님께서는 그에게 '다른 길로 내려가라'라고 하셨습니다.

너무 멋있습니다. 그는 부처님 말씀대로 '올라온 그 길'이 아닌 '다른 길'로 내려갔다고 적혀 있습니다. 부처님의 무한한 자비심을 느낍니다. 죄짓는 중생을 건져내시는 큰 힘을 느낍니다! 지금까지 왔던 길이 아닌 다른 길, 지금까지 살아온 삶이 아닌 다른 삶.

부처님을 만나 살해를 멈추고 피살을 면한 그는 그 이후로 어떤 삶을 살았을까요?

2022.8.25. "전생의 일을 알고 싶은가?/지금 받고 있는 것이 그것이다. / 내생의 일을 알고 싶은가?/ 지금 짓고 있는 일이 바로 그것이다."

콩 심은 데 콩 나고 팥 심은 데 팥 나는 이유입니다. 자신이 원하는 것을 지금부터라도 심어야겠습니다. 현재도 즐겁고 미래에도 즐거운 과보를 가져오는 실천을 해야겠습니다. 업의 주인은 자신임을 명심하겠습니다.

2022.8.26. 어느 날 지하철에서 일어난 일을 여기서라도 글로 써야 내가 나 자신한테서 조금이라도 벗어날 수 있을까 싶어서 부끄럽지만 이 글을 써봅니다. 볼 일이 있어서 지하철 타고 한

참 가고 있는데 옆에 젊은 사람이 앉더니 나보고 돈 오천 원만 달라고 하는 것이었습니다. 사람도 많고 가방을 뒤적이기도 그렇고 해서 "없다"고 하니, 그 젊은이가 "폰 옆에 돈 있네요." 하는 것이었습니다.

그러나 나는 마음속으로 '이 돈은 안 된다. 해마다 명절이 되면 스님한테 세배하고 받는 세뱃돈이다. 나는 이 돈만큼은 어떠한 일이 있어도 그 다음 명절 때까지 가지고 있어 왔다. 그런 소중한 돈을 달라고 하다니 절대 줄 수 없어.' 그런 생각이 저를 강력히 지배하는 것이었습니다.

그래서 끝까지 안 된다면서 주지 않았습니다. 집에 와서 뒤돌아보니 오랜 세월 스님들이 준 세뱃돈에 대한 애착과 집착을 놓지 못한 저 자신이 한없이 부끄럽고 작아져 있음을 느꼈습니다. 말로만 약한 사람 도와주고 아픈 사람한테는 힘이 되어줄 거라고 다짐하면서도 막상 실천해야 될 때는 행동 따로 말 따로인 것이었습니다. 세뱃돈 오천원이 뭐라고, 내 그릇이 오천원도 안 되나 보구나 하는 참괴감이 물밀듯 밀려왔습니다. 원숭이왕은 자신의 머리를 돌로 쳐서 피 흘리게 한 자에게도 선행을 베풀었는데, 나는 세뱃돈을 스님이 주었다는 사실에 얽매여 한 발짝도 벗어나지 못했던 것입니다. 그 누구한테도 말도 못하고 부끄럽습니다. 언제나 말과 행동이 일치되게 실천하면서 고요히 세상을 바라볼 수 있을지요.

2022.11.25.   이 세상에서 가장 무서운 것이 굶주림이라 했습니다. 원숭이는 죽을 힘을 다해 저 세상에 갈 바라문을 구했으나 구출 받은 바라문은 원숭이를 죽이고 그 고기를 취하려 했으며, 그 후 바라문은 문둥병에 걸렸습니다.

이는 모두 굶주림이 가져다준 배반이고 이것이야말로 인과응보가 아닐까요? 은혜와 배신, 악행과 덕행이 대치하는 차원에서 항상 지혜와 신세를 잊지 말고 살아가야 하겠습니다. 잘 읽었습니다.

2022.12.28.   20대에 나환자촌에 가본 적이 있는데 그분들이 양말을 벗으면 발가락이 따라 들어간다더군요. 어떠한 불우한 처지나 불만이라도 그에 비하면 '사치구나'라는 생각을 한 적이 있었습니다.

2023.7.25.   이것은 은혜와 배신에 관한 글이었던 것 같습니다. 글을 보니 관련된 속담도 많이 떠오르고, 생각도 많이 하게 되었습니다. 예컨대, 믿는 도끼에 발등 찍힌다와, 은혜를 원수로 갚는다, 그리고 물 빠진 놈 구해줬더니 감 놓아라 배 놓아라 한다 등이었습니다. 항상 데와닷따가 나쁜 짓을 하는 것을 보니 사람 안 고쳐진다는 말도 맞는 것 같습니다. 어떤 일에서든 은혜를 베풀 줄 아시는 부처님을 본받겠습니다. 〈중2〉

16

좋은 친구와 사귀는 것은
청정한 삶의 전부

— 함사(Haṁsa) 본생담(《본생경》 502번)

사냥꾼 그물에 걸린 황금 거위왕 다따랏타
끝까지 옆에서 지킨 거위 수무카
술 취해 부처님에게 돌진하던 코끼리
목숨 걸고 막아선 아난다의 전생
의리 지킨 공덕으로 좋은 스승 만나
'절반의 경' 등 여러 경전에서 거듭 강조

아잔타 석굴 2굴
다섯 편의 본생담 벽화가 있다.

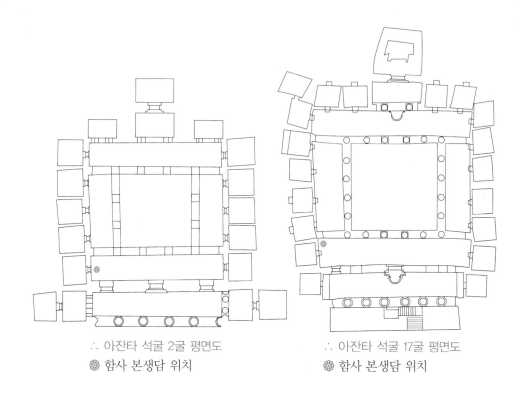

∴ 아잔타 석굴 2굴 평면도
⊛ 함사 본생담 위치

∴ 아잔타 석굴 17굴 평면도
⊛ 함사 본생담 위치

부처님께서 라자가하(Rājagaha, 라즈기르Rajgir=왕사성王舍城)의 죽림정사에 계실 때 술 취한 코끼리가 부처님을 향해 돌진한 적이 있었다. 데와닷따가 마가다국의 왕인 아자따삿뚜(Ajātasattu)왕의 코끼리에게 술을 먹여 그렇게 한 것이다. 인도에는 코끼리를 전투에 많이 사용하여 코끼리 군대를 만들곤 하였는데, 코끼리들을 이용하여 전쟁을 치를 때에는 코끼리들에게 술을 먹여 싸움터에 데리고 나갔다고 한다. 데와닷따가 부처님을 시해하기 위하여 그러한 방법을 사용한 것이다.

그때 부처님을 보호하기 위하여 그 앞을 아난존자가 자신의 목숨을 걸고 가로막았다. 그러나 술 취한 코끼리는 부처님 앞에 다다르자 무릎을 꿇고 순종하였다. 이를 취상조복(醉象調伏)이라 한다. 우리나라의 팔상전에 있는 팔상성도에 대비되는 인도 팔상(八相) 중 하나에 속한다. 인도 팔상에 따라 인도의 8대 성지가 정해져서 인도 성지순례를 다녀오고 있는 것이다.

아난존자의 목숨을 건 행동에 대해서 부처님께서 과거에도 아난존자가 그런 적이 있다고 말씀하셨다. 그것이 거위로 태어났을 때의 이야기인 함사 본생담이다. 아잔타 석굴의 2굴과 17굴에 그려져 있다. 17굴 모서리 벽의 그림에서 거위들이 날아가는 모습은 매우 역동적이다.

옛날 바후뿟따까(Bahuputtaka)왕이 바라나시에서 나라를 다스릴 때, 황금거위가 법문하는 꿈을 꾼 케마(Khemā) 왕비가 그 꿈을 실현하는 이야기이다. 어느 날 황금거위의 꿈을 꾼 왕비는 왕에게 그 소원을 말하고, 왕은 왕비의 소원을 들어주기 위하여 케마라고 이름 붙인 연못을 만들고 사냥꾼을 불러 황금거위를 잡게 한다.

거위들이 좋아하는 먹이를 잘 기른 연못을 설치하고 기다리자 거위들이 연못에 날아들었다. 찌따꾸따(Cittakūṭa)산에서 9만의 무리를 거느리고 살던 거위왕 다따랏타(Dhataraṭṭha)는 거위들과 함께 이 못에 날아들었다가 덫에 걸려 매달려 있게 된다. 다따랏타는 거위들을 모두 도망하게 하였다. 그러나 수무카(Sumukha)가 도망가지 않고 자신에게 오는 것을 보고 다음 게송을 외웠다.

덫의 지배에 있는
오직 하나 나를 돌보지 않고
우리 일족들은 다 달아났나니
너만은 왜 뒤에 남아 있느냐?

날짐승 중에서 뛰어난 이여, 날아가라.
포박된 자와의 우정은 없다.
고통을 면하기 위하여 머뭇거리지 말고
수무카여, 빨리 달아나라.

그러자 수무카는 진흙 위에 앉아 다음 게송을 읊었다.

아잔타 석굴 2굴에 그려진 함사 본생담
바후뿟따까왕이 왕비를 위해 거위를 생포할 수 있는 포획 방법을 묻고 있
다. 물감이 많이 떨어져 나갔지만, 보석으로 장식한 발판 위에 얹힌 왕의 발
이 선명하고, 그 아래에 왕비가 보인다.

다따랏타여, 너는 고통을 받고 있는데
나는 너를 버릴 수 없다.
나는 살거나 죽거나
너와 함께 있으리.

이때 사냥꾼이 도망가지 않는 거위 수무카에게 묻는다.

저 거위 무리들은
두려움에 쫓기어 다 달아났다.
황금색 가진 자여,
너만 여기 남았구나.

하늘을 나는 저 새들은
먹고 또 마시면서
그를 돌보지 않고 날아갔나니
너만 남아 그를 섬기는구나.

수무카가 대답했다.

저 새는 우리 왕, 우리 동무

덫에 걸린 거위들(아잔타 석굴 2굴)

우리의 벗으로서 내 목숨과 같다.
그러므로 내 목숨 마칠 때까지
나는 저 새를 버리지 못한다.

사냥꾼은 이 말을 듣고 왕에게서 받은 재물이 무슨 소용이 있겠는가 하면서 다따랏타를 강가로 데리고 가서 덫을 풀어주면서 "벗이여, 이제 그대는 마음대로 가라."고 하였다. 다따랏타는 어디로 갈지 숙고하고 나서 "사냥꾼이여, 오늘 우리를 저 왕에게 데려다 다오."라고 하였다. 사냥꾼이 그들을 왕에게 데리고 가니 왕은 기뻐하여 두 마리 백조를 황금 자리에 앉힌 뒤에 꿀을 바른 곡식을 먹이고 꿀물을 타서 마시게 하고는 합장하여 설법을 청했다.

다따랏타는 왕에게 왕의 행복과 건강, 대신들, 왕비, 자식들의 안부를 물은 뒤에 백한 명의 왕의 아들들을 위해 다음 게송을 읊었다.

아무리 출생이 좋고
계율을 잘 지키더라도
의무에 대해 노력하지 않으면
그는 반드시 불행에 떨어지리.

지혜가 쇠약해진 사람에게는
언제나 큰 과실이 생긴다.
비유하면 밤눈 어두운 장님이
뚜렷한 빛깔만을 보는 것처럼.

가치 없는 것에 가치 있다고 생각하는 사람
그는 진리를 발견하지 못한다.
마치 험난한 산길에
쓰러져 있는 저 사슴처럼.

아무리 그 출생이 낮더라도
활기 있고 용기 있고
바른 행과 계율을 갖춘 사람은
마치 캄캄한 밤의 불처럼 번쩍인다.

이러한 비유로써 그 아이들을
지혜의 말로 양육하여라.
마치 지혜로운 사람이 빗속에서
들에 씨알을 기르는 것처럼.

이렇게 밤새껏 왕에게 설법하고서 거위왕은 수무카와 함께 북쪽 창으로 나와 찌따꾸따로 날아갔다. 그때의 그 사냥꾼은 찬나요, 왕은 사리뿟따(사리불)이며, 케마 왕비는 저 비구니요, 그 백조의 무리들은 석가족이며, 수무카는 아난다요, 거위왕은 바로 부처님이었다.

이 본생담은 앞의 마하까삐 본생담(516번)과 대조를 이룬다. 마하까삐 본생담이 은혜를 배반한 내용이라면, 함사 본생담은 목숨 걸고 의리를 지킨 이야기이다. 그럼으로써 좋은 사람, 좋은 친구, 좋은 스승을 만나게 된 것이다. 부처님께서도 도반은 청정한 삶의 전부라고 말씀하셨다. 쌍윳따니까야의 《절반의 경》에 다음과 같이 설해지고 있다.

아난다가 말하기를 "세존이시여, 좋은 친구와 사귀는 것, 좋은 동료와 사귀는 것, 좋은 도반과 사귀는 것이야말로 청정한 삶의 절반에 해당합니다."
세존께서 말씀하시되, "아난다여, 그렇게 말하지 말라. 아난다여, 그렇게 말하지 말라. 좋은 친구와 사귀는 것, 좋은 동

거위왕에게 설법을 듣는 왕과 왕비, 대신들(아잔타 석굴 17굴)

료와 사귀는 것, 좋은 도반과 사귀는 것이야말로 청정한 삶의 전부에 해당한다."

이는 《사리뿟따경》에도 동일하게 설해지고 있다.

《법화경》 제1서품에도 "어떤 보살은 온갖 희롱과 농담과 어리석은 무리를 떠나서 지혜로운 이들을 친근하여(親近智者) 일심으로 산란함을 제거하고 억천만 년을 산림에서 생각을 집중하여 불도(佛道)를 구합니다."라고 하였다.

고려시대의 보조지눌 국사도 《계초심학인문(誡初心學人文)》의 첫 구절에서 "무릇 처음 불법을 배우는 이는 모름지기 악한 벗을 멀리 하고 어질고 착한 벗을 가까이 하라(부초심지인夫初心之人 수원리악우須遠離惡友 친근현선親近賢善)."고 하여 좋은 친구를 가까이 하라고 하고 있다.

청정한 삶을 살게 하여 도를 이루게 하는 도반을 만나기는 어렵다. 나를 낳아준 이는 부모이지만 나를 이루어준 이는 벗(생아자부모生我者父母 성아자붕우成我者朋友)이라 하지 않았던가? 그러한 도반을 얻으려면 자신의 목숨을 바치는 의리가 필요한 것이다. 《사라바미가 본생담》에도 "벗을 즐겁게 하는 이는 영원히 번성할 것이며, 천상에서 살 곳을 발견할 것이다."라는 말이 있다. 함사 본생담은 이러한 의리를 보여준다.

🪷 댓글 🪷

2022.8.29. 진정한 친구는 주기 어려운 것을 주고, 하기 어려운 것을 하고, 견디기 어려운 것을 견딥니다. 수무카처럼. 나도 남을 이해 못할 때가 많은데 남이 나를 이해해 주길 바라는 건 욕심 같기도 합니다. 제가 먼저 좋은 도반·벗이 되고 싶네요. 수무카처럼.

2022.8.29. 복잡하고 갈등 많은 일상에서 진리에 공감하고 비슷하게 행동하는 도반을 만나는 것은 축복입니다. 큰 공덕이라 봅니다. 어설픈 수행의 경험도 진지하게 들어주는 도반의 모습을 보면서 신심을 더 보탭니다. 옆에 있는 도반이 내 모습입니다. 경전 듣는 도반의 모습을 보면서 바쁘고 힘든 일상을 덤덤히 넘기는 것을 보면서 경전 1권 사경한 느낌을 받습니다.

2022.8.29. 이번 주 강독일은 초하루여서 굴주 스님의 정성 어린 독경으로 부처님께 예를 올리고 《육조단경》 수업에 들어갔습니다. 수업 시작 즈음 한 도반께서 "가장 아름다운 사람은 부처님의 법을 함께 배우고 있는 이곳 도반님들입니다."라고 하셨어요. 그 말씀이 마음에 와닿았습니다. 도반은 돛단배가 잘 나아가도록 돕는 순풍과 같다고 생각합니다. 원하지 않으나 스스로의 업식에 의해 역풍이 일고 내가 흔들립니다. 방향을 잃고 어디로 가는지도 모른 채 사느라고 삽니다. 굴주 스님은 "무애착(無愛着) 불염착(不染着), 번뇌와 망념에 끄달리고 물들게 됨을 없애라."라고 하셨습니다. 매주 이 귀한 법문을 배워도 다시

원래 모습으로 되돌아가는 내가 싫어지네요. 자괴감에 쌓일 때 옆을 보면 "같이 해봐요." 하는 듯 도반이 계십니다. 선한 물들임, 아름다운 격려, 더없이 어여쁜 존재입니다.

2022.8.29.   육조혜능 스님께서 법문하실 때 "선지식들이여!"라고 부르는 것이 듣는 청중들이 지금 법문 듣는 즉시 담박에 깨쳐 선지식이 될 수 있기 때문인 것 같다고 말하는 옆 도반의 얘기를 듣고 깜짝 놀랐습니다. 도반이 있기에 그 뜻을 알았습니다. "좋은 도반과 사귀는 것이 청정한 삶의 전부"라는 부처님의 말씀이 너무나 확연히 와 닿습니다. 나도 누군가의 청정한 삶의 전부가 되는 그러한 도반이 되어야겠습니다.

2022.8.30.   여행지에 함께 가자 하고, 여행지에서는 친구는 두고 나 혼자 뚜벅뚜벅 앞서가기 일쑤였던 지난 젊은 날이 생각납니다. 자신이 죽을 수도 있는데 다따랏타 곁에 남은 수무카를 보고 나의 옛 모습이 그렇게 부끄러울 수가 없습니다. 내가 무엇인가 얻었을 때만 친구에게 감사하고 그 다음은 잊고 그러는 나 자신이 보입니다. 돌아보면 그 친구는 나의 모범이었으며, 힘들 때면 나와 함께 울어주었던 친구였습니다. 내가 친구에게 정성을 다해야 했습니다. 지혜가 쇠약해지지 않도록 노력해야겠습니다. 내가 좋은 친구가 되고 인생의 좋은 도반의 모습을 보여줄 때 그 친구에게 부끄럽지 않은 사람이 되는 것을 알겠습니다.

2022.8.31.   정말 감사합니다!! 스님의 글들 항상 잘 보고 있어요. 특히 좋은 친구와 사귀는 것, 좋은 동료와 사귀는 것, 좋은 도반과 사귀는 것이야말로 청정한 삶의 전부에 해당한다는

말은 꼭 기억하고 있어야겠네요. 덕분에 오늘도 잘 지냈습니다. 스님도 좋은 하루 보내세요. 〈고1〉

2022.9.3. 다따랏타가 백한 명의 왕의 아들을 위해 해준 게송은 참으로 놀라웠습니다. "아무리 출생이 좋고 계율을 잘 지키더라도/ 의무에 대해 노력하지 않으면/ 그는 반드시 불행에 떨어지리./ 지혜가 쇠약해진 사람에게는 언제나 큰 과실이 생긴다./(생략) 바른 행과 계율을 갖춘 사람은/ 마치 캄캄한 밤의 불처럼 번쩍인다./ 이런 비유로써 그 아이들을/지혜의 말로 양육하여라./ 마치 지혜로운 사람이 빗속에서/들에 씨알을 기르는 것처럼."
술 취한 코끼리가 부처님에게 돌진할 때 목숨 걸고 의무를 지킨 아난다의 공덕은 그에게 좋은 스승을 인도하였습니다. 그 말씀대로 항상 좋은 도반이 되도록 노력하겠습니다.

2022.11.25. 눈이 많이 내린 어느 추운 겨울날 산을 넘어가는 길에 두 친구를 만났습니다. 그중 한 친구가 추위에 몸이 얼어붙어 동작이 불편했는데, 옆 친구에게 우리가 합심하여 같이 산을 넘자고 제안했지만, 그 친구는 동참하지 않겠다 하고는 먼저 가버렸습니다. 몸이 얼어붙은 친구를 등에 업고 산허리쯤에 도착했을 때 한 사람이 눈 속에 묻혀 죽어 있었습니다. 살펴보니 죽은 사람은 조금 전 먼저 간 친구였습니다. 죽을힘을 다해 등에 얼어붙은 친구를 업고 간 사람은 친구 등의 온기로 되살아났고, 그 후 두 친구는 번갈아 가며 업고 가 목적지에 도착했다고 합니다. 이 얘기는 의리, 자비, 협동심 등이 다 포함된 것 같습니다.
술 취한 코끼리가 부처님을 공격할 때 목숨 걸고 막아낸 아난존자의 행동은 의리겠지요. 일상에서 의리는 삶의 지표가 되어야겠습니다.

2022.12.28.   응팔이라는 드라마에서 라미란 배우가 그러죠 ~~"밥을 먹고 제 할 일을 안 하는 것도 도둑놈이다."라고요. 본생담 안에 '다따랏타의 게송'을 읽으면서 생각난 장면이네요.

2023.7.24.   이 글은 '좋은 친구를 가까이 두라'와 '의리'를 말씀하시고자 하셨던 게 아닐까 생각합니다. 인상 깊었던 글은 술 취한 코끼리가 제 몸도 못 가누는데 부처님 앞에서는 무릎을 꿇었다는 게 부처님의 기? 같은 게 느껴지나 싶어서 신기했습니다. 만약 그것이 자비심이라면, 술 취한 코끼리가 느낄 정도로 엄청 큰 자비심을 가지셨다고 생각되었습니다. 또한 아난존자라는 분이 그런 상황에서 계속 희생하는 것도 멋있고 존경스러웠습니다. 〈중2〉

17

인간 몸을 받기 위해
고통을 선택한 용왕

— 짬뻬야(Campeyya) 본생담(《본생경》 506번)

가난한 이가 용왕이 부러워 보시·계율 실천하고 용왕으로 환생
쾌락으로 욕망 채울 수 없음 깨닫고 모욕 참아내며 계율을 지켜
욕망 벗어난 세계로 새 출발…고통 준 뱀부리엔 오히려 보상을
청정과 절제의 인간세계로 돌아온 용왕

유명한 연화수보살도가 있는 아잔타 석굴 1굴 정면
1굴에는 7편의 본생담 벽화가 남아 있다.

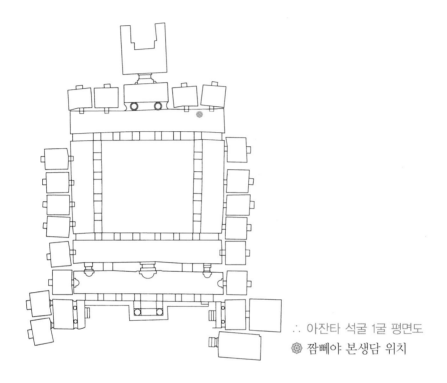

∴ 아잔타 석굴 1굴 평면도
◉ 짬뻬야 본생담 위치

　세상사 바라는 것이 무엇인가? 그것은 부귀와 영화일 것이다. 여기에 부귀와 영화를 희구하여 그것을 얻어 누리다 그 허망함을 알고 진정한 행복을 추구한 이야기가 있다. 부처님이 기원정사에서 남자 재가신도들에게 포살(보름에 한 번 모여서 계율을 외우고 수행하는 것)을 하라고 하시면서 옛날 현자들도 용왕의 영화를 버리고 포살계를 지킨 예를 말씀하셨다. 아잔타 석굴 1굴에 벽화로 그려졌다.

짬빠(Campā)강을 사이에 두고 마가다(Magadha)국과 앙가(Aṅga)국이 전쟁하여 번갈아 그 강을 점령하던 중 한번은 마가다국의 왕이 패하여 달아나다가 강물에 뛰어들었다.

왕은 말과 함께 물속에 빠져 짬뻬야(Campeyya) 용왕 앞에 내리게 되었다. 용왕은 훌륭하게 장식한 왕을 보고 애정을 느껴 왕에게 이레 동안 큰 영화를 누리게 하고, 두 나라를 모두 지배하는 사람이 되게 해 주었다.

그 뒤로 왕은 짬빠강가에 보석정자를 짓고 해마다 많은 신하와 시종들과 함께 공물을 바쳤다. 용왕도 용의 무리들에 둘러싸여 그 공물을 받았다. 그때 빈곤한 가정에서 태어난 이가 왕의 시종들과 그곳에 갔다가 용왕의 행복을 보았다. 그는 용왕의 행복을 희구하여 보시하고 계율을 지켜 그 용왕이 죽은 지 이레 만에 죽어 용왕의 평상 위에 태어났다. 그는 짬뻬야 용왕이 되어 용궁을 다스리다가 뒤에 후회하였다.

'내가 이 짐승으로 있어 무엇 하겠는가? 포살계를 지키고 자유로운 몸으로 인간 세계에 가서 진리를 깨닫고 고통을 없애자.'

그리하여 궁전에서 포살을 행했지만 아름다운 용녀들이 가까이 와서 계율을 깨뜨리는 일이 있었다. 그는 포살일에 용궁을 떠나 국경 마을 가까운 큰 길가의 개미둑 꼭대기에 앉아 포살계를 지켰다.

'내 껍질을 가지고 싶은 자는 가져라. 나를 재주 부리는 뱀으로 만들고 싶은 자는 그렇게 하라.'

따까실라(Takkasilā, 산스끄리뜨어로 Taksaśilā, 현재의 탁실라 Taxila)의 유명한 스승에게 주문을 배운 바라나시의 소년바라문이 귀국하던 중 용왕을 보고, 마력 있는 약품과 주문을 외면서 가까이 다가갔다. 용왕은 이 주문을 들을 때 불타는 나뭇조각이 귓속에 들어오는 듯하고, 머리가 칼날에 부서지는 듯했다. 용왕은 머리를 내어 그 뱀부리 소년 바라문을 보고 생각하기를,

'내 독기는 강렬하다. 만일 내가 화를 내어 콧바람을 내 불면 저 몸은 한 줌 왕겨처럼 부서지고 말 것이다. 그러나 그때 나는 파계하게 될 것이다. 차라리 보지도 말자.'

아잔타 석굴 1굴에 그려져 있는 짬뻬야 본생담

용궁은 화려하고 온갖 향락이 넘치는 곳이어서 '견줄 데 없는 영광스러움이
있는 용의 세계'라고 표현된다. 용궁 안의 용왕 부부가 그려져 있다.

아잔타 석굴 1굴에 그려져 있는 짬뻬야 본생담 일부분
뱀춤을 넋을 잃고 바라보고 있는 왕과 신하들. 뱀부리는 용왕을 덩굴풀 바
구니에 넣고 국경 마을로 가서 재주를 부리게 했고, 더 많은 돈을 벌려고 바
라나시의 욱가세나왕 앞으로 갔다.

하고는 눈을 감고 머리를 용틀임 속에 감추었다. 그 뱀부리는 약을 씹고, 주문을 외면서 용왕 몸에 침을 뱉었다. 그 침이 닿는 곳에 부스럼이 생겼다. 뱀부리는 꼬리를 잡아 길게 늘이고 산양발 지팡이로 용왕의 머리를 눌러 입을 벌려 입안에 침을 뱉고, 약과 주문으로 이빨을 부러뜨렸다. 입안에 피가 가득했다. 그러나 용왕은 파계할까 두려워 고통을 참으면서 눈을 감아버렸다.

뱀부리는 용왕의 온몸을 뼈가 가루가 되도록 세게 때리고, 허리띠로 묶고, 꼬리를 잡아 마구 후려쳤다. 용왕의 온몸은 피투성이가 되었다. 마침내 뱀부리는 용왕을 덩굴풀 바구니에 넣어 국경 마을로 가서 재주를 부리게 했고, 더 많은 돈을 벌려고 바라나시의 욱가세나(Uggasena)왕 앞으로 갔다.

용궁에서는 수마나(Sumanā)왕비가 한 달이 지나도 용왕이 돌아오지 않자 길상(吉祥) 연못이 핏빛인 것을 보고 용왕을 찾아 나섰다. 왕비는 바라나시의 왕궁 뜰 허공에 울면서 섰다. 춤추던 용왕은 그녀를 발견하고 부끄러워 바구니 안으로 들어가 눕고 말았다.

바라나시의 왕이 공중에 서 있는 그녀를 보고 "번갯불처럼, 새벽녘의 샛별처럼 빛나는 그대는 대체 누구인가?" 하고 묻자, 그녀는 붙잡혀 춤추는 용의 아내라고 밝히고 "용은 도시를

아잔타 석굴 1굴 벽화 중 짬뻬야 본생담 일부분
용궁에 초대받은 왕과 시녀들. 용왕은 왕을 용궁에 초대했다. 왕은 용왕의
황금 궁전에 들어가 이레 동안 천상의 음식을 맛보고 천상의 애욕을 즐겼다.

잿더미로 만들 수도 있지만 바른 법을 존중하여 달마다 14일과 15일에 포살을 행했는데, 어떤 사람이 자신의 생계를 위해 그를 붙잡은 것이다."라고 말했다. 그리고 왕에게 마을, 도시, 소를 백 마리 줄 테니 용왕을 놓아달라고 했다.

왕은 뱀부리에게 1백 닉카, 보배구슬 귀고리, 긴 네모의자, 두 사람의 똑같은 아내, 황소, 백 마리 암소를 줄 테니 춤추는 뱀을 놓아주라고 하였다. 뱀부리는 그런 선물이 없어도 놓아주겠다고 하였다.

용왕이 소년의 형상으로 변신하여 서니 수마나 왕비가 공중에서 내려와 그 옆에 섰다. 용왕은 왕에게 합장하고 "까시(Kāsi) 왕이여, 당신께 귀의하네." 하고 왕을 용궁에 초대했다. 왕은 용왕의 황금 궁전에 들어가 이레 동안 천상의 음식을 맛보고 천상의 애욕을 즐겼다.

그러고 묻기를, "용왕이여, 그대는 왜 이런 행복을 버리고 인간 세계의 개미둑에 앉아 포살회에 머무는가?" 용왕은 "인간의 태(胎)를 간절히 바라기 때문에 힘써 고행하는 것이다." 왕이 "용왕은 신비한 신통력과 큰 위력이 있고 일체의 욕락을 모두 갖추었다. 어째서 인간 세계가 여기보다 나은가?" 용왕이 계송으로 말했다.

인간 세계 이외의 어디에서도
청정과 절제를 발견할 수 없나니
그러므로 나는 인간의 태를 얻어
나고 죽음의 끝을 보려 하노라.

이 말을 듣고 왕은 많은 선(善)을 행하고자 결심하였다. 왕이 돌아가려 하자 용왕은 용궁의 재산을 마음대로 가지라고 하면서 황금, 진주, 비유리 등 5천 수레를 주었다. 그 뒤 인간 세상에 황금이 났다. 그때 뱀부리는 데와닷따, 수마나는 야소다라, 육가세나왕은 사리뿟따(사리불), 짬뻬야 용왕은 부처님이었다.

인생은 욕망이다. 욕망의 충족은 행복이다. 욕망을 좇아야하지 않겠는가? 어떤 가난한 이가 이를 갈망하여 용왕의 부귀영화를 바랬다. 그러나 그는 용궁의 부귀영화가 욕망의 허기를 좀 더 감미롭고 강렬하게, 좀 더 지속적으로 충족시킬 뿐임을 알아차리고 그것에서 벗어나야 함을 통감했다.
　　이욕(離欲: 욕망을 떠남)의 발심(發心: 마음을 냄)을 하게 될 때까지 욕망의 희구와 그에 따른 고통을 겪지 않은 이가 누가 있으랴만, 얼마나 빨리, 깊이 자각하느냐의 문제이다. 욕망을 쫓았던 용왕은 욕망을 떠난 세계로의 새 출발을 하지 않을 수 없었다.

그러나 성취한 과실이 주는 욕망과 쾌락이 큰 만큼 그것을 버리는 과정도 그에 상응하는 고통을 수반한다. 용왕은 자신의 과보를 버리는 과정에서 엄청난 고통을 참아야 했고, 춤추는 뱀으로까지 전락했다. 그 과정에서의 어려움을 인욕으로써 묵묵히 견디었다.

용왕은 자신에게 고통을 준 뱀부리를 해치지 않았다. 용왕비와 바라나시의 왕은 뱀부리에게 보상까지 해 준다. 가해에 대한 인욕과 가해자에 대한 불해(不害)와 보상이라는 난행(難行: 어려운 행)이 능행(能行: 능히 행함)되었다. 용왕은 자신의 세계로 돌아왔다.

❀ 댓글 ❀

2022.9.9. 끊임없이 욕망을 부추기는 현대 사회는 용왕이 살던 호수일까요. 이 욕망을 없애고 인간세계에 나서 진리를 깨닫고 궁극적으로 삶의 고통을 없애고자 뱀부리로 인한 모든 고통을 인내하는 용왕의 모습에서 인간 세계가 이렇게 오기 어려운 세계임을 알게 되었습니다. 모든 고통을 감내하고, 감내하고도 이렇게 오기 어려운 인간 세계에서 우리는 무엇을 하고 있는지… 이 어렵게 받은 몸으로 여전히 비싼 아파트, 명품 가방으로 일순간 만족을 추구하지만, '명품 가방은 쌓이는데도 여전히 만족스럽지 않아 괴로워하는 사람. 그런 사람으로 이번 생도 헛되이 보내서는 안 되겠구나.' 하는 생각이 들었습니다. 한가위 추석에 풍족하고 넘쳐나는 음식을 앞에 두고, 자신을 돌아보게 하는 좋을 글을 주신 스님께 감사드립니다

2022.9.11. '짬뻬야 용왕'은 부귀와 영화도 누려보니 허망함을 알고 '짐승으로 살면 무엇하겠는가?'하고, 포살계를 지켜 인간세계에 가서 진리를 깨닫고 고통을 없애야겠다고 결심하고, 파계하지 않기 위해 인욕하면서 인간의 태를 얻어 생사의 끝을 보려는 오직 한가지 발원으로 청정과 절제가 있는 인간세계에 나기위해 고행을 하였다고 합니다.
문득 나는 전생에 어떤 삶이었을까? 4아승지 10만 대겁 전 부처님께서 수기를 받으실 때 나는 어떤 존재였을까?하는 생각이 듭니다. 그 후 지금까지… '짬뻬야 용왕'처럼 인간세계에 태어나기 위해 분명히 선업은 지었겠지. 선업이 아니면 인간 몸

받기 어렵다고 하니까요. 쌍윳따니까야 《구멍을 가진 멍에경》
에 나오듯이, 눈먼 거북이가 백 년 만에 한 번씩 나와서 그 멍
에에 나 있는 하나의 구멍 속으로 목을 넣을 수 있는가?
여래가 설한 법과 율이 세상을 비추고 있으니 네 가지 성스러
운 진리(4성제)를 닦아야 한다고 하셨습니다. 인간 몸 받기가 그
렇게 어려운데 인간 몸 받아서 법답게 살고 있는지, 스님께서
'짬빼야 본생담'을 일러주시니, 이제야 절박함을 느껴 마음이
바빠집니다.

2022.9.12. 스님께서는 '이욕(離慾)의 발심(發心)을 하게 될 때까
지 욕망의 희구와 그에 따른 고통을 겪지 않은 이 있으랴만 얼
마나 빨리 얼마나 깊이 자각하느냐의 문제'라고 강조하십니다.
우리의 자각은 어째서 그토록 중요한 것인가요? 일체시 일체처
에 분별심을 일으키는 나를 자각하고 그 마음이 일어나는 것
이 바로 나임을 알아야 하며, 모든 것은 내 마음을 따라 일어
난다고 하셨습니다. 나이가 들어감에 따라 나의 업식과 성질,
고정관념이 매우 화석화되고 있음을 느낍니다. 한번이라도 눈
을 뜨는 경험을, 밝고 환한 자각의 세계로 나아가길, 집착과
갈애와 질투와 분별에 끄달려 제1의 화살을 맞고 밧줄에 매인
눈 어두운 새의 신세를 벗어나 제2의 화살은 맞지 않도록 지혜
로운 부처님 제자 되기를 발원하옵니다! 지심귀명례 삼계도사
사생자부 시아본사 석가모니불.

2022.9.13. 보고 듣는 모든 것이 나를 이리저리 끌고 다니는
불교 초심자입니다. 스스로 질문해 봅니다. 정말로 귀의하려
하는 의도가 있는지 말입니다. 그리고 내 몸과 마음에 일어나
고 사라지는 것을 볼 수 있을 때가 언제인지 묻고 물어봅니다.

욕심이 날 때 보시를, 성날 때 자비를, 어리석을 때 지혜를 찾는 과보를 만나는 여행을 가고 또 갑니다. 스님과 도반님들, 고맙습니다.

2022.9.13. 목표는 성취될 때 빛나지만 인욕보다 뛰어난 것은 어디에도 없습니다. 용궁의 부귀영화 다 버리고 새 출발을 위해 인욕으로써 묵묵히 견디는 용왕을 보며 인욕을 가슴에 새겨봅니다. 누구에 대해서건 증오를 품지 않도록. 그리고 마음을 뒤흔드는 욕망과 쾌락의 뿌리에는 독이 있음을 알고 욕망을 건너 진정 행복한 날이 오길 바래봅니다.

2022.9.16. 짬뻬야 본생담을 저 자신의 삶에 비추니 욕망의 성취를 행복이라 여기는 어리석음을 발견합니다. 이 시간 조용히 짬뻬야 본생담과 법우님들의 댓글 읽으며 좌정합니다. 괴로워할 뿐! 다만 알 뿐! 내일 《육조단경》 강독으로 어리석음의 겉껍질 옅어지길 바래봅니다.

2022.9.17. 사람으로 태어나서 사람답게 산다는 것에 대해 생각해보지도 않고, 모든 걸 가져야 되겠다는 끝없는 욕망에 주위도 돌아보지도 않고 욕망 속에서만 헉헉거리며 살았던 그 긴 세월! '잘 먹고 잘 살면 모든 사람들이 다 나를 부러워하겠지'라고 생각하면서, 때로는 친구들 다 불러놓고 "먹고 싶은 것 있으면 다 시켜"라고 하면서 친구 앞에서 현금으로 계산하며 돈 좀 있다는 자랑도 하던 지난 세월이 돌이켜집니다. 친구 중에는 돈 없는 친구도 있는데, '그 친구는 속으로 내가 얼마나 미웠을까' 생각하니 얼굴이 화끈거리네요. 세월이 흘러 부처님 공부하고 제일 먼저 그 친구한테 미안하다고 지금도 가끔 지

난 그 이야기를 합니다.

그나마 내가 이 정도라도 사람답게 살 수 있는 것은 부처님 법을 만난 덕택입니다. 부처님의 전생 삶들을 보여주는 스님의 글이 지난 세월을 돌아보게 하고, 한 발 한 발씩 세상 밖으로 나오게 하는 것 같아요.

2022.10.30. 누구나 읽기 편안하고 이해하기 쉬운 글을 써 주신 스님의 공덕을 수희찬탄 드립니다.

2022.11.27. 무인도에 토끼를 길렀는데 시간이 지남에 따라 토끼들은 무기력해지고… 병도 모르고 약도 없고… 그래서 어떤 지혜로운 사람이 늑대를 같이 길렀습니다. 토끼들은 늑대에게 잡혀먹히지 않으려고 활동량이 많아져 토끼들이 건강을 회복하여 생태계가 유지되었다 합니다. 어려운 환경을 헤쳐 온 사람이 보다 알찬 삶을 영위할 수 있듯이, 부귀와 영화, 욕망을 쫓던 용왕이 욕망을 떠난 세계로 고난을 감수하면서 새 출발하는 과감한 결단은 많은 것을 생각하게 합니다. 잘 읽었습니다.

2022.12.7. 사람으로 태어나 불법과 인연을 맺은 것이 얼마나 귀중한 것인지 다시 한번 생각하게 합니다. 나를 해치는 행위에 대한 '인욕', 그렇게 나를 해치는 사람에 대한 '보상'은 현실적으로 어려운 일이지만, 오늘 이 글을 읽고 다시 한번 노력해보겠다고 다짐하는 계기가 되었습니다. 늘 부족한 이에게 힘을 주시는 스님께 감사드립니다.

2022.12.28. "용왕이 과보를 버리는 과정에서 춤추는 뱀으로

까지 전락했다."가 가장 큰 핵심인 듯해요. 자신의 것을 놓지 않으려고들 하죠.

2023.8.9.   용왕이라는 사회적 지위와 큰 힘이 있었음에도 겸손했었던 것 같아 존경스러운 것 같습니다.
용왕의 아내가 용왕을 풀어주라 할 때 모든 재산과 도시까지 내어주겠다는 말은 용왕에 대한 아내의 마음을 보여주는 것 같아 인상 깊었습니다.
한 가지 질문이 있다면, 부처님이 마지막에 자신을 해한 뱀에게 복수를 안 할 뿐만이 아니라 오히려 보상까지 주셨다고 하셨는데 나쁜 짓을 한 사람이 보상까지 받는 게 맞는 것인가 싶었습니다. 저였어도 복수 같은 건 안 했겠지만 보상은 잘 이해가 되질 않았었습니다. 그러나 그 보상이 인질 석방 내지 포로 석방의 대가라면 이해가 됩니다. 〈중2〉

18

식인 중독에 빠져
살인을 사주하다

— 마하수따소마(Mahāsutasoma) 본생담①《《본생경》537번) /
인육에 중독된 식인왕 브라흐마닷따

고기 못 구한 요리사가 사람 고기 요리해 왕에게 올려
감각기관 만족시키려 할수록 더 많은 욕망·불만족 따라
동족 식인, 전생 부모·자식 먹는 일·결국 자신을 파멸시켜

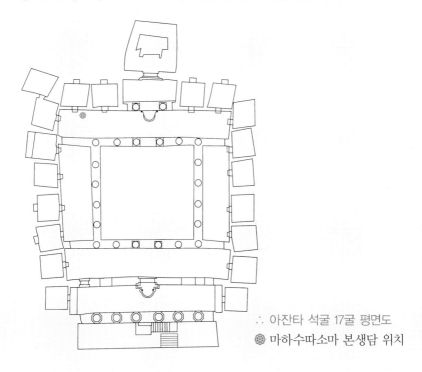

∴ 아잔타 석굴 17굴 평면도
🏵 마하수따소마 본생담 위치

왕궁을 향해 가는 암사자 모자母子(아잔타 석굴 17굴)

바라나시 사람들이 다 나와서 암사자가 새끼를 등에 업고 가는 모습을 신기한 표정으로 구경하고 있다. 암사자 등의 새끼의 물감이 훼손되어 있다. 암사자 주위로 꽃잎을 그려넣어 모정을 표현하고 있는 듯하다.

부처님의 제자들 가운데 가장 인상 깊고 이색적인 인물 중 한 분이 앙굴리말라(Aṅgulimāla)일 것이다. 그는 999명의 무고한 인명을 해친 살인마이면서도 출가하여 아라한이 된 분이기 때문이다. 앙굴리말라에 대한 전생 이야기가 마하수따소마(Mahāsutasoma) 본생담이다. 이것은 앙굴리말라라는 인물만큼이나 흥미진진하고 박진감 있는데 그것은 현대에 올수록 심각해지는 중독(中毒)의 문제를 다루고 있기 때문이다. 이 이야기는 매우 길기 때문에 여섯 번에 나누어 담고자 한다. 아잔타 석굴 17굴에 벽화로 그려져 있다.

기원정사에서 스님들이 말하길, 잔인하고 피를 칠한 도적 앙굴리말라를 칼도 몽둥이도 쓰지 않고 부처님께서 조복하셨다고 한 것에 대해, 부처님께서 과거생에 아직 한정 있는 지혜밖에 얻지 못했을 때에도 그를 제도한 적이 있다고 하셨다.

옛날 꼬라바(Koravya)왕이 꾸루(Kuru)국의 인다빳따(Indapatta)시를 다스릴 때 첫째 왕비의 아들이 태어났는데 수따(성지聖知)로부터 부자가 되게 한다고 하여 이름을 수따소마(Sutasoma)라 했다.

수따소마왕자는 따까실라(Takkasilā, 산스끄리뜨어로 Taksaśilā, 현재의 탁실라Taxila)로 공부하러 떠났다. 그는 역시 공부를 하러 온 바라나시 까시(Kāsi) 국왕의 아들 브라흐마닷따(Brahmadatta) 왕자를 만나 친교를 맺었다. 거기에는 백 명의 왕자들이 공부하고 있었다. 수따소마는 얼마 지나지 않아 모든 학술을 다 배우고는 브라흐마닷따와만 다니면서 그의 공부를 도왔다. 그는 사냥 나온 카시 왕이 쉬고 있을 때 그의 정수를 먹은 암사자에게서 태어났다.

시간이 흘러 다른 사람들도 학업을 마쳤다. 수따소마는 관상을 잘 봤으므로 브라흐마닷따 때문에 비상한 위험이 생길 것을 알고, 송별회 때 왕자들에게 보름마다 포살을 지켜 결단코 살생하지 말 것을 당부했다. 모두 각기 자기들의 나라로 돌아갔다.

바라나시로 돌아온 브라흐마닷따는 사우다사(Saudāsa)왕이 되었고, 고기 없이는 식사를 하지 않았다. 그러므로 요리사는 포살일에 왕이 먹을 고기를 따로 두었는데 왕궁의 품종 좋은 개가 그것을 먹어버렸다. 요리사는 돈을 잔뜩 가지고 고기를 구하러 다녔지만 끝내 얻지 못했다. 그는 고기 없는 식사를 권했다가 목이 달아날 것을 두려워하여 밤이 깊자 송장 버리는 곳에 가서 갓 죽은 사내의 다리 살을 베어 와서 잘 요리한 다

아들을 인지하는 왕(아잔타 석굴 17굴)
암사자가 데리고 온 아기를 무릎 위에 받아 안고 보면서 자신의 아들임을 인
지하는 왕. 암사자의 표정이 미소를 짓고 있는 것 같다.

실토하는 요리사(아잔타 석굴 17굴)
요리사가 사우다사왕에게 조리해서 올린 고기 요리가 인육이었음을 실토하고 있다.

음 왕에게 식사로 권하였다.

왕이 그 고깃조각을 혀끝에 놓자마자 7천의 미각신경을 자극해서 전신을 휘저었다. 그것은 전생에 먹어봤기 때문이다. 그는 바로 앞 전생에 야차로 태어나 많은 사람 고기를 먹었었다.

왕은 입에 든 고기를 가래와 함께 땅에 뱉어 버리고는 다른 사람들을 다 물리치고 요리사에게 물었다. "이것은 무슨 고기냐? 사실대로 말해라. 그렇지 않으면 죽이겠다." 늘 드시던 고기이며 충분히 요리했기 때문이라고 항변하던 그는 마침내 살려주십사 하고 사실대로 말했다.

왕은 "아무에게도 말해서는 안 된다. 평상시처럼 요리한 고기는 네가 먹고, 나는 사람 고기만을 요리해 다오."라고 하였다. 요리사가 그 고기를 어디서 구해 와야 하느냐고 묻자 왕은 "감옥에 많은 사람이 있지 않느냐?"라고 하였다.

얼마 안 되어 감옥이 텅 비게 되었다. 그러고는 길 복판에 천금 다발을 던져두었다가 줍는 자를 "도둑놈이다!" 하고 잡아 죽였다. 그 뒤로 천금 다발을 돌아보려는 자가 없었다. 다시 밤의 통행금지 시간에 집 벽의 갈라진 틈이나 광장에 있다가 사람을 죽여 그 살을 베었다. 여기저기 시체가 널렸다.

"우리 아버지가 안 보인다. 우리 어머니가 안 보인다. 우리 형님이, 우리 누나가 안 보인다." 하고 사람들은 비탄과 공포에 떨었다. 사람들은 왕에게 몰려가 호소했지만 왕이 거절하자, 깔라핫티(Kālahatthi) 장군에게 호소하였다. 장군은 군사를 풀어 사람 살을 먹는 도둑을 잡도록 했다.

요리사가 어떤 집 벽의 갈라진 틈에 숨어있다가 한 여자를 죽여 그 탄탄한 살덩이를 베어 바구니에 넣고 있을 때, 장군의 부하들이 그를 붙잡아 때리고 묶었다. 대중들이 몰려와 그를 몹시 때리고는 사람 고깃살 바구니를 그의 목에 걸고 장군 앞에 끌고 갔다. 장군이 "네가 그것을 먹느냐, 누구의 부탁으로 그렇게 하는 것인가, 다른 고기에 섞어 파는가?" 하고 묻자, 요리사는 "우리 대왕님이 사람 살을 먹는다."라고 실토하였다.

왕은 저녁을 먹지 못한 채 요리사가 '하마 돌아올까, 하마 돌아올까' 기다리면서 앉은 채 한 밤을 새웠다. 깔라핫티 장군은 요리사를 묶어 목에 사람 고기 바구니를 걸게 하고 왕 앞에 나아가 "대왕이시여, 저 요리사를 보내어 여자나 남자나 마구 죽여서 그 살을 드셨습니까?" 하고 물었다. 왕은 자신이 그랬다고 시인하였다.

"대왕이시여, 그런 일을 하지 마십시오, 인간의 살을 먹어서는 안 됩니다."

"깔라핫티, 무슨 말인가. 나는 그만둘 수 없다."

"대왕이시여, 그만두지 않으시면 자신도 국토도 망하고 말

것입니다."

"다 망해도 좋아. 나는 그만둘 수 없다."

중독은 신체적 중독(poisoning 혹은 intoxication)과 정신적 중독(addiction)으로 구분된다. 전자는 독성을 지닌 음식이나 약물 등이 몸에 들어와 이상 반응이나 질병이 발생하는 것이고, 후자는 약물·사상·사물 등에 빠져 정상적으로 사리 판단을 할 수 없는 상태다. 정신적 중독은 탐닉이다.

사우다사(브라흐마닷따)왕의 고기 중독은 두 가지 함의가 있다. 하나는 탐닉 즉, 정신적 중독의 문제이다. 불교는 이 문제의 근본을 보여준다. 그것은 12연기다. 12연기는 무명·행·식·명색·육입(六入: 눈·귀·코·혀·몸·뜻)·촉(觸)·수(受)·애(愛)·취(取)·유(有)·생(生)·노사(老死)이다. 음식이 혀로 들어와(觸), 그것을 받아들이면(受), 맛이 좋다, 싫다는 애(愛)가 생겨나고, 맛을 거머쥐려는 취(取)가 일어난다. 취의 탐닉이 중독이다.

감각기관을 만족시키려 할수록 더 많은 욕망이 생겨나고 더 많은 불만족이 따라온다. 먹을수록 배고프다. 불만족의 해소를 위해 더욱 욕망을 추구하게 된다. 과도해진 욕망의 추구는 중독에 이른다. 이것은 비단 맛에만 국한되지 않는다. 보는 것, 듣는 것, 냄새 맡는 것, 피부로 느끼는 것, 생각하는 것 등 여섯 가지 감각기관 모두에서 발생한다. 특히 맛과 약물, 돈과 여인, 사상에 대한 중독이 시대와 체제를 막론하고 사람들의 이성을 마비시켜 왔다.

다른 하나는 동족을 먹는다는 점이다. 헤아릴 수 없는 생의 반복 속에서 자기 부모와 자식 아닌 자가 어디에 있겠는가? 서로를 연기해서 나고 죽는 것이다. 동족을 먹는다는 것은 전생의 부모와 자식을 먹는 것이며, 결국 자기 자신을 먹는 것이다. 그것은 파멸에 이를 수밖에 없다.

🪷 댓글 🪷

2022.9.26. 중독은 갈애가 가장 극대화된 상태입니다. 참으로 엄청난 고통이라 봅니다. 세상 고통이 이뿐만 아닙니다. 도박을 끊으려 자기 손을 다 자르고도 남은 부분으로 다시 화투를 잡는 것이 중독 현상이라 봅니다.
《대념처경》에서 웅변하는 오직 하나의 해결책이 '알아차림의 확립'이라고 합니다. 맛과 게임에서 오는 느낌이 느낌일 뿐이고 나의 느낌이 아니고 고통이고 항상 변한다는 정사유를 해야 한다고 합니다. 수없는 과보의 조건을 만드는 족쇄가 사라지는 지혜를 구합니다. 수행으로 손가락도 보고 달도 보고 그리고 달이 확 보이는 연습을 합니다.

2022.9.26. 브라흐마닷따는 힘 있는 왕으로서 힘 없는 사람들, 죄인들의 목숨으로 식인왕이 되어 맛의 중독에서 벗어나지를 못하고 있습니다. 깔라핫티 장군의 충고도 받아들이지 않습니다. 앞으로 닥칠 뒷 얘기들이 궁금합니다. 선업을 지을 가능성도 크고, 반대로 악업을 지을 가능성도 크기 때문입니다.
브라흐마닷따왕이 유익함과 해로움의 가치를 잘 판단할 수 있길 바라며 다음 회가 무척 기다려집니다. "감각기관을 만족시키려 할수록 더 많은 욕망이 생겨나고 더 많은 불만족이 생겨난다"는 말씀과 "헤아릴 수 없는 생의 반복 속에서 자신의 부모와 자식 아닌 자가 어디 있겠는가?" 말씀에 심장이 쿵합니다.
'지구의 모든 사람이 다 스님 글을 읽으면 전쟁 없이 평화로운 지구가 되지 않을까', 오늘의 주제와는 벗어나지만 잠시 이런 생각이 들었습니다.

2022.9.28. "브라흐마닷따왕은, 그 고깃조각을 혀끝에 놓자마자 7000의 미각신경을 자극하여 전신을 휘저었다. 그것은 전생에 그것을 먹어버릇했기 때문이다…."
마약 중독 상태는 몸 전체 감각기관을 극도로 예민하게 하여 강한 희열을 느끼게 한다고 합니다.
5~6시간이 마치 5~6분 지난 것처럼, 자신이 공중에 붕 떠 있는 것처럼 시·공간 구분이 안 되는 환각의 상태라고 하니 한 번이라도 그 맛을 보게 되면 더 강렬한 자극을, 더 지속되는

희열을 찾게 되겠지요.

캐나다 BC주 벤쿠버에서는 마약의 음성화로 인한 부작용이 너무 심하여 공공시설에서 ID를 제시하면 마약을 주사해 주고 있는 실정입니다. 탐닉과 중독, 무절제 그리고 살해…본생담이 흥미진진합니다.

2022.9.28.   맛과 약물, 돈과 여인, 사상에 대한 중독.. 시대와 체제를 막론하고 사람 사는 세상에 늘 있어 왔으며, 그것의 결과는 이성의 마비, 삶의 타락임을 역사를 통해 우리는 알고 있습니다. 그런데도 여전히 현 시대에도 중독된 사람은 사회문제가 되고 사라지지 않습니다. 이것이 사람 세상인가 봅니다. 역사를 거쳐 잘못된 것이라 누누이 말하는데도 그 잘못된 길을 갑니다. 중독은 그렇게 판단을 마비시킵니다. 그러나 또 중독이 세상을 멸할 수도 있다는 경각심을 갖고 바른 견해를 가지려는 사람들이 조금이라도 있어 왔기에 이 사람 사는 세상이 계속 유지되고 반복되는 것이겠지요. 나는 어떠한 사람이 될 것인가 생각합니다. 세상을 멸하는 사람이 될 것인가, 세상을 유지시키는 사람이 될 것인가.

2022.10.2.   '사우다사왕'이 전생에 야차로 태어나서 많은 사람의 고기를 먹었던 버릇이 있어서 금생에 왕이 되어서도 인욕 조각을 혀끝에 놓자마자 7000의 미각신경을 자극해서 전생의 중독된 버릇이 다시 발동하여 자신의 욕망을 만족시키려는 불선업을 반복합니다. 왕이라는 이유로 당연하게 죄 없는 동족까지 처참하게 살해하고, 중독에 빠져 사람 고기를 매일 먹고 만족에 빠져 버렸습니다. 바라나시 사람들은 공포에 질려서 방황하는데도 왕은 국토가 망해도 좋다고 감각기관을 단속하지 못

하고 이성을 잃고 있었던 것입니다. 그때 세존께서는 '사우다사 왕'을 왜 구해주지 않으셨는지 안타깝습니다.

2022.10.10. 이 내용은 많은 주제를 담고 있는 듯합니다. 그중에서 네 가지만 이야기해 보렵니다.

먼저 돌고 도는 것이 인생사라는 생각이 드네요. 부처님 이전에는 사람 고기를 먹는 것에 도취됐지만, 지금은 세계적으로 마약으로 인해서 사람이 인간으로서 해야 할 일을 못하고 있네요. 결국 같은 일이라 생각됩니다.

또, 사람의 욕망은 끝이 없다는 것을 다시금 생각하게 됩니다. 본인이 아무리 전생부터 먹었던 음식이지만 본인이 왕이라는 직위를 이용해서 사람을 그렇게 잡아먹었다니, 어디까지를 우리가 본성이라고 봐야 하는지? 끝없는 생이 돌고 돌지만, 전부 다 우리 부모 형제라는 말씀에 형용할 수 없을 정도로 속에서 올라오는 것이 있네요.

다음은 음식 습관입니다. 미묘하게도 어떤 음식은 처음으로 먹어봤던 음식도 굉장히 익숙하게 잘 먹고, 어떤 음식은 매일 보고 먹는 음식인데도 익숙하지도 않고 젓가락질이 잘 안 가는 것은 전생부터 내려오는 습일 수도 있겠다는 생각을 하니까 온몸에 소름이 일어나네요.

마지막으로 음식에 대한 반응입니다. 똑같은 재료, 똑같은 양념, 같은 솜씨로 하는데 어떤 사람은 "정말 잘 먹었다"고 하고, 어떤 사람은 "이것도 음식이냐?"고 말할 때, 잘 먹었다고 하는 분한테는 절로 얼굴에 미소가 나오지만, 이게 음식이냐고 짜증 내는 사람한테는 속으로 "네가 음식에 대해서 아는 것이 뭐가 있느냐, 할 줄도 모르면서 불평만 하는구나" 하고 돌아서서 대꾸도 안 했던 지난 세월이었습니다.

조금 더 일찍 불교 공부하고, 지금처럼 스님의 글을 볼 수 있는 기회가 있었다면, 돌아서서 이 사람은 좋은 사람, 저 사람은 별난 사람 구분 짓지 않고 그 사람 성품에 따라서 상대해줄 수 있었을 텐데 하는 회한이 밀려옵니다.

2022.11.4.　우리가 탐닉이라고 일반적으로 생각하는 것뿐만 아니라 무엇이라도 지나치게 되어 중독이 될 수 있다는 것을 알고 이를 경계해야 한다고 생각이 드네요. 무의식적으로 한 가지에 빠져 있지 않은지 늘 돌아보고 항상 깨어 있어야 함을 마음속으로 떠올려봅니다.

2022.11.26.　음식물 또는 약물 독성에 의해 기능장애를 일으키는 것이 중독이라고 합니다.
현대 사회에서 최악의 중독은 마약일 것입니다. 자기 죽음을 앞당기는 줄도 모르고 마약을 끊지 못하는 사람은 동족의 인육에 중독되어 국토와 인생의 파멸을 가져오는 죄를 범하는 대왕과 다를 바가 없습니다.
깔라핫티 장군에 의해 인육에 중독된 사람이 대왕이라는 것을 알고 대왕과 요리사를 대질하여 그만둘 것을 권유했지만, 단호하게 거절하는 대왕의 앞길은 어떻게 전개될까 궁금합니다.

2022.12.23.　업생 업식, 이런 말들을 듣고 쓰고 합니다. 숙업은 업중에도 깊이가 깊어 한 생으로는 지울 수가 없다는 아마도 중독이라는 단어와 같음이 아닐까 생각해봅니다. 허나 그것이 무엇이었든 간에 부처님의 법을 약으로 삼아 정진하는 것만이 사람으로 태어남에 대한 보답이 아닐까 합니다.

2022.12.28. 가장 큰 부자가 만족이지요.

2023.8.4. 인육을 먹는 것도 그렇고, 얼마 전에 정신에 관련된 영화를 봤었는데, 이번에도 중독으로 인해 생각을 이상하게 하는 것이 정말 충격적이기도 하고 놀랍기도 했습니다. 영화 제목은 '프랙처드'입니다. 환생 얘기는 아니지만 정신이 이상해서 생각을 이상하게 하고 사람이나 어떤 것 등을 착각하는 것이 저 왕과 비슷하다고 생각했습니다.
환생이 있다고 가정했을 때, 전부 전생에서는 가족이었을 수 있다는 것도 신기하고, 그럴 수 있겠다는 생각도 해보게 했습니다. 글은 재미가 있긴 했지만 다른 글과는 다른 재미였던 것 같고, 전체적으로 생각을 하게 만드는 글이었던 것 같습니다. 제가 말한 재미는 공포영화를 보거나 롤러코스터를 탔을 때 재미를 느끼는 것처럼 좀 일반적이지 않은 재미를 말한 것입니다. 살짝 스릴을 느끼듯이 특이한 재미였던 것 같은데 표현하기가 어렵네요. ㅋㅋㅋ 〈중2〉

19

탐닉과 중독, 그 파멸의 길

— 마하수따소마(Mahāsutasoma) 본생담②《본생경》537번) /
깔라핫티 장군의 설득

남을 해치는 탐닉, 결국 자신의 파멸 불러와
선행 축적된 발판 튼튼해야 진리로 도약할 수 있어
쾌락 추구에 중독돼 멈추지 못하면 '자해의 부메랑'
물고기·바라문·거위 비유로 중독·파멸의 인과 보여줘

계곡 아래쪽에서 본 아잔타 석굴 17굴
사진 우측의 아치형 입구가 10굴, 자양막이 쳐진 곳이 17굴이다.

깔라핫티 장군은 왕의 탐닉을 끊기 위해 다음 세 가지 옛 이야기를 하였다.

1. 첫 번째 이야기 – 자신의 몸을 먹은 물고기왕 아난다

옛날 큰 바다에 여섯 마리 큰 물고기가 살았다. 그 중에서 아난다(Ānanda), 띠만다(Timanda), 앗조하라(Ajjohāra)는 그 길이가 5백 유순(7,500km)이었고, 띠띠미띠(Tītimīti), 밍갈라(Miṅgala), 띠미라삥갈라(Timirapiṅgala)는 천 유순(15,000km)이었다. 그들은 모두 바위의 이끼를 먹고 살았다. 어느 날 물고기들은 두 발 가진 사람이나 네 발 달린 짐승도 왕이 있는데 우리만 왕이 없다고 생각해서 아난다를 왕으로 삼았다. 그 뒤로 물고기들은 아침저녁으로 문안 인사를 갔다.

어느 날 아난다왕이 이끼를 먹는다고 먹었는데 유달리 맛이 있었다. 아난다왕이 그것을 토해 보았더니 물고기였다. 그 뒤로 그는 물고기들이 문안 인사를 올 때 한두 마리씩 잡아먹기로 하고 발각되면 물고기들이 가까이 오지 않을 것이므로 그들이 인사하고 돌아갈 때 무리의 끝에 있는 한 마리를 뒤에서 덮쳐 잡아 먹었다.

물고기들은 친족들이 자꾸 없어지므로 그중 현명한 물고

기가 문안하러 갔을 때 아난다왕의 귓불에 몸을 숨겼다. 아난다왕이 물고기들이 돌아갈 때 맨 뒤의 것을 잡아먹는 것을 보았다. 그 현명한 물고기가 다른 물고기들에게 이것을 알리자 다들 달아나버렸다.

아난다왕은 고기 맛에 탐착해 다른 음식은 먹을 생각도 하지 않고 물고기들을 찾아 나섰다. 그러다 산을 발견하고 이 산에 물고기들이 숨어있을 것이라고 생각하고 산을 몸으로 둘러쌌다. 그러자 물고기의 꼬리가 보였다. 그 꼬리를 마구 씹어 먹었다. 그러나 그것은 50 유순이나 되는 제 꼬리였다. 심한 통증이 일어났다. 피 비린내를 맡고 모여든 고기들이 아난다왕의 살을 찢어먹고 또 찢어 먹어 마침내 머리까지 미쳐왔다. 그는 몸이 너무 커서 몸을 돌릴 수 없어 그 자리에서 죽고 말았다.

아난다는 고기를 먹어보고
그 맛에 탐닉하여
고기가 다 없어지자 드디어는
제 몸을 먹고 죽어버렸네.

맛에 홀려 이렇게 취한
어리석은 사람은 앞날을 모른다.

아들을 잃고 친족을 버리고
홀로 돌아와 제 몸을 먹는다.

이 이야기에 맞서 왕은 히말라야에서 온 성자들에게 공양하던 바라나시의 부호 수자타의 아들이 성자들이 먹던 잠부나무 열매껍질을 얻어먹었는데, 성자들이 떠난 뒤 그 열매껍질을 구하지 못해 다른 열매껍질을 먹고 죽어버린 이야기를 하였다.

2. 두 번째 이야기 - 5계를 지키는 바라문과 술에 빠진 아들

옛날 바라나시에 5계를 지키는 바라문이 있었다. 그의 외아들은 3베다를 환히 알아서 부모의 사랑을 한 몸에 받았다. 아들은 또래의 아이들과 떼를 지어 돌아다녔는데 다른 아이들은 어육(魚肉)도 먹고 술도 마셨지만 이 소년은 어육도 술도 마시지 않았다. 또래의 아이들은 "저 녀석이 술을 마시지 않기 때문에 우리들에게 돈을 주지 않는다. 우리 꾀를 써서 녀석에게 술을 먹이자"고 작당하여 축제에 놀러 가자고 제안하였다. 또래들은 바라문의 외아들을 위하여 우유를 준비해 주겠다고 하고는 연잎 사이에 매둔 강한 술을 연꿀이라고 하면서 차례로 마셨다. 외아들도 이내 연꿀인 줄만 알고 마셨다. 또 숯불에 구운 고기도 먹

마하수따소마 본생담 부분(아잔타 석굴 17굴)
위는 민중들에게 체포되는 요리사, 아래는 사냥을 떠나는 왕.

었다. 그리하여 몇 잔 거듭 마시고 술에 취했을 때 또래들이 그것이 연꿀이 아니요, 술이라고 바로 가르쳐 주었다. 외아들은

"이렇게 맛난 것을 나는 오랫동안 모르고 지냈구나. 술을 더 많이 가져오라!"고 외쳤다. 그 술을 다 마시고 반지까지 빼 주고 다른 술까지 사 마시고는 빨간 눈에 비틀거리며 혀 꼬부라진 소리로 집에 돌아가 온몸을 풀어헤치고 잠들었다.

아버지는 바라문 가정에서 술을 마셔서는 안 된다고 하였다.

"아버지, 제게 무슨 죄가 있습니까?"

"술을 마시는 죄다."

"아버지, 그게 무슨 말씀입니까? 저는 지금까지 그처럼 맛난 것을 먹어본 적이 없습니다."

아버지는 되풀이하여 그만두게 하려 했으나 아들은 여전히 그만둘 수 없다고 하였다. 그리고 아버지가 금한다면 자신은 그 맛난 것을 찾아 떠나겠다고 하였다. 할 수 없이 아버지는 아들을 법정으로 데리고 가서 폐적(廢嫡)하고 집에서 쫓아내 버렸다. 아들은 의지할 데 없는 거지가 되어 누더기를 몸에 감고 바루를 들고 걸식하다가 어떤 성벽 아래서 죽고 말았다.

이 이야기에 덧붙여 왕은 히말라야의 성자들께 공양하던 부호 수자타가 밤에 성자들께 인사하러 온 제석천과 천녀들을 보고 그 천녀를 잊지 못하여 "천녀를 내게 달라"고 하면서 울

부짖으며 탄식하다가 끝내 죽고 말았다는 이야기를 하였다.

3. 세 번째 이야기 – 동족의 살을 먹고 거미에게 죽은 거위들

옛날 찌따꾸따(Cittakūṭa) 황금굴에 9만 마리의 다따랏타(Dhataraṭṭha) 거위가 살았다. 그들은 4개월간의 우기(雨期)에는 날개가 비에 젖어 바다에 떨어지기 때문에 외출하지 않고 자연미(自然米)를 동굴에 채워두고 그것을 먹으며 지냈다.

우기에 수레바퀴만한 운나나비(uṇṇanābhi) 거미가 동굴 입구에 줄을 쳤는데, 하나의 실이 소 밧줄만한 것도 있었다. 거위들이 그 그물을 찢기가 어려워 젊은 거위에게 두 마리분의 먹이를 주고 비가 그치면 거미줄을 끊고 출입구를 내곤 하였다. 어느 때 우기가 5개월간 지속되는 일이 있었다. 양식이 떨어지자 거위들은 먼저 알을 먹기 시작했다. 다음에는 새끼를 먹고, 그다음에는 늙은 것을 먹었다.

거미는 다섯 개의 그물을 쳐 두었다. 비가 그치자 두 마리 몫의 먹이를 먹은 젊은 거위가 그물에 돌격해 네 개까지는 찢었으나 다섯 번째 그물을 찢지 못하고 그물에 걸리고 말았다. 동족의 살을 먹었기 때문에 힘이 약해진 탓이었다. 거미는 그 젊은 거위의 머리를 째고 피를 빨아먹었다. 다른 거위도 그물에 돌격했으나 거기에 걸릴 뿐이었다. 거미는 그것들 전부의 피를 다 빨아먹었다. 이렇게 하여 다따랏타 거위는 전멸했다.

첫 번째 물고기 왕 이야기는 남을 해치는 탐닉이 결국 자신을 해쳐서 파멸에 이름을, 두 번째는 알콜 중독이 파멸에 이름을, 세 번째는 선을 위해서라도 악을 범하는 것 역시 파멸에 이름을 보여주고 있다. 진리 자체는 선악(善惡)마저 초월하지만, 선행의 축적 위에서 진리에 도약할 수 있는 것이다. 악행은 그 도약의 발판을 부수어버리고 만다.

요약하면, 첫 번째 이야기는 탐닉→타해(他害)→자해(自害)→파멸, 두 번째는 중독→파멸, 세 번째는 자해→파멸의 메시지를 전달한다.

남을 향한 악행이나 자신을 향한 악행이나 어느 것이든 욕망의 추구에 원인이 있다. 감각적 쾌락에 대한 과도한 욕망의 추구가 탐닉 즉 중독이며, 중독이 브레이크를 밟지 못하면 남을 해칠 뿐만 아니라 결국 자해의 부메랑이 되어 돌아와 파멸에 이름을 보여주고 있다.

🪷 댓글 🪷

2022.10.12.   혀의 감각 접촉으로 인한 탐욕과 갈애의 위험을 봅니다. 과도한 욕망의 끝은 파멸이라는 경각심을 갖게 합니다. 왕을 설득하는 깔라핫티 장군이 곁에 있어 왕은 바른길로 갈 수 있을 것 같습니다. 부처님께서 도반은 반이 아니라 전부라고 하신 말씀을 조금은 알 것 같습니다. 옆에 깔라핫티 같은 도반이 있으면 나쁜 행동을 바로잡고 옳은 길을 가는 현명한 사람이 되겠습니다. 나쁜 일을 부추기는 사람도 있지만 바른 길로 인도하는 도반이 있다는 건 같은 목표를 향해가는 데 있어 앞에서 이끌어주는 든든한 스승과도 같은 도반입니다. 맛의 감각적 욕망에서 아직 벗어나지 못한 왕의 다음 얘기가 너무 기대됩니다. 왕이 자신을 제어할 수 있을지 다음 연재 빨리 볼 수 있기를 바랍니다.

2022.10.12.   탐닉이 모든 파멸의 근원이 되는 것을 아는데 사람들은 여전히 탐닉의 속성에 빠집니다. 아난다왕도 바라문의 아들도 그것이 탐닉이라는 인식이 없습니다. 그저 순간의 달콤함을 즐길 뿐입니다. 이렇게 축적되는 순간의 달콤함은 이성을 마비시켜 제 몸을 스스로 죽이는 줄도 모르고 삽니다. 아난다왕이 먹는 것이 자기 꼬리인 줄 모르는 모습의 글을 보며 우리의 모습은 어떠한가 돌아보게 됩니다. 너무 흥미로운 이야기들 감사합니다.

2022.10.13.   이 연재 세 번을 읽어도 다 다른 각도에서 느끼는

268

마음이 다르네요.

2022.10.14. 불선업을 짓고도 남을 해치는 탐닉인지 모릅니다. 감각적 욕망에 눈이 멀어 맛의 쾌락에 중독된 아난다왕도 물고기들을 다 먹고 나서 자기 몸인지 분별도 못하고 제 몸을 먹고 죽어버리다니 어리석음의 결말을 보는 것 같습니다. 바라문 가정에서 5계를 잘 지키던 아들도 불선한 친구들에 의해 계를 파해서 아버지가 법정으로 데리고 가서 폐적하고 집에서 쫓겨나서 걸식하다가 죽고 말았다니 새삼 고질병 같은 중독의 위험을 느끼며 중독되기 쉬운 생활 습관을 찾아보게 됩니다.

2022.10.20. 이번 본생담은 각전 스님의 최근 박달 토굴《육조단경》강독과 연결되는 것 같아요. 강의중, 부처님의 여래십호 '조어장부'를 예로 드시어, 각각의 속도로 달리는 네 필의 말을 다룸으로써 우리의 갈애와 번뇌 그리고 오욕을 조정·조절·제어하는 법에 대해 설명해 주셨습니다. 다스려지지 않는 탐욕과 중독, 종국엔 자해·타해·제멋대로 내달리는 마차에 몸을 실은 자 무참히 전복되리라는 뜻 같았어요. 요요한 눈으로 우리가 가진 본래 청정한 자유자재의 모습을 찾는 길은 사마타와 위빠사나, 선정과 지혜로써 궁극적으로 도달되어지는, '우페카(우펙차)' 즉 평상심, 평등, 중도라는 수승한 법이라고 강조하여 말씀 주셨습니다. 스님께서 자비와 연민의 보살심으로, 수승한 법으로, 우리를 이끌어 불법의 향기 속에 보호받도록 하심에 감사드립니다.

2022.11.4. 탐욕이라는 것이 나쁘다고 추상적으로 알고 있었는데, 여러 사례를 통해 경계해야 한다고 절실히 깨닫게 해 주

었습니다. 본인이 나쁘다고 인식을 못하고 있는 사이에 더 깊게 그 탐욕에 빠지게 되어 결국은 스스로를 파멸에 몰고 간다는 것이 얼마나 비극적인가를 떠올린다면, 절제하고 정도를 지킨다는 것이 어렵지만 늘 마음에 각인시켜 두어야 함을 다시 한번 다짐하게 했습니다.

2022.11.26. 대왕님의 탐욕을 끊기 위한 깔라핫티 장군의 세 가지 이야기는 모두 중독에 빠져 살생한 이야기인 것 같습니다. 첫 번째 이야기는 물고기 먹기에 중독된 큰 물고기가 자기 꼬리를 먹고 마침내 죽고, 두 번째 이야기는 술을 마셔서는 안 되는 가문에서 술에 중독되어 죽고, 세 번째 이야기는 거위가 선을 위해 노력했지만, 거미가 쳐놓은 거미줄에 걸려 죽고, 중독을 부르는 중독은 큰 고질병 같습니다.
대왕님의 나쁜 중독을 끊기 위해 노력을 아끼지 않는 깔라핫티 장군은 대왕님의 스승 같은 도반인 듯합니다. 설득은 계속되겠지요.

2022.12.28. 불교계의 이솝 이야기 같은 본생담, 벽화 사진을 보다가 들어왔는데 참 재미있네요. 예전 사람들은 그림에 많은 이야기를 담아 그렸네요.

2023.8.5. 어제 글도 인육에 대한 중독과 그 중독으로 인하여 미쳐가는 모습이 있었는데, 오늘 글들도 중독과 욕구를 참지 못하여 결국 파멸에 이르는 상황이었던 것 같습니다. 같은 동족을 잡아먹다가 결국 자신까지 먹으며 파멸한 첫 번째 이야기도 인상 깊었고, 세 번째 거위 이야기도 인상 깊었습니다. 거위들은 어쩔 수 없이 그렇게 된 것이긴 하나 결국 지혜로운 듯한

거미에 의해 모두 파멸하는 게 인상 깊었습니다. 지혜, 충격, 생각, 배움 등의 단어가 떠올랐습니다. 〈중2〉

20

중독에서 비롯된
식인귀의 악행

— 마하수따소마(Mahāsutasoma) 본생담③《본생경》537번) / 희생제 준비

"법문 듣고 돌아오리라" 식인귀에게 약속
인육 먹는 왕, 가족도 내버리고 살인 일삼는 '식인귀'로 몰락
학살 멈추고자 목신이 꾀를 내어 수따소마 찾아가도록 유인
식인귀에 잡힌 후에도 수따소마는 법문 듣고 환희심 일으켜

계곡 위에서 본 아잔타 석굴 17굴
2층 높이로 파여진 곳이 19굴. 차양막이 쳐진 곳이 17굴.

더 이상 참지 못한 사람들이 인육 먹는 왕을 추방하라고 나섰다. 깔라핫티 장군은 왕의 부인과 왕자·왕녀들을 왕의 곁에 데려다주고 이들을 잃어서는 안 된다고 하였지만, 왕은 "내게는 그들이 저 인육보다 사랑스럽지 않소."라고 하였다. 깔라핫티 장군은 왕의 요청에 따라서 칼 한 자루와 한 명의 요리사를 주어 국외로 추방하였다.

그는 숲속에 살면서 길을 통과하는 사람들을 죽여서 요리사에게 요리를 시켜 먹고 살았다. 어느 날 길을 통과하는 사람이 없자 요리사를 죽여 그 살을 베어 구워 먹었다. 그리고 나서는 제 살을 베어먹었다.

식인귀 소문이 온통 퍼진 그때, 큰 부호 바라문이 5백 대 수레에 물품을 싣고 천금을 주고 사람들을 고용하여 식인귀의 숲을 통과하였다. 식인귀는 그 부호 바라문을 잡아 오는 도중에 고용된 사람들이 쫓아오는 바람에 달아나다가 카디라나무의 가시를 밟아 그 가시가 발바닥을 뚫고 올라왔다. 식인귀는 바라문을 내팽개치고 달아나 버렸다.

식인귀는 "나무 여신님, 만일 당신이 내 상처를 7일 만에 완치시켜 주시면 온 염부제 안에 있는 왕족의 목 피로 나무줄기를 깨끗이 씻고 내장으로 둘러싸고 5종의 맛난 살로 생제(牲祭)를 드리겠습니다." 하고 맹세하였다. 상처는 7일 만에 완전히 나았다. 그는 이것이 나무 여신의 신력에 의한 것이라고 생각했다.

그가 다시 원기를 회복했을 때 전생에 함께 야차로 있으면서 인육을 먹던 야차가 나타나서 무가상(無價相)이라는 주문을 가르쳐 주었다. 그 뒤로 식인귀는 바람처럼 빠르고 용감해졌다. 그리하여 7일 만에 백 명의 왕을 잡아왔다. 식인귀는 바람처럼 달려가서 '나는 식인귀다' 하면서 겁을 주고는 왕의 발을 잡아 거꾸로 매달고, 자신의 뒷발꿈치로 머리를 차면서 등에 메고 돌아와서 손바닥에 구멍을 뚫고 밧줄로 꿰어 니그로다 나무에 매달았다.

목신(木神)은 그의 학살을 막을 수 없어서 사천왕에게 호소하였지만, 사천왕도 자신들의 힘으로는 할 수 없고, 오직 수따소마만이 할 수 있다고 하였다. 목신은 출가인의 행장을 하고 식인귀 가까이에 갔다. 식인귀는 그가 왕족이라고 확신하여 그를 잡아 백한 명을 채우려고 했지만 3유순의 길을 쫓아가도 잡을 수가 없자, "사문, 멈추시오." 하고 외쳤다. 그러자 그 출가인은 "나는 멈추었다. 그대도 멈추도록 노력하시오." 하고, 멈추지 않으면 죽어서 지옥에 떨어질 것이라고 경고하고는

연지에서 목욕하는 수따소마왕(아잔타 석굴 17굴)
수따소마왕이 백금의 가치가 있는 깟사빠 부처님의 4구 계송을 듣기 전에
왕원의 목욕소에서 목욕을 하고 있다.

왕이여, 만일 네가 진정 세다면
저 수따소마를 잡아 오너라.
그로써 만일 생제 지내면
그 때문에 너는 천상에 나리.

하고 게송을 외우고 자기 본연의 모습을 드러내어 허공에 태양처럼 빛나면서 서 있었다. 식인귀는 자기의 신을 예배했다 하여 몹시 기뻤다. 수따소마를 잡으러 간 그는 다음날이 목욕 일임을 알고 수따소마가 있는 미가티 동산에 가서 왕의 연못에 들어가 연잎으로 머리를 덮고 기다렸다. 수따소마는 목욕하러 왕원으로 가는 길에 난다 바라문을 만났다. 그 바라문은 한 게송이 백금의 가치가 있는 깟사빠(Kassapa, 가섭迦葉) 부처님의 4구게를 들려주려고 따까실라(탁실라)로부터 120유순(1,800km) 의 길을 걸어오던 길이었다. 수따소마는 그날이 마침 목욕하는 날이므로 목욕한 뒤에 와서 듣겠다고 하였다.

수따소마가 목욕하고 욕의(浴衣)를 입었을 때 식인귀가 큰 소리로 외치고 번갯불처럼 머리 위로 칼을 휘두르면서 뛰어올 라 수따소마를 어깨 위에 걸치고 3유순을 바람처럼 달려갔다.

식인귀가 느릿느릿 걸으니 수따소마의 머리에서 물방울이 떨어지는 것을 보고, 수따소마도 죽음을 두려워하여 울고 있구나 짐작하고 그 이유를 물었다. 수따소마는 바라문에게 약속한 것을 지키지 못하여 한탄하는 것이니 그와의 약속을 이루고 다시 돌아오겠다고 말한다. 그러나 식인왕이 그 말을 믿어줄 리가 없다. 수따소마는 "저 해와 달이 땅에 떨어지더라도 자신은 거짓말을 하지 않는다."고 하면서 자신의 칼을 두고 맹세하는 선서(宣誓)를 행한다. 이에 식인귀는 수따소마가 왕족으로서는 하지 않는 선서를 행하는 것을 보고 그를 보내주었다.

수따소마는 돌아와서 목욕재계하고 바라문보다 낮은 자리에 앉아 그 게송을 청하였다. 난다 바라문이 전대에서 꺼낸 아름다운 책을 손에 들고 깟사빠 부처님의 4구게를 외웠다.

성인과 한 번 만난다는 것
그것은 있어야 하네, 수따소마왕이여,
그런 만남은 그를 수호하나니
악인과의 만남은 그렇지 않네.

성인과만 같이 앉고
성인만을 친하기를
그때면 바른 법 배워 얻고
더욱 착해지리, 아무 악 없이.

아름다운 왕의 수레도 썩는 것처럼
사람의 몸도 얼마 안 돼 늙으리.
그러나 성인(聖人)의 법 끝내 늙지 않네.
실로 성인의 법은 성인이 말하나니.

푸른 허공도 멀고, 이 땅 끝도 멀고
바다 저쪽도 멀다고 사람들은 말하네.
실로 이보다 더 먼 것은, 대왕님,
바른 법과 악한 법의 거리라네.

성지(聖智) 불어남을 바라고 좋은 말, 바른 법 듣기를 좋아하며 그것에 만족할 줄 모르는 수따소마는 한 계송마다 백금의 열 배인 천금을 지불하였다. 아버지 왕이 너무 많이 주었다고 불평하자, 수따소마는 다음 계송을 외웠다.

비록 내 노복의 입으로부터 듣더라도
깊은 이치 갖춘 한 계송 들으면, 사람의 왕이시어,
깊이 존경하고 봉사하리, 그 사람에게.
실로 바른 법에는 내 만족하지 못하나니.

수따소마왕은 아버지에게 왕위를 돌려드리고, 식인귀에게로 떠났다.

위 내용이 주는 함의를 생각해보자. 첫째, 식인귀의 악행은 중독에서 비롯된 것이다. 중독된 악행은 멈추려 해야 멈출 수 없다. 악인은 멈출 수 없는 것이다. 중독의 본체는 맛 등 감각의 쾌락에 대한 탐닉이다. 탐닉→중독→악행→악법으로 악화되고, 절제→청정→선행→선법으로 향상한다. 중독과 악행은 죽어서 지옥에 떨어지게 할 것이고, 절제와 선행은 죽어서 천상에 나게 할 것이다. 지옥과 천상의 거리는 멀다. 바른 법과 악한 법의 거리가 가장 멀다.

둘째, 성인과의 만남이 한 번 있어야 한다는 깟사빠 부처님의 게송은 의미심장하다. 지혜로운 자, 성인을 만나는 것은 그 사람에게 정신적 전환을 가져오며, 정신적 수준을 도약시키는 계기가 된다. 지혜의 증장은 혼자서 쉽게 되지 않는다.

셋째, 진리의 말씀에 대한 수따소마의 존경심이다. 그는 진리의 말씀을 자신의 노복의 입에서 듣는다 하더라도 깊이 존경하고 그에게 봉사할 것이라고 말한다. 지눌 스님도 "법을 말씀한 법사에게 업신여기는 생각을 내지 말라. 그것으로 인하여 장애가 생겨 수행이 앞으로 나아가지 않게 된다. 밤에 길을 가는데 죄인이 횃불을 들었다고 그 광명을 받지 않으면 구덩이에 빠진다."고 하였다.

✿ 댓글 ✿

2022.10.26. "성인과 한번 만난다는 것/ 그것은 있어야 하네./ 그런 마음은 그를 수호하나니." 깟사빠 부처님의 4구게를 읽는 순간 전율이… 그때나 지금이나 진리의 말씀은 달이 어둠을 몰아내고 광명을 발하듯 우리 마음에 스며듭니다. 식인귀에겐 수따소마왕과의 만남이 성인과 같은 인연이지 싶습니다. 수따소마왕이 "실로 바른 법에는 내 만족하지 못하리라"고 하셨으니 식인귀를 제도하고 살아남아 선인들이 잘 설하신 법을 깃발로 삼아 선인들의 깃발을 드날리리라 봅니다. 각전 스님이 우리에게 법을 설하고 밝혀주듯이. 식인귀에게 정신적 전환을 가져올 다음 연재가 벌써 기다려집니다.

2022.10.28. 행복은 만족할 수 있어야 합니다. 만족을 지나치게 추구하면서 악화 일탈 되는 모습을 많이 봅니다. 즐김과 욕심의 과보로 일탈이 강해지면서 진리와 멀어집니다. 송충이가 솔잎만 알듯이 결심으로 수행자 되어, 그리고 수행자라는 갑옷을 입고 진리와 선과보를 공부합니다.

2022.10.28. 스님의 글이 불법 전승에 주춧돌 역할을 하리라 믿습니다. 돌탑을 쌓는 마음으로 이 길을!!!

2022.10.30. 인간은 불완전한 존재로 태어나 짧은 삶 속에서 다양하게 살아갑니다. 살아간다는 것은 단순히 숨이 붙어있어 아침에 일어나는 정도가 아니라, 자신의 욕구와 목적을 이행하기 위한 총체적인 행위를 하는 것입니다. 그런 행위는 항상 옳고 그른 지의 기준에 따라 양심껏 평가하며 살아가게 됩니다. 그 기준을 인생을 통해서 배우는 것입니다. 그러므로 영원히 살 수 없는 인간은 영원성을 담고 있는 진리를 갖기 어려우므로, 항상 배우고 닦아야 하는 이유가 여기에 있습니다. 그래서 성인을 만나 배우는 것이 자신의 삶에 얼마나 큰 영향을 미치는지 느낄 수 있습니다. 좋은 스승을 만나 불법을 배우고, 유혹과 중독을 멀리하며 산다면, 좋은 삶이 어떤 삶인가에 대한 작은 해답을 얻을 수 있을 것입니다.

2022.10.30. 《자타카》가 아니면 믿어지지 않는 일, 그것은 바로 인육을 먹는 왕의 삶, 그 삶도 전생부터 야차로 태어나 인육을 먹어 버릇했다니 윤회를 돌아보게 됩니다. 무서운 중독의 힘이 동물도 아닌 인간이 감각의 쾌락에 대한 탐닉으로 수많은 사람을 죽이고 살생하고 숨 막히는 드라마를 만들어 냅니다. 그래도 성인과 한번 만난다는 것은 천금을 지불해도 아깝지 않은 순간임을, 우리들은 이미 각전 스님의 은혜로 '마하수따소마 본생'을 공부하면서 성인과 한번이 아닌 계속 만나고 있다고 알아차렸습니다. 스님 감사합니다. 지눌 스님의 가르침도 늘 기억하겠습니다.

2022.10.31.   한 번 빠지면 벗어나기 힘든 중독에 빠지지 않도록 항상 모든 일에서 중용을 지켜 적절한 선을 지켜야겠다는 다짐을 하게 되었어요. 또, 진리 자체는 선악마저 초월하지만, 선행을 축적하면 진리에 도달한다는 말이 인상 깊었는데 무슨 이유로라도 악행을 저지르는 걸 최대한 멀리하는 삶을 살아야겠단 생각이 들었습니다. 어떻게 보면 당연시되는 말이지만, 최근 뉴스만 해도 수많은 이들이 중독에 빠지는 것을 보니 이런 깨달음이 더욱더 중요해지는 것 같아요!! 감사합니다. 〈고1〉

2022.11.2.   자칫 어려운 스토리가 될 수 있는 본생담을 일반인들이 쉽게 이해할 수 있도록 설명해 주신 스님 감사합니다. 이번 연재에서는 탐욕의 무서움과 스스로가 세운 서원의 중요성을 알게 되었습니다. 다음 본생담이 기다려집니다.

2022.11.3.   인육만 먹는 식인귀는 부인과 자식까지도 버리고 오로지 본인만 생각하고 본인이 좋아하는 인육만 찾다니 소름이 돋네요. 믿기가 힘들 정도로 잔인한 식인귀라고 생각합니다. 만약에 성인이신 전생의 부처님을 만나지 못했더라면 과연 식인귀는 어떤 모습일까요?
지금 현실에서도 좋은 스승 만나서 사람답게 사는 사람과 때론 인간으로 봐줄 수 없는 인간들이 엄청 많다는 것이 엄연한 사실입니다. 식인귀같이 사람을 안 잡아 먹어도 끊임없이 성폭행을 하고, 예사로 사람 죽이는 일 등이 일어나고 있습니다. 윤회는 계속 반복하고 있는 것 같아요. 상대를 밟아야 내가 더 우뚝 설 수 있는 이 답답한 현실에 부처님이 납시기를, 어떻게 살아야 잘사는 삶인지를 보여주시고, 또 중생들의 마음자리를 찾게 해주시기를 간절히 기도해봅니다.

스님의 연재, 때로는 묵직한 울림이 있지만, 때로는 너무 잔인한 내용이 나올 때는 힘들 때도 있습니다. 그 과정을 그대로 설명하시지만 시리도록 마음이 아파요.

2022.11.26. "가족보다 인육을 선택한 왕은 요리사와 함께 추방되었다. 깊은 산 속에서 길을 통과하는 사람의 인육을 취했고, 취할 사람이 없자 요리사를 죽여 인육을 취했다. 마침내 제 살을 취하는 식인귀가 되었다."
만약 부처님 성인을 만나지 못했다면 식인귀는 어떤 모습으로 변했을까? 현실사회에서도 살인, 성폭행, 성희롱 등의 사건들이 자주 일어나고 있다. 마하수따소마의 가르침은 현대인의 삶에도 큰 영향을 미칠 수 있다고 말할 수 있을 것이다. 스님 말씀 고맙고, 벽돌 한 장이 큰 건물이 되듯 많이 배웠습니다.

2022.12.29. 산청이나 거창에 학살당한 사람들이 많아요. 10개월 된 아기도 있더군요. 식인귀처럼 먹을 수도 없는데 왜 그랬을까요? 죽은 사람들이나 죽인 사람들이나. 이 세상에 없는데 흔적들만 남아있어서 지나갈 때마다 씁쓸하기만 합니다.

2023.8.6. 가족을 버리고 인육을 택한 살인귀가 존경스러울 (너무도 어처구니없다는 뜻의 중학생 비어) 정도였습니다. 조금 이해가 안 되는 부분도 있긴 했는데, 글 자체는 생각할 거리가 많은 것 같았습니다. 부처님을 못 만났더라면, 중독을 끊었더라면, 등 생각이 났습니다. 〈중2〉

식인귀를 조복시킨 비결

— 마하수따소마(Mahāsutasoma) 본생담④ (《본생경》 537번)

약속을 지키러 돌아온 수따소마왕
죽음을 두려워하지 않는 모습으로 식인귀 마음 흔들어
당당한 이유 궁금했던 식인귀 4구 게송 들려달라 요청
정법 향한 간절한 마음 일으키도록 식인귀와 '밀당'
당당함·적확한 논리·뛰어난 심리 파악으로 식인귀 조복

아잔타 석굴 17굴의 실내 천장 벽화

섶나무를 쌓아 불을 붙이고 산적꽂이를 만들고 있던 식인 귀는 수따소마가 돌아온 것을 보고 매우 기뻤다. 수따소마가 "나를 죽여 생제(生祭)를 지내라."고 하였다. 식인귀는 수따소마 가 죽음의 두려움이 없는 것을 보았다. 식인귀는 그것이 깟사 빠(가섭) 부처님 게송의 위력이라고 생각했다. 그러자 그는 그 게송을 듣고 싶어졌다. 그는 수따소마에게 그 백금(百金)의 가치 가 있다는 4구 게송을 들려달라고 요청하였다.

이하에서는 수따소마가 식인귀와 주고받는 게송을 통해 식 인귀를 굴복시키는 과정이 묘사된다. 먼저 수따소마는 식인귀 에게 부끄러움을 알게 한다. 그것을 위해 식인귀가 "비법자(非 法者)임을 분명히 가리킨다. 그래서 그는 비법자인 식인귀에게 '비법과 법이 어떻게 합해질 건가?' 하고 묻는다. 또 "백금의 가 치가 있는 게송은 성지(聖智)를 드러내는 게송인데, 비법을 행 하는 자가 성지는 들어서 무엇에 쓰겠는가?" 하였다. 식인귀는 이 말을 듣고 "그래서 어쨌단 말인가?" 하면서

고기를 구해 사슴을 잡는 자와
자신을 위해 사람을 죽이는 것

인육을 조리하는 요리사(아잔타 석굴 17굴)
뒤돌아 보는 등, 요리사의 표정이 뭔가 불안해 보인다.

어느 것이나 죽은 뒤에는 다 같은데
어째서 나만을 비법이라 말하는가?

수따소마는 "먹어서는 안 될 것을 먹기 때문에 너는 비법
이다."라고 대답한다. 식인귀는 말문이 막히자 수따소마에게 왜
돌아왔는지 물었다. 수따소마는 진실을 지키기 위해서 다시 돌
아왔다고 하였다. 수따소마는 인육의 맛에 중독된 식인귀를 일
깨우기 위해 진실의 맛이야말로 최고의 맛이라고 찬탄하는 게
송을 읊었다.

이 지상의 어떠한 맛난 것도
진실보다 더 맛난 것 없나니
진실에 굳게 선 사문, 바라문
그들은 멀리 생사(生死)를 뛰어넘네.

식인귀는 수따소마의 얼굴이 활짝 핀 연꽃이나 보름달같이
빛나는 것을 보면서 "사람 잡아먹는 손아귀로 다시 돌아와 어
떻게 죽음의 두려움이 없고, 마음은 집착이 없고, 진실을 말하
는가?" 하고 물었다. 수따소마는 다음과 같은 일을 하였으므로
죽음을 두려워하지 않는다고 답하였다.

나는 갖가지 선업을 행하였다.

광대한 찬미의 보시도 행하였다.

아버지 어머니께 봉사하였다.

법답게 통치하여 칭찬받았다.

동포와 벗들에게 할 일 다 했다.

많은 사람들에게 갖가지 보시를 했다.

사문·바라문을 만족시켰다.

이 말을 듣고 식인귀는 수따소마를 선인(仙人)으로서 지혜 있는 사람이며 자신이 잡아먹을 사람이 아니라고 생각하게 되었다. 그리고는 백금의 게송 듣기를 다시 요청하였다.

이상의 대화에서 수따소마의 죽음에 대한 두려움 없는 당당한 태도, 식인육에 대한 반박할 수 없는 비판, 진실이 최고의 맛이라는 사실, 빛나는 얼굴, 죽음에 대한 두려움을 선행을 통해 극복한 사실을 듣고 식인귀가 백금의 4구 게송을 듣기를 더욱 원하게 되었다는 점을 알 수 있다.

그러나 수따소마는 "그대 같은 욕지거리는 법을 들을 그릇이 아니다." 하며 거절한다. 이 거절로 인해 식인귀의 게송을 듣고 싶은 욕구는 더욱 커지고 결국 간청으로 발전한다. 식인귀는 수따소마에게 다시 간청하면서 다음 게송을 외웠다.

사람들 모두 바른 법 듣고
선과 악을 잘 분별하나니
만약 법을 들을 수 있으면
내 마음은 법을 즐거워하리.

이제 식인귀의 마음은 백금의 게송을 받아들일 충분한 상태가 된 것이다. 수따소마도 이를 알고 마침내 다음과 같은 백금의 가치 있는 4구 게송을 읊었다. 앞에서 소개한 게송이므로 문맥의 흐름을 위해 두 게송만 읽어보기로 하자.

성인과 한 번 만난다는 것
그것은 있어야 하네.
그런 만남은 그를 수호하나니
악인과의 만남은 그렇지 않네.

푸른 허공도 멀고, 이 땅끝도 멀고

바다 저쪽도 멀다고 사람들은 말하네.
실로 이보다 더 먼 것은, 대왕님,
바른 법과 악한 법의 거리라네.

게송을 들은 식인귀는 다음 게송을 읊었다.

깊은 뜻과 묘한 상을 갖춘 이 게송
당신이 잘 읊은 그 말을 듣고
내 마음 기쁨에 가득 차나니
벗이여, 왕이여, 네 가지 사례 행하리.

인도 문화에서는 좋은 말에 대해 사례를 하는 것이 전통이다. 이에 따라 식인귀는 네 가지 사례를 약속한다. 그러나 수따소마는 "너는 죽음을 깨닫지 못하고 파멸과 하늘 복, 손해와이익을 알지 못하며, 맛난 음식을 탐하고 비법에 빠져 있는 너는 주었다 다시 빼앗아 갈 것이다."라고 하면서 거절하였다. 이것은 사례에 대한 확실한 약속을 먼저 받아내기 위한 포석이다. 준다고 해 놓고 안 주겠다고 하면 그만이기 때문이다.
이에 식인귀는 목숨을 거는 약속의 게송을 외운다.

주었다 다시 빼앗아 가는

그런 사례를 나는 안 한다.

주저 말고 말하라, 내 벗이여.

목숨을 버려서도 나는 주리라.

이렇게 확실한 다짐을 받았다. 수따소마는 이제 네 가지 사례의 내용을 제시함으로써 식인귀가 맛에 대한 탐닉을 끊도록 유도한다. 수따소마가 상대방의 심리를 꿰뚫고 있음을 보여준다. 수따소마는 첫 번째 사례를 말하였다.

성인은 성인과 서로 사귀고

지자는 지자와 서로 사귄다.

그대는 병 없이 백세 살아라.

이것이 첫째 사례, 나는 바라네.

이 말을 듣고 식인귀는 자신 같은 흉악한 생명이 오래 살기를 바란다는 말에 매우 기뻤다. 설득의 첫 수순은 설득해야 할 상대방을 기쁘게 하는 것이다. 고래도 춤춘다는 칭찬 아니던가!

수따소마는 두 번째 사례를 말하였다.

관정하고 즉위하여 왕의 이름을 가진
국토의 주인, 모든 왕 여기 있다.
이런 국토의 왕을 잡아먹지 말아라.
이것이 둘째 사례, 나는 바라네.

식인귀는 이 둘째 사례도 주겠다고 하였다. 수따소마는 세
번째 사례를 말했다.

백 명도 넘는 여러 왕이 네게 잡혔다.
손바닥을 뚫리고 눈물에 젖어 탄식한다.
저들을 제 나라로 돌려보내라.
이것이 셋째 사례, 나는 바라네.

식인귀는 셋째 사례도 주겠다고 하였다. 수따소마는 셋째
사례까지 받아냄으로써 식인귀의 살육으로 인해 생겨난 파생
적 문제는 깔끔히 해결하였다. 남은 것은 식인귀 자신의 중독
을 끊도록 하는 일만 남은 것이다.

❀ 댓글 ❀

2022.11.8. 수따소마가 보여준 용기와 지혜는 말해주는 바가 큽니다. 죽는 것을 두려워하지 않는 용기는 오히려 더 큰 보시를 행할 수 있게 하는 통로이고, 식인귀에게 확실히 악업을 끊게 하는 것은, 순수한 마음도 중요하지만 지혜를 통해 한 단계 더 나아가는 것의 중요성을 보여주는 것 같습니다. 다음번 본생담이 기대됩니다~

2022.11.8. 두려움 때문에 잘못된 길을 갈 수도 있지만, 법을 듣고 일어나는 기쁨으로 가득한 지혜가 있는 수따소마왕의 진실한 말, 가르침을 통해 식인귀가 바른 견해를 가지게 되는 과정이 참으로 흥미진진합니다. 식인귀를 위해서 법을 설하고, 식인귀가 그대로 실천하여 식인귀의 감각기능들이 안정되어 자기 자신을 잃지 않아 다행입니다. 성인의 진실한 말씀, 가르침을 통해서 인도되는 모습을 보니 우리에게도 성인과의 만남이 얼마나 인생에서 중요한지 다시 한번 생각해봅니다. 이전의 나쁜 업을 버리고 선한 업을 짓게 하며 행복한 결말을 가져오는 만남입니다.
각전 스님과의 만남이 행운입니다. 법답게 섬기고 존경하고 공경합니다. 항상 진실한 가르침에 감사합니다.

2022.11.12. 곧 수능시험이 다가오는데요, 예전 학창 시절, 틀린 설명을 고르라는 객관식 문제에서 답을 모르면, '모두 어떠하다, 예외 없이 그러하다'라는 표현이 들어있는 번호를 찍으면

대부분 정답이었습니다. 우스운 기억이지만 말이죠. 그만큼 우리가 아는 세상의 지식과 일반적 견해에는 대부분이랄 수 있지 그 완벽이란 것은 존재하기 어렵습니다. 그러나 부처님의 법은 그렇지 않은 듯해요. 붓다는 완전히 깨달은 분이셔서 선정과 지혜를 관통해낸 답을 제시합니다.

"나는 할 일을 다 했다. … 사문과 바라문을 만족시켰다."라는 마하수따소마의 당당함은 부처님 모습 그대로입니다. "나보다 더한 고행을 한 이는 과거에도 없었고 현재도 없으며 앞으로도 없을 것이다."라는 부처님. 극단과 법박을 치우고 8정도를 이루는 흔들림 없는 불법의 세계입니다.

2022.11.14. 스스로를 부끄럽게 만들어서 자신을 돌아보게 하려고 생각하는 수따소마! 식인귀가 그렇게 많은 사람을 잡아먹었어도 수따소마가 식인귀를 바른 길로 인도하기 위해서 노력하는 것을 보면, 전생이나 금생이나 누구에게나 지은 복은 있다는 생각이 드네요. 절에 다니면서 '나는 부처님 공부를 얼마나 했고, 나는 무엇을 얼마나 했다.'고 말하는 사람들을 보면 정말로 배울 점이 많기도 하지만, 여러 사람 있을 때 상대가 좀 실수하면 꼭 지적하는 것을 볼 때가 종종 있습니다.

그럴 때면 때론 과연 부처님 공부를 한 만큼 잘 살고 있는지, 무엇이 정답이고 무엇을 어떻게 해야 성인의 말씀을 따르면서 사는 것인지 확신이 들지 않습니다.

항상 본성을 보라는 스승님의 말씀을 생각하면서도 제 마음대로 왔다 갔다 하는 이 마음은 어디로 흘러가는지 제자리 찾기를 부단히 노력하건만 쉽지 않네요. 사람 몸 받기가 쉽지 않은데 계속 갈팡질팡할 것인지, 아니면 한 걸음 한 걸음 앞으로 나갈 길을 끊임없이 노력하면서 살 것인지, 계속 갈등하는 것이 중생의 마음인지요?

모든 일을 확신에 찬 모습으로 식인귀를 제자리로 돌아가게 하는 수따소마가 굉장히 우러러 보입니다. 확신에 찬 수따소마와도 같이, 시절 인연 따라서 끝까지 밀어붙이면서 살고 싶은 마음, 차별하지 않고 고요히 바라보길 발원할 뿐입니다.

2022.11.14. 부처님께서 윤회하시는 것을 보면 《자타카》에서는 4아승지 10만 대겁 동안 무수한 윤회를 해 왔기 때문에 나는 전생에 어떻게 살아왔는가? 또 전생의 전생에 어떻게 살아왔는가? 가끔 숙고해보니 《자타카》를 절대로 소홀히 여길 수 없음을 기억합니다. 부처님은 《자타카》에서 항상 "나도 한때 '그와 같은 사람이었다!'라고 생각하라."고 하셨습니다. 이번 21-4 식인귀 조복에서는 '진실 바라밀'의 힘이 얼마나 중요한가를 새삼 느꼈습니다. 앙굴리말라 때도 진실 선언으로 산모들을 도와준 일화가 있듯이 진실 바라밀의 성실한 실천을 체득해보고 싶습니다.

2022.11.14. 글을 쓰는 것이 얼마나 힘들고 어려운 일인지, 또한 세상 사람들에게 자신의 글을 내놓는다는 것이 얼마나 각고의 노력과 용기가 필요한 일인지 잘 압니다. 부디 스님의 정진력으로 세상 사람들의 눈이 되어 주시길 기원 드립니다. 수희 찬탄 드립니다.

2022.11.16. 오늘도 재밌게 잘 읽었습니다! 보통 사람이라면 두려울 만한 상황에서도 이성을 가지고 침착하게 대처하는 그의 태도가 너무 대단했고… 특히 마지막에서 사례를 말할 때 오래 살기를 바란다는 말로 상대의 심리를 관통해보는 장면이 인상

깊었습니다. 무작정 하는 비난이 아닌 설득을 하여 식인귀에게 깨달음을 주고 바꾸어 놓는 모습이 멋있었고 저도 이러한 대화의 기술을 본받고 싶어졌어요. ㅎㅎ 〈고1〉

2022.11.16. 나쁘고 옳지 않은 일을 한다는 생각이 들면 가차 없이 탓하고 비난하거나 그렇지 않으면 무시하고 넘어갔습니다. 식인귀는 세상에서 가장 나쁜 일을 하는데도 수따소마는 벌하지도 않고, 무시하지도 않고, 설득합니다. 우리나라 옛말에도 "미운 놈 떡 하나 더 준다."고 했는데 저는 그게 되지 않습니다. 무슨 정의로움에 불타는 사람마냥 비난하고는 뒤로 물러섭니다. 떡 하나 더 줄 생각을 하지 못합니다. 식인귀를 칭찬부터 하고 설득을 시작하는 수따소마를 보며 '아─이렇게 해야 하는구나!' 아무리 미운 사람도, 아무리 옳지 않다고 생각하는 사람도 우선 칭찬부터 하고 천천히 스스로 잘못되었음을 인지하게 해야 하는 것임을 배우게 되었습니다.

2022.11.26. 섶나무를 쌓아 불을 붙일 준비를 하고 있던 식인귀는 신의와 의리를 지킨 수따소마가 돌아온 것을 보고 기뻐했다. 인육의 맛에 중독된 식인귀를 일깨우기 위해 진실로써 설득하며 두려워하지 않는 수따소마의 당당함은 식인귀의 가슴을 설레게 하여 살육으로 인한 살생을 깨끗이 정리할 수 있을 것인가? "믿음과 함께 젊어지고 의심과 함께 늙어간다."는 말이 생각납니다.

2022.12.29. 부끄러움이라는 옷은 사람이 입는 옷들 중에 가장 값진 옷이라고 하지요. (부끄러움을 알면) 짓는 죄도 덜할 것입니다.

2023.8.7. 저번 글에서 절대 고쳐지지 않을 것 같았던 식인귀가 이번에 부처님을 만나고 변화하는 게 부처님이 얼마나 대단하신지 나타내는 것 같았습니다.

죽음을 두려워하시지 않으시는 것도 저랑 비슷하지만, 다른 이유였기에 더 생각할 수 있고 공감할 수 있었던 것 같습니다.

제가 우주를 좋아하는데 우주시점에서 봤을 땐 지구도 정말 작은 존재고 내가 크거나, 멋지다고 생각하는 것들도 우주에서 보면 아무것도 아닌 거라고 생각하다보니 나나 내 주위에 있는 것들도 다 별 거 아니라고 생각이 됐습니다.

그리고 계속 생각해보니 '뉴스 같은 데에 나오는 일진이나 양아치 같은 사람들도 우주에서 보면 정말 아무것도 아닌 사람일 뿐인데 뭐가 잘나서 남을 괴롭히는 걸까' 그런 생각을 하다 보니, 남이 그렇게 무서워지지도 않고 '내가 두려운 것도 다 별 거 아니다' 이런 생각이 뇌 속에 자리 잡은 것 같습니다. 이런 생각을 계속하다보니 살인을 당하거나 사고를 당하는 것도 어떻게 하다 보니 그렇게 두려워지진 않은 것 같고 이제는 죽음이나 사고가 두려워 몸을 사릴 바에는 원하는 것을 하다 운명에 맞게 가겠다 이런 마인드가 된 것 같습니다.

외계인도 있다고 믿는 편인데 그렇다면 우주엔 지구보다 발전한 행성도 하나쯤은 있을 것 같았고 그럼 그렇게 노력을 해서 지구에서 가장 똑똑해지게 된 사람도 우주에서 보면 아무것도 아닐 수도 있다 이런 생각도 했던 것 같습니다.

조금 요약하자면, 우주에서 봤을 땐 지구도 작은 행성일 뿐이니까 그 속에 사는 사람들도 비슷할 거라고 생각을 했고 거기서 여러 가지 생각이 섞여서 두려움이 사라졌고 죽음도 두려워하지 않게 된 것 같습니다. 〈중2〉

식인귀의 중독을 치료해 주다

— 마하수따소마(Mahāsutasoma) 본생담⑤ 《본생경》 537번)

비법 배척과 목숨 건 신의로써 식인 중독 끊도록 이끌어
중독 고통으로 눈물 흘리는 식인귀를 일관된 정법으로 치료.
신의 지킨 수따소마 모범이 원동력…다짐을 받아내는 지혜
탐닉의 마지막 보루를 약속의 힘으로 깨고 식인귀에 5계 전해

아잔타 석굴 17굴 실내 좌측 벽과 안쪽 벽
안쪽 벽 좌측에 마하수따소마 본생의 대작이 그려져 있다.

이제 식인귀의 중독을 치료해 줄 때가 되었다. 그러나 그것은 쉽지 않다. 식인귀의 입장에서는 중독을 끊는 것이 자기 해체의 고통을 수반하는 것이기 때문이다. 수따소마는 넷째 사례를 말했다.

너의 나라 사람들 어지럽고 두려움에 떨면서
모두들 동굴 속에 숨어 산다.
왕이여, 인육 먹기 그만두어라.
이것이 넷째 사례, 나는 바라네.

식인귀는 이 말을 듣고 다음 게송을 외웠다.

참으로 그것 먹기 나는 즐겁다.
그 때문에 나는 숲속의 수행자로 들지 못했네.
그런 내가 어떻게 그걸 그만두겠는가?
다른 넷째 사례, 다시 너는 청하라.

수따소마는 "좋아한다고 해서 악을 범하는 자는 어리석은 자이다."라고 하면서 다음 게송을 외웠다.

자신의 입에 맛있다 해서, 사람의 왕이여,
제 정신 잃고 그 맛난 것에 빠지는구나!
생명이야말로 가장 고귀한 것
복과(福果)를 모아라, 죽은 뒤에 좋은 것 얻어지리.

이 말을 듣고 식인귀는 사례를 줄 수도 없고 인육 먹기를
그만둘 수도 없어 눈에 눈물만 가득 고였다. 그리고 다음 게송
을 읊었다.

사람 고기는 실로 내게 맛난 것
벗, 수따소마여, 나를 이해해다오.
나는 그것 먹기를 그만둘 수 없나니
다른 넷째를 다시 너는 청하라.

수따소마는 말했다.

내가 좋아한다고 좋아하는 것 찾아
계를 잃고, 그 좋아하는 것에 빠지는 사람
마치 취한 이가 독을 마시는 것 같나니
그런 자는 저 세상에서 고통받으리.

이 세상에서 조심해 좋아하는 것 버리고
거룩한 법에 신고(辛苦)를 맛보지만 거기 빠지는 자
어려움 겪어도 그는 진실로 좋은 것 마시는 것이니
그런 이는 저 세상에서 행복 누리리.

여기까지의 대화에서 식인귀는 즐겁고 맛있는 것이기 때문에 그만둘 수 없다고 항변한다. 이에 대해 수따소마는 식인귀의 탐닉이 그의 왕국 사람들을 두렵고 어두운 동굴 속으로 몰아넣는 피해를 주고 있으며, 가장 고귀한 생명을 해치는 것임을 들어 설득하고 있다. 자기가 좋다고 해서 그것이 나쁜 것임에도 불구하고 그것에 빠져서 남을 해치고 자신도 고통받지 말고, 거룩한 법에 빠져 행복할 것을 권한다.

이 단계에서 식인귀는 가엾이 울면서 다음 게송을 외웠다. 울음을 터뜨리는 것은 감정적 동요를 의미한다. 이제 견고했던 중독이 흔들리고 있는 것이다.

아버지도 어머니도 나는 버리고
즐거운 5욕(慾)마저 모두 버리고
오직 그 때문에 숲속의 수행자로 들지 못했나니
어떻게 당신에게 그 사례 행하리.

식인귀를 설득하는 수따소마(아잔타 석굴 17굴)

수따소마는 다음 게송을 외웠다.

현자는 두 가지 말을 하지 않고
정직한 이는 약속을 어기지 않네.
벗이여, 청하라고 너는 말했다.
그런데 너의 말이 지금은 다르구나.

식인귀는 울면서 다음 게송을 외웠다.

사람 고기를 바라는 것, 그 때문에
복덕과 명성과 영예를 끝내 팽개치고
온갖 부덕과 불선, 부정 범했나니
어떻게 이제 와서 당신에게 그 사례 주리오?

식인귀는 자신의 탐닉을 위해 부모도, 즐거운 오욕도, 복덕과 명성과 영예도 버렸다. 중독에서 빠져나오기에는 너무도 많은 것을 이미 희생한 것이다. 그것을 생각해서라도 그만둘 수 없다. 이것이 중독이 쥐고 있는 최후의 보루이다. 이것을 떨치면 이제 탈출이다. 이에 수따소마는 식인귀가 읊은 최초의 게송을 인용하였다.

주었다 다시 빼앗아 가는
그런 사례를 나는 하지 않는다.
주저 말고 말하라, 내 벗이여.
목숨을 버려서도 나는 주리라.

이 게송으로써 목숨 걸고 사례를 반드시 주겠다고 했던 식인귀의 첫 마음을 환기시켰다. 그리고 다시 그의 용기를 북돋는 게송을 읊었다.

비법(非法)은 그것을 위해 목숨 버려도 법이 아니다.
정직한 사람은 약속을 어기지 않는다.
빨리 나에게 사례를 주어라.
그래서 행복 얻으라, 뛰어난 왕이여.

식인귀는 자기의 벗이자 스승도 되고 현자인 수따소마에게 사례를 약속하였으므로 어찌할까 고민하다가 '그렇다. 누구나 반드시 죽는 것이다. 나는 이제 인육을 먹지 말자. 그리고 저에게 사례를 주자.' 하고 생각하였다. 그는 눈물을 뚝뚝 흘리면서 섰다가 수따소마의 발끝에 몸을 던지고 다음 게송을 외워 네 번째 사례를 주었다.

실로 그 음식은 내게 맛나다.

나는 그 때문에 숲속의 수행자로 들지 못했나니

만일 당신이 끊기를 원하신다면

그 사례 주리라, 나의 벗이여.

수따소마는 계율을 가지는 이는 목숨까지도 사례로 주는
것이라고 말하고 그에게 5계를 받으라 했다. 식인귀는 수따소마
에게 오체투지를 하고 5계를 받았다. 그러자 목신과 지신(地神)
들과 사천왕과 범천계에 이르기까지 모든 신들이 갈채하였다.

수따소마가 식인귀의 중독된 마음을 항복시키는 논의의
전개 과정은 눈여겨볼 만하다. 근저에 흐르는 기반은 비법에
대한 단호한 배척과 목숨을 건 신의 즉 약속 지킴이다. 먼저 수
따소마는 식인귀의 탐닉의 기반을 비법이라는 비판으로써 무
너뜨리고 있다. 비법은 두 사람이 주고받는 게송들에서 논쟁의
대상 자체가 되지 않고 있다. 비법은 즉 그것에 목숨을 바치더
라도 무의미함을 확고히 하고 있는 것이다.

두 번째는 신의이다. 수따소마는 자신의 목숨이 없어질 것

을 뻔히 알면서도 식인귀에게 돌아옴으로써 식인귀 역시 약속을 어떤 경우에도 지키게 하였고, 게송으로써 먼저 그 다짐을 받아내는 지혜를 발휘할 수 있었다. 그리하여 수따소마는 식인귀가 가진 탐닉의 마지막 보루를 약속의 힘으로 깨뜨릴 수 있었던 것이다. 식인귀가 약속을 지키지 않을 수 없었던 것은 단지 목숨 걸고 사례를 주겠다는 게송을 읊었기 때문이 아니라 신의를 지키는 수따소마의 행동이 선행되었기 때문이다.

다시 말해 수따소마가 칼을 두고 선서하였고 돌아와 목숨을 바쳤다. 사람의 한마디 말은 천금보다 무겁다. 약속은 그만큼 중요하다. 그러므로 우리는 평소에 약속을 잘 지키는 삶을 살아야 함을 느낄 수 있다. 어떤 고난에서 벗어날 때 약속을 지키는 마음이 힘을 발휘할 수 있도록!

다른 한편으로 식인귀가 타인과의 약속으로 인해 중독을 끊을 마음을 냈다는 것은 중독에서 벗어나는 것이 혼자서는 어렵다는 것을 반증하는 것이기도 하다. 그러므로 좋은 친구를 사귀는 것은 참으로 중요한 것이다. 좋은 친구는 나에게 좋은 길을 가르쳐 주고 마침내 열반의 언덕에 데려갈 것이다.

그다음으로 논쟁을 시작할 때 상대방의 마음을 기쁘게 하는 것이 논의를 훌륭한 결론에 이르게 하는 바탕이 되어준다는 점이다. 수따소마가 상대할 가치조차도 없을 살인마, 식인귀

에게마저도 장수하라는 축원부터 하고 이야기를 시작한 것이
이를 말해 준다.

☙ 댓글 ☙

2022.11.22.　중독에 빠진 사람을 구하는 것은 다름 아닌 신의
라는 것을 알게 되었습니다. 중독자들은 심약하고 중독이 심
해지면 다른 사람에 대한 불신과 망상에 사로잡혀 이제 보통
사람과는 다른 심리를 갖게 되고 삶을 갖게 됩니다. 중독자를
약물로 치료하기도 하겠지만 심리치료는 매우 중요합니다. 심
리치료에서 가장 중요한 것이 신의라는 것을 이미 부처님께서
말씀하셨습니다. 장애를 가진 아이들도 처음 아이와 신의를
쌓는 것이 매우 중요합니다. 상대에게 신의를 갖게 되면 말도
하지 못하고 이해도 잘 못하는 듯한 장애를 가진 아이의 문제
행동이 현격히 줄어드는 것을 보게 됩니다. 그 옛날 옛날에 부
처님께서 이미 중요한 교육방법을 말씀하셨습니다.

2022.11.21.　약속을 지키는 마음의 힘!! 해로운 법들이 증장하
고 유익한 법들이 제거된 식인귀를 법에 흔들림 없는 믿음을
지니도록 격려하고 확립하게 5계까지 준 수따소마의 지혜! 자
신의 약속을 지키며 중독에서 벗어나는 식인귀가 수따소마를
따르는 신의의 향기가 사방으로 퍼져나가 약속을 완성시키고,
우리를 행복하게 합니다.
"사람의 마음은 닫히면 바늘 하나 꽂을 데가 없고 열리면 온

우주를 품을 수 있다."는 말이 생각납니다. 그만큼 마음은 경지를 측량할 수 없다는 뜻일 것입니다. 식인귀도 마음을 되돌리니 선한 사람이 되듯이 우리도 이 마음을 잘 써야겠습니다. 생명을 죽이는 것을 멀리 여의고, 주지 않은 것을 가지는 것을 멀리 여의고, 방일하는 근본이 되는 술과 중독성 물질을 멀리 여의고 계행을 구족해야겠습니다.

2022.11.26. 두려움 없고 신의와 의리 있는 행동을 한 수따소마는 자기의 목숨이 위협 받을 것을 뻔히 알면서도 식인귀에게 돌아옴으로써 식인귀는 감복하였고, 친구 같고 도반 같고 스승 같은 수따소마의 행동은 식인귀를 조복시켰습니다. 공자님은 그 친구를 보면 그 사람을 알 수 있다고 했습니다. 약속을 잘 지키는 바르고 정직한 삶을 살아가야 하겠습니다.

2022.11.28. "생명의 고귀함을 알고 실천해야 복과를 얻을 수 있다."는 수따소마의 진실한 말에서 눈물까지 흘리며 넷째 사례를 다시 청하는 식인귀는 이미 마음 속에 선업의 싹이 움트고 있음을 보여줍니다. 그러나 중독이 너무 깊이 뿌리박혀 있어서 절대로 뿌리 뽑을 수 없다고 반항하는 식인귀를 제도하기 위해서 목숨도 두려워하지 않고 오직 신의를 지키기 위해 식인귀에게 돌아와서 5계까지 받게 하는 난행을 능행합니다. 수따소마의 신의는 좋은 친구와 사귀는 것은 청정범행의 전부라는 《절반경》을 진실로 소중하게 느끼게 합니다.

2022.11.29. 살인 중독에 빠져 비법한 행위를 일삼는 살인귀를 수따소마의 정법의 가르침과 이를 바탕으로 한 신의 깊은 태도로 식인귀를 개과천선하게 만드는 내용이다. 이 글이 정도

를 벗어나 쾌락에 빠져 지내는 현 시대에 어떤 시사점을 던져 줄 수 있을까를 생각해보았다. 강원랜드에서 전 재산을 날리고 가족을 등지며 살아가는 사람들, 마약에 빠져 건강과 삶을 파탄 내는 수많은 사람들이 목도되고 있다. 무엇이 옳고 그른지는 살인귀가 "식인육이 좋아 수행자로 들지 못했다."며 자신의 상태를 스스로 지적하는 것처럼 도박과 마약에 중독된 사람들도 이를 알고 있지만, 쉽게 끊을 수 없는 굴레로 빠진 것과 같다. 이들을 구제하는 데 있어 이 글이 참고되는 부분이 있었다. 첫 번째, 수따소마는 살인귀를 설득하는 과정에서 흔들리는 그를 끝까지 붙잡아 주는 과정이 있었다. 부모의 관심과 사랑을 받는 아이들이 잠깐의 탈선에서도 다시 제자리로 돌아오는 것처럼, 수따소마는 포기하지 않고 다그치지 않으면서도 기다려주었다.

두 번째, 수따소마의 약속에 담긴 진정성이다. 얄팍하게 목숨을 부지하기 위해 살인귀에게 약속을 종용했다면, 살인귀는 정법의 참뜻을 깨닫지 못하였을 것이다. 말을 백 마디 하는 것보다 진심을 전달하기는 어려운 법이다. 그래서 진심은 하늘을 감동하게 하는 힘과 무게를 가지고 있다. 수따소마는 게송으로 설득한 것이 아니라 자신의 행동으로 진정성을 전달했다. 살인귀가 게송을 들으며 흘렸던 눈물은 양심에서 비롯되었다. 무엇이 정법인지 알고 있지만 현재 삶과의 괴리를 느꼈던 것이다. 반성과 뉘우침이 존재한다면 얼마든지 정법으로 돌아올 수 있는 계기가 마련된다. 최소한 살인귀는 이 계기를 마련할 수 있는 정도는 되었다는 것이다.

모든 사람은 완벽하지 않다. 그래서 우리는 자신에 대한 끝없는 성찰을 요구받고, 그릇을 만들기 위해 닦으며 살아간다. 살아가는 것은 누구나 할 수 있지만, 잘 사는 것은 어렵다. 가족과 친구의 관심과 사랑 그리고 지지가 필요한 이유를 이 글에서 확인할 수 있었다. 불교의 가르침과 스승의 인도는 수따소마의 역할을 가능케 한다. 참뜻에 다가가는 수행의 과정에는 본인의 의지와 진정성이 필요하다. 한 아이가 잘 성장하기 위해서는 온 마을이 필요하다 하였다. 그릇된 비법에 빠지지 않고 살아가기 위해서는 모든 이들의 진심이 담긴 도움과 본인의 의지가 있다면 살인귀도 정법의 길로 들어올 수 있다는 것은 이 글이 현 시대에 시사하는 점이라고 볼 수 있겠다.

2022.11.30.　세상에서 가장 강력한 중독은 '자기애'인 것 같습니다. 나라는 존재가 물질과 정신의 화합물이고 정신과 물질은 조건 따라 일어나는 것이라 공부합니다. 그렇지만 자동차가 부품의 조립으로 보이지 않고 명예의 표시로 보이고 타인의 인정에 목말라하는 자신을 봅니다. 맛에 대한 탐착, 그것을 일러주는 선지식의 노력하는 모습이 저의 조건과 다를 바 없다 봅니다. 다시 한 번 인간으로 태어난 소명이 무엇인지 주목합니다.

2022.11.30.　스님은 이 연재에서 사람이란 어떤 식으로 살아야 된다는 메시지를 던지고 있습니다. 그런 연재의 글을 읽고 나니, 배고프면 먹고 잠 오면 자는 그런 삶이 아닌 본래의 나의 모습 잊어버리지 않고 열심히 갈고 닦아서 최종 목적지인 피안의 언덕으로 돌아가길 발원해 봅니다. 스님, 감사합니다.

2022.11.30.　신의와 중독. 이 두 단어가 마음에 깊이 박힙니다. 오래된 습을 반성 없이, 아무 생각 없이 그대로 살고 있는 현재의 모습이 중독이지 않았나 싶고, 떠오르는 대로, 감정 일어나는 대로 말하는 것은 신의 없이 하는 행동은 아니었나 다

시 돌아보게 됩니다. 신의를 중시하고, 중독된 삶을 살지 않도록 항상 자신을 돌아보아야겠습니다. 감사합니다. 스님!

2022.11.30. 끝없는 노력으로 집착과 애증에서 못 벗어나는 식인귀를 바른 길로 인도하려고 하는 수따소마. 결국은 사람답게 인간으로 살아갈 수 있도록 하는 수따소마의 그 노력은 사람으로서 어떻게 하면 정도를 벗어나지 않고 살아갈 것인가 하는 방편을 가르쳐주는 것 같아요.
현실에서도 바른길로 인도하기 위해서 부단히 노력하는 사람이 있는 반면에, 시류에 따라서 가려고 하는 사람도 있는 것 같습니다. 다만 이 한 가지는 확실하게 정리가 되는 것 같아요. 지금 시대도 보면 겁날 정도로 무서운 세상 같아요. 부모, 형제, 자식, 예사로 죽이는 세상을 바라보니 그때 시대나 지금 시대나 사람 사는 세상이 다를 바 없다는 생각이 듭니다. 돌고 돌아서 다음 생도 지금과 같은 세상이 되지 않을까 생각하니 답답하네요. 열심히 부처님의 정법을 갈고 닦아서 누구나 할 것 없이 본성을 알고 살아갔으면 합니다.

2022.12.1. 중독에 빠져 헤어나오지 못하는 사람을 어떻게 구해야 할지 많은 생각을 하게 합니다. 이러한 사람들에 대한 복지나 병원 프로그램이 있지만 여전히 더 많은 중독자가 생겨나는 현대 사회를 보며 안타까운 마음이 가득합니다. 중독된 사람들이 자신의 상태를 인지하고 그 굴레에서 벗어나고자 할 때 주변 사람들의 지지와 신의가 정말 중요할 것입니다. 어떤 사람도 가치롭지 않은 사람이 없습니다. 중독된 사람들이 자신의 본래 모습을 가질 수 있도록 하는 데 부처님 말씀만한 방법이 없다는 생각이 듭니다. 부처님 말씀을 실천하는 중독자

들의 회복 프로그램이 개발되기를 기대해봅니다.

2022.12.28. 좋은 친구를 만나려면 내가 먼저 좋은 사람이 되어야겠지요. 변호사인 후배가 그러더군요. 의뢰인도 변호사 같은 사람이 온다고요. 같은 기운이 모이는 거니까요. 끼리끼리는 과학입니다. 같은 기운끼리 모인다는 기리기리의 다른 말이라고 차담회 때 들었습니다.

2023.8.7.   인육 하나 때문에 전부를 포기한 살인귀가 계속 갈등하다 결국 약속하는 모습이 인상 깊었습니다. 혼자 무엇을 해결하려 했을 땐 잘 안 되었었지만, 옆에 누군가가 있었을 땐 하고자 하는 것이 더 수월해진다는 것도 다시 한 번 생각하게 되었던 것 같습니다. 담배 같은 경우도 평소엔 금연이 힘들었는데 아이를 낳게 되거나 어떤 사건이 있었을 때 마음을 먹고 아예 끊은 사례를 몇 번 봤었는데, 자신을 위해 담배를 끊으려고 할 땐 실패했다가 남을 위해 끊으려고 할 땐 성공하는 것이 흥미롭기도 하고 인간에 대해 더 생각하게 되는 것 같습니다.
〈중2〉

23

중독에서 벗어나
왕위를 되찾다

— 마하수따소마(Mahāsutasoma) 본생담⑥《본생경》537번)

부모·벗·부부·군신 간 도리가 부처님의 바른 법
망설이는 식인귀 설득 왕좌 복귀…바른 법 중요성 상징
아들·왕비·장군에게 각각의 의무와 바른 인간관계 설명
과거 집착 말고 바른 생각 일으켜야 공덕 갖출 수 있어

아잔타 석굴 17굴 현관 상단
현관 위에 8불, 즉 과거 7불과 미륵불을 그려 넣었다.

식인귀로부터 인육에 대한 중독을 멈추겠다는 약속을 받아낸 수따소마는 그에게 나무에 매달린 왕들을 풀어주라 하였다. 그러자 식인귀는 왕들의 복수가 두려워 수따소마에게 함께 풀어주자고 하였다. 수따소마는 왕들로부터 식인귀를 해치지 않을 것임을 승낙받고 그들을 풀어주었다.

왕들은 7일 동안 먹지 못하고 손바닥이 뚫린 채 나무에 매달려 시달렸기 때문에 힘이 없었다. 수따소마는 왕들을 한 사람 한 사람 두 팔로 가슴에 꼭 껴안아서 자기 아들처럼 조용히 땅에 내려놓고 눕혔다. 천천히 손바닥의 밧줄을 빼내고, 피를 닦고, 나무껍질을 돌에 찧어 가져오게 해서 서언(誓言)을 하고 손바닥 상처에 문질렀다.

그날은 쌀로 미음을 끓여 먹이고, 다음날은 하루에 세 번 미음을 먹이고, 사흘째는 된죽을 먹였다. 왕들은 회복되었다.

수따소마는 식인귀에게 다시 바라나시를 다스리라고 권하고, 왕들과 함께 바라나시로 가자고 하였다. 그러자 식인귀는 "무슨 말씀을 하십니까? 저 시민들이 다 내 적입니다. 저들은 모두 '우리 어머니도 우리 아버지도 저 놈 손에 죽었다' 하면서 나를 저주할 것입니다. 나는 갈 수 없습니다."라고 하였다.

수따소마는 음식, 여인, 침대, 음악, 무용, 노래, 동산과 도시를 찬탄하여 식인귀를 유혹한 다음, 바라나시의 왕위를 얻게 해 주겠다고 하였다. 만일 얻을 수 없으면 자신의 나라를 반분하여 주겠다고 하였다.

식인귀는 마침내 가고 싶어졌다. 그는 기뻐하면서 수따소마의 덕을 찬탄하는 7개의 노래를 읊었다. 그중 5개는 다음과 같다.

흑분(黑分)에 뜬 저 달이
날마다 이지러져 가는 것처럼
나쁜 벗과 사귀는 것은
왕이여, 저 흑분의 달과 같이 되리.

백분(白分)에 뜬 저 달이
날마다 둥글어지는 것처럼
정직한 벗과 사귀는 것은
왕이여, 저 백분의 달과 같아라.

마치 육지에 많은 물이 움직여도
오래 지속될 수 없는 것처럼
그렇게 만일 나쁜 벗과 사귀면
육지의 물처럼 오래 가지 못하네.

관정하는 사우다사왕(아잔타 석굴 17굴)

마치 바다에 많은 물이 움직이면

오래 지속되는 것처럼, 뛰어난 왕이여,

그렇게 만일 정직한 이 사귀면

바다의 물처럼 영속하리라.

정직한 벗과의 사귐 끝내 변하지 않네.

아무리 많은 해를 지내어도

나쁜 벗과의 사귐은 끝내 변하리.

바른 자의 법은 나쁜 자보다 훨씬 오래 가는 것.

　좋은 친구와의 만남은 아무리 강조해도 지나치지 않는다. 부처님께서도 선한 친구가 도(道)의 전부라고 하셨다. 지눌 국사도 《계초심학인문(誡初心學人文)》의 첫 구절에서 "처음 발심한 사람은 마땅히 악한 친구를 멀리하고 현명하고 선한 사람을 가까이하여야 한다."고 하였다.

　여러 왕들과 더불어 수따소마는 식인귀와 함께 바라나시로 갔다. 바라나시는 식인귀의 아들이 왕이 되어 있었다. 수따소마가 식인귀와 함께 온다고 하자 바라나시는 급히 성문을 닫고 문지기가 손에 무기를 들고 서 있었다. 수따소마는 식인귀를 남겨두고 몇 사람의 대신들과 시내로 들어가 마중 나온 식인귀의 아들 왕과 깔라핫티 장군과 함께 궁전으로 올라갔다.

수따소마는 왕좌에 앉아 첫째 왕비와 그 밖의 신하들을 불러오게 하고는 깔라핫티 장군에게 "그대는 왜 왕을 시내에 들이지 않았습니까?"라고 하였다. 깔라핫티 장군이 말했다.

"그분은 왕위에 있을 때 이 도시에서 많은 사람들을 잡아 먹었습니다. 왕으로서 하지 못할 일을 많이 했습니다. 그리고 온 염부제를 조각조각 내었습니다. 그처럼 나쁜 사람입니다. 그러므로 성문을 닫는 것입니다. 저 사람은 지금도 또 그런 짓을 할 것입니다."

수따소마는 말했다.

"아니, 걱정하지 마십시오. 나는 저이를 조복 받고 5계를 주었습니다. 제 목숨이 죽더라도 절대 남을 죽이지 않을 것입니다. 이제 그대들에게 위험은 없어졌습니다. 그러므로 그런 걱정은 하지 않아도 됩니다."

이렇게 말하고 식인귀의 주변 사람들이 해야 할 바를 차례로 말하였다. 먼저 낮은 자리에 앉아 있는 아들 왕을 타일렀다.

"아들은 양친을 부양하지 않으면 안 됩니다. 양친을 부양하면 천상에 가지만 그렇지 않은 자는 지옥에 떨어질 것입니다."

다음으로 장군에게 말했다.

318

"깔라핫티여, 그대는 왕의 벗이요, 동시에 왕의 신하입니다. 그리고 저 왕에 의해 큰 세력을 갖고 있는 것입니다. 그대도 왕을 위해 행동하지 않으면 안 됩니다."

왕비에게도 말하였다.

"왕비, 그대도 친정을 나와 저이에게 와서 첫째 왕비의 지위에 올랐고, 그이에 의해 왕자도 얻었습니다. 그대도 그이를 위해 행동하지 않으면 안 됩니다."

이와 같이 말하고 다시 강조하여 게송을 읊었다.

부모에게 이기는 자 왕이 아니요,
벗에게 이기는 자 벗이 아니며,
남편 두려워하면 아내 아니요,
늙은이 부양하지 않으면 자식 아니네.

법을 말하고 빛내야 한다.
선인의 깃발을 들어야 한다.
선인의 법 이야기야말로 선인의 깃발이며
그리고 또 묘한 말의 깃발이라네.

이 법화를 듣고 왕도 장군도 매우 기뻐하였다. 그리고 큰

북소리로 포고를 내리고 "그대들은 두려워할 것 없다. 대왕님
은 법을 파악하셨다. 자, 대왕님을 모시고 오자."라고 하였다.
식인귀는 관정(灌頂)하고 다시 왕위에 올랐다.

수따소마왕과 백여 명의 왕들도 자기 나라로 돌아갔다. 식인
귀는 목신을 위하여 니그로다 나무 가까이 큰 못을 파고 큰 마
을을 건설하였다. 여러 왕들은 보시 등 복덕을 쌓아 하늘 세계
를 가득 채웠다.

그때의 식인귀는 앙굴리말라요, 깔라핫티는 사리뿟따(사리
불)이며, 난다 바라문은 아난다, 목신은 깟사빠(가섭), 다른 여
러 왕들은 부처님을 따르는 사람들, 그 양친은 지금의 대왕의
일가요, 수따소마는 부처님이었다.

식인귀의 왕위 회복은 현대인의 시각에서 볼 때는 조금 무
리인 듯 보이기도 한다. 그러나 그것이 의미하는 바는 바로 바
른 법의 중요성이다. 이 본생담의 대단원은 바른 법을 확고하
게 인식하게 되면 지난 과오를 소멸시킬 수 있다는 메시지를 던
져주고 있다.

비 온 뒤에 땅이 굳듯, 육조 혜능 스님도 "한 등불이 능히

천년의 어둠을 없애고 한 지혜가 만년의 어리석음을 소멸시킨다."고 하였다. 어둠이 천년인들 햇살이 비치면 어찌 밝아지지 않을 수 있겠는가? 지나간 과거에 집착하지 말고 순간순간 다가오고 있는 미래에 대하여 생각마다 바른 생각을 일으키는 것이야말로 원만한 공덕을 갖추는 유일한 길이다.

아울러 부처님의 바른 법은 다른 것이 아니라 부모를 봉양하고, 좋은 벗을 가까이하며, 부부간에 서로를 위하고, 상하의 사회질서를 존중하는 것임을 말하고 있다.

🪷 댓글 🪷

2022.12.6. 식인귀도 이제부터는 남이 비춰 주는 등불에 의지하지 않고 자신이 등불이 되어 바라나시를 위한 왕이 되어 바른법을 펼치겠습니다.
수따소마왕의 게송, "부모에게 이기는 자 왕이 아니요/ 벗에게 이기는 자 벗이 아니며/ 남편 두려워하면 아내 아니요/ 늙은이 부양 않으면 자식 아니다."를 읽는데 가슴이 먹먹했습니다.
부처님의 바른법은 부모를 봉양하고 좋은 벗을 가까이하며, 부부간에 서로를 위하고, 상하의 사회질서를 존중하는 것… 이것만 지켜져도 이 세상이 얼마나 아름다운 세상이 될까요. 탐욕

없이, 갈망 없이, 위선 없이 오늘도 바른법에 한 발짝 다가갈 수 있게 몸과 마음을 닦아봅니다. 먼지가 쌓이지 않도록. 식인 귀가 중독에서 벗어나 행복으로 이어진 결말이라 기쁩니다.

2022.12.6.   앙굴리말라의 전생담인 식인귀의 회복은 욕계에 살고 있는 저에게 시사하는 바가 많았습니다. 보살(마하수따소마) 은 수많은 윤회(4아승지 10만 대겁)를 하면서 5계를 지키고 10바라 밀을 어김없이 지키며 무한한 자애로 식인귀를 회복으로 이끌 어 갑니다. 보살(마하수따소마)의 지혜는 오직 '딱까실라'에서 교육 받을 때 만난 인연으로 항상 우정을 지키며, 중독에 빠져 바 른 법이 무엇인지 모르고 사는 친구 브라흐마닷따를 제도하기 위해 몸과 마음을 다해 '식인귀는 비법자'임을 분명히 가르치며 조복시켜 다시 부처님의 바른 법 찾아 예전대로 '바라나시'를 다스리는 선한 왕의 자리로 돌아가게 합니다. 아름다운 바라나 시는 보살의 공덕으로 전생의 앙굴리말라가 회복되었던 고귀 한 본생담이 잘 보존되어 있어서 교훈이 됨을 알았습니다.

2022.12.7.   부처님의 바른 법은 부모를 봉양하고, 좋은 벗을 가까이하고, 부부간에 서로 위하고, 상하의 사회질서를 존중 하는 것. 부처님 법은 우리네 삶 그 자체라는 것을 알겠습니 다. 부처님 법을 마음에 새기고 실천하면 우리네 삶이 그대로 천상 세계가 되는 것임을 알겠습니다. 그런 세계를 위해 선한 친구가 도의 전부라 하는데 나는 누군가에게 선한 친구인가 돌아봅니다. 나는 부처님 법을 마음에 새기고 실천하려고 노력 하는 사람인가 돌아봅니다. 오늘 '누군가에게 선한 친구가 되 어야겠다, 부모를 성심으로 봉양해야겠다, 사회질서를 존중하 고 부부간에 서로 위하는 마음을 가지는 부처님 법을 마음에

새겨야겠다.'라고 한 마음 내어봅니다. 이 순간이 천년의 어둠을 밝히는 한 순간이 되는 것이라 믿습니다.

2022.12.7. 수행의 꽃은 멀리서 피는 게 아니라 주위의 소중한 인연과 무지를 통한 아픔과 반성을 통한 양분을 흡수하여 오랜 인고 끝에 더디 피어나는 것 같습니다. 귀중하고 신비로운 탄생에서 부모님 공경하고 부부의 연으로 온갖 파생되는 곤란으로 성숙하면서 자식을 통한 반조로 뒤늦게 철이 듭니다.
이제야 경전으로 선지식 말씀 읽고 스님 법문 들으면서 좋은 습관을 익히고, 용기와 노력으로 순간순간 바른 생각이 머물고 지속되도록 호흡을 가다듬게 하는 감동 찐한 본생담입니다. 감사드립니다.

2022.12.7. 천년의 어둠도 밝은 햇살 한 줄기에도 사라진다는 말씀이 크게 와닿습니다. 진참회를 통해 자성을 돌아볼 수 있도록 더욱더 정진해야겠다는 다짐을 해봅니다. 이렇게 스스로를 돌아보고, 또 어떻게 살아가야 할지 나침반을 제시해 주신 말씀을 전해 주신 스님께 다시 한번 감사드립니다.

2022.12.8. 8정도 중에서 첫 번째가 정견임을 알겠습니다. 스스로가 바른 견해를 가지고 있으면 남에게도 바른 견해를 가지도록 격려합니다. 수따소마왕처럼.
남의 허물을 관찰하고 항상 남의 잘못을 인식하려 드는 제 자신의 모습이 있었습니다. 이런 제 모습을 깨닫게 해 주신 스님께 감사합니다. 남의 잘못을 보는 사람은 자기 자신의 잘못을 잘못 본다고, 왜냐하면 두 눈의 합은 같기 때문이라고. 그 말씀을 가슴에 담아두고 잊지 않으려고 합니다. 수따소마왕이 식인귀를 제도하듯이 어리석음에서 구해주시는 스님, 항상 감사합니다.

2022.12.8. 좀 더 좋은 모습을 보이기 위해 화장을 하고 희게 올라온 머리칼엔 염색을 하고 체형을 감추는 좋은 옷을 걸칩니다. 인품 좋아 보이는 웃음을 띠고 목소리를 맑게 하며 겸손해 보일 만한 다듬어진 어휘를 갖다 씁니다. 나를 포장하고 타인에게 잘 보이기 위한 노력이지요.
한 꺼풀 벗기면 본 모습이 나타납니다. 속으로는 남을 시기하고 매순간 씩씩대며 맛난 것, 비싼 것, 편한 것 위주로 취하려고 애를 씁니다. 기준은 타인의 시선, 흔들리는 깃발은 타인과의 비교이며, 내달려간 결승점은 타인보다 더 잘 살기… 돌아서서 보면 '헛것이구나' 할 것입니다. 스님께서는 "남과 비교하는 자는 진정한 행복을 발견할 수 없다."고 하셨습니다. 부처님 법 안에 사는 삶을 추구하는 수행자를 존경합니다. 그 구도의 길이 귀하고 숭고하여 엎드려 예경합니다.

2022.12.9. 시작은 물 한 방울, 물 두 방울 조금씩 모여서 작은 시냇물이 되고 그것이 어느 날 큰 냇물이 되고, 더 큰 바다가 되듯이, 삶을 살다 보면 자신도 모르게 조금씩 스며들었던 것이 아차 싶어 뒤돌아보면 그때는 '늦었구나' 하는 생각이 드는 때도 있었습니다. 본인의 자리로 돌아오기까지 참 많은 세월이 흘러갔습니다.
식인귀를 사람답게 살도록, 그리하여 진정 본인의 자리로 돌아가도록 만드는 수따소마의 그 끊임없는 노력! 다른 사람이야 어떻게 되든 나만 잘먹고 잘살면 된다는 물질만능주의가 판치는 현대 사회에 많은 경종을 울리고 있네요. 한쪽에서는 밥도 못 먹고 있는 반면, 다른 한쪽에서는 명품 가방, 명품 옷 입고 다니면서 더 괜찮은 것이 있나 없나 하는 사람들을 보면 하이에나같이 보여지는 것은 나만의 생각일까요? 하기사 나도 한때는 그런 생각을 하고 살았던 시절이 있었네요.

하루하루 헛되이 보내지 말고 바른 정견으로 살아가라는 스님의 말씀이 더 다가옵니다. 연재가 있기에 자신을 볼 수 있는 계기가 되는 것 같습니다.

2022.12.9.　바른 법을 따라 하루를 완성하는 것은 자신에게도 이익이고 남에게도 좋은 귀감이라 생각합니다. 다른 사람에게 기대하기보다는 바른 법을 나에게 적용하고 또 실천해서 그 과보를 관조할 수 있는 마음을 기대합니다. 내 안에서 먼저 실천하고 또 수행해서 따라오는 과보를 그냥 한번 보았으면 합니다. Just Do it!

2022.12.13.　각전 스님께서 마하수따소마 본생담의 결말에 대해 다음과 같은 말씀을 하면서 제게 질문을 하나 주셨습니다. "식인귀의 왕위 회복은 현대인의 시각에서 볼 때는 조금 무리인 듯 보이기도 한다. 그러나 그것이 의미하는 바는 바로 바른 법의 중요성이다. 이 본생담의 대단원은 바른 법을 확고하게 인식하게 되면 지난 과오를 소멸시킬 수 있다는 메시지를 던져 주고 있다. 식인귀 사우다사왕은 후에 앙굴리말라로 환생하여 999명의 무고한 사람을 죽이고 부처님을 만나 개과천선하여 아라한의 경지에 이른다. 그러나 그는 자신이 살해한 사람들의 친족들에게 맞아 죽는 최후를 맞이한다. 앙굴리말라의 삶과 사우다사왕의 생을 어떻게 비교할 수 있을까?"

이에 대한 저의 의견을 개진해 보겠습니다.

식인귀 사우다사왕과 앙굴리말라의 생의 비교를 피상적으로 보면 이렇다. 공통점은 둘 다 살인 중독의 삶을 살다 부처님을 만나 개과천선한다는 내용이다. 차이점은 앙굴리말라는 죽임(복수)을 당한다. 죽음의 결과를 달리하게 만든 것은 왕위의 보유 여부 정도로 비교할 수 있다. 하지만 단순한 이 두 삶이 던지는 질문들이 있다.

– 왜 살인 중독을 환생 이후에도 끊지 못했을까?

– 업장 소멸은 어떻게 가능한가?

나는 바른 법을 확고히 인식하는 것과 죄를 지은 업의 소멸은 일치하지 않는다고 생각한다.

영화 〈밀양〉을 보면, 자식이 살해를 당해 힘겨운 삶을 살던 전도연은 교회를 만나 용서하는 마음을 가지게 되고, 그를 직접 용서하기 위해 교도소에 수감되어 있던 살인자를 찾아간다. 살인자는 자신 또한 교회와 하나님을 만나 그를 통해 구원을 이미 받았다며 편안한 마음으로 살고 있다는 말에 전도연은 "도대체 누구에게 용서를 받는 거냐?" 화를 내고는 교회와 다시 인연을 끊게 된다. 감독은 종교의 존재 이유를 묻는 메시지를 담은 것이다.

즉, 종교는 사전적으로 기능하는 것이지, 사후적 기능을 하는 것이 아니다. 바른 법을 배워 삶에 대한 기준, 어떻게 살아갈 것인가를 고민하는 삶의 여정에서 하나의 지침을 주는 것이다. 이미 용서받을 수 없는 죄는 아라한의 경지에 올라가서도 면죄 받지 못했다. 다만, 종교는 엇나간 잣대를 고쳐줄 수 있으므로 진정한 참회를 가능케 한다. 진정한 참회와 자신으로 인해 피해를 받은 대상들에게 적극적 위로와 반성의 책임이 수반되어야 반복되게 일어나는 업의 고리를 끊을 수 있으리라 생각한다. 그러므로 종교 집회에 나가는 소극적 행동만으로는 업장 소멸이 불가능해 보이며, 적극적으로 배운 것을 행하는 본인의 의지와 노력이 뒤따라야 함을 시사한다.

– 존재에 대한 사유

고따마 싯다르타는 깨달음을 얻어 열반의 경지에 올랐다. 그는 꾸시나가르에서 생이 소멸되었지만, 모든 사람은 부처가 될 수 있다는 가르침을 남겼고, 불교를 공부하는 모든 이들의 정신 속에 부처의 가능성을 심어줌은 물론, 모든 만물에 부처의 뜻이 있음을 알려주었다. 따라서 부처님의 존재에 대한 물음은 존재한다는 것으로 귀결될 수 있다.

아라한의 경지에 오른 앙굴리말라에게 죽음은 어떤 의미인가? 무소유의 관점에서 육체는 잠시 쓰다 떠나는 것으로, 집착에서 벗어나야 할 객체에 불과하다. 경지에 오른 앙굴리말라에게 살해된 자신의 육체는 자신의 존재의 소멸로 이어지지 않는다. 집착에서 이미 해방된 그에게 살인으로 복수하는 것은 의미가 없다. 다만, 999명을 죽인 앙굴리말라는 자신의 죽음으로 1000명을 채우게 되고, 1000이라는 숫자는 불교의 시각에서 의미 있는 숫자로 거듭나게 된다. 과거–현재–미래에 각각 1000배씩 절함으로써 업을 소멸하고자 하는 불교의 시각에서 볼 때, 1000번째 살인이 본인의 육체가 되면서 해방된 정신과 깨달음을 얻은 아라한이 된 그에게 업장 소멸의 적극적 첫걸음이 시작된다고 생각한다.

– 세속적인 것의 무의미

세속적 신분을 지칭하는 왕은 불교의 관점에서 부질없는 껍데기에 지나지 않는다. 그 부질없는 껍데기는 사우다사의 목숨을 지켰을지라도, 껍데기 하나 사라지자 앙굴리말라는 죽임을 당하게 되었다. 또한 그 죽음도 존재를 소멸시킨 것이 아니라 껍데기일 뿐인 육체를 넘지 못했다.

- 정리

사우다사와 앙굴리말라의 생의 비교는 이렇게 정리된다. 종교의 역할에 대한 근본적 질문, 그리고 그 해답에 대한 숙제를 남겼다는 것 - 종교가 세대를 관통하기 위해서는 원리에 대한 해석의 적용이 시대의 흐름을 쫓아가야 한다. 다음으로 배우는 것에만 머무르면 안 되며 적극적으로 실천이 필요하다는 점이다. 마지막으로 세속적인 것의 무의미성에 집착을 버리고, 무엇이 자기 삶에 가치를 가지는지 생각하며 살아야 한다는 점이다.

2022.12.24. 많은 사람들의 목숨을 해친 식인귀는 마침내 정신을 차렸으나 도둑이 제 발 저린다는 말도 있듯이 커다란 죄의식을 떨칠 수 없었지만, 수따소마의 끈질긴 설득으로 바라나시로 돌아가 왕위에 오르게 되었습니다. 왕위에 다시 오른 식인귀는 잘못된 과거에 집착하지 말고 미래에 대한 바른 생각으로 많은 공덕을 쌓아갈 것을 마음속으로 다짐하게 되었을 것입니다.
삶의 고리도 인연의 끈도 자르는 게 아니라 푸는 것이라고 했습니다. 그야말로 잘못을 뉘우치고 많은 인연들에게 베푸는 왕이 되리라 믿어집니다. 큰 느낌을 주는 글이었습니다.

2022.12.26. 이번 글에선 지나간 과거에 집착하지 말고 순간순간 다가오고 있는 미래에 대하여 생각마다 바른 생각을 일으키는 것이 중요하다는 메시지가 인상 깊었네요! 〈고1〉

2022.12.29. 눈 내리는 겨울 바다 선착장에서 마시는 뜨거운

커피 같은 본생담이네요.

2023.8.8. 살인귀가 깨달음을 얻고 완전히 약속을 하는 게 절대 고쳐지지 않을 것 같았던 사람이 고쳐지는 것 같아 인상 깊었습니다
그렇지만 살인귀를 다시 바라나시로 데려가서 왕위를 다시 주는 것은 맞는 것인지 모르겠습니다. 아무리 원래 왕이었다지만 그곳의 모든 것을 포기했고 심지어 그곳의 많은 사람을 죽이기까지 한 사람을 다시 왕으로 만든다는 건 정말 이해가 되지 않았던 것 같습니다. 제 생각에는 은혜를 입었더라도 민심이나 믿음 같은 게 부족해서 허락하지 않을 것 같습니다. 저였다면 많은걸 생각해 봤을 때 자신의 지위를 내려놓는 한이 있더라도 식인귀를 왕으로 인정할 것 같지는 않습니다.
그리고 아무리 왕족의 피가 있다 해도 보통 저런 왕의 자식이면 백성들이 탐탁치 않아 했을 것으로 생각하는데 왕위를 준 것을 봐서 바라나시 사람들이 특이한 것 같기도 하고 착한 것 같기도 했습니다. 〈중2〉

술, 악업의 쳇바퀴

— 꿈바(Kumbha) 본생담《본생경》512번)

술이 부르는 파계의 연쇄작용 다음 생까지 이어져
우연히 발견한 술 팔면서 도시 황폐해지고 결국 목숨 잃어
사왓티왕 술 마시려 하자 제석천이 몸소 나서 말리기도
음주로 정신 혼미 불살생·불투도·불사음·불망어도 쉽게 어겨

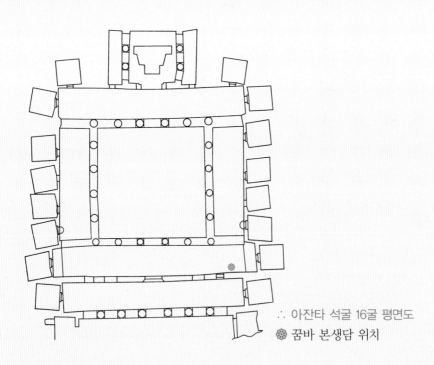

∴ 아잔타 석굴 16굴 평면도
✹ 꿈바 본생담 위치

술은 긴장을 풀고 스트레스를 날리며 인간관계를 완충하는 역할 때문에 연말이면 술을 통해 한 해를 정리하고자 하는 경우가 있다. 부처님은 술에 대해 어떤 입장을 취하셨을까? 본생담 중 술에 관한 이야기가 있다. 이 법화는 부처님께서 기원정사에 계실 때, 사위성의 술 축제 기간에 위사카(Visakha)의 친구 오백 명의 여인들이 부처님의 게송을 듣고 술에서 깨어나 수다원과를 얻게 된 데서 시작된다. 아잔타 석굴 16굴에 벽화가 남아 있다.

위사카가 낮에 부처님을 초대하여 큰 보시를 행한 뒤, 저녁에 부처님의 설법을 듣기 위해 기원정사로 갈 때, 그녀의 친구 오백 명은 낮에 술을 마시고, 저녁에 그녀와 동행하면서도 술을 마시다가 부처님 앞에 나아갔다. 그녀들 중에는 부처님 앞에서 춤을 추는 이도 있었고, 노래를 부르는 이도 있었으며, 손이나 발로 장난하는 이도 있었고, 말다툼을 하는 이도 있었다.

부처님께서 미간에서 백호 광명을 놓아 주위를 어둡고 스산하게 하니 그녀들의 술이 깨었다. 부처님은 거기서 사라져 수미산 정상에 나타나 다시 천 개의 달이 떠오르는 듯한 백호 광명을 놓고 게송을 읊었다.

> 언제나 불길에 타고 있는데
> 무엇에 웃으며 무엇을 기뻐하는가?
> 너희들 어두움에 싸여 있나니
> 어찌 등불을 구하지 않는가?

이 게송을 듣고 그녀들은 모두 수다원과를 얻었다.

부처님께서 돌아와 향실에 앉으시자, 위사카는 "부처님, 창피도 모르고, 비방도 알지 못하게 하는 술이란 언제부터 생긴 것입니까?" 이에 부처님께서 말씀하셨다.

옛날 바라나시에서 브라흐마닷따(범여)왕이 나라를 다스릴 때, 설산에 나무 한 그루가 사람 키 높이에서 가지가 세 개로 갈라졌다. 그 갈라진 사이에 술병만한 구멍이 있어 비가 오면 물이 고였다. 가자, 산사, 후추 등 주변 열매가 익어 터진 것들과 새들이 먹다 떨어뜨린 곡식 등이 그 구멍에 떨어졌다. 그 물이 태양열에 뜨거워져 붉은빛이 되었다.

뭇 새와 짐승들이 그것을 먹고 취해 나무에서 떨어져서 쓰러져 자다가 일어나서 기분 좋게 날아갔다. 그때 까시국 사람으로 수라(Sura)라는 산(山)사람이 그것을 보고 자기도 마셨다. 취하면 고기가 먹고 싶어졌다. 그래서 술에 취해 나무 밑에 떨어진 메추리, 닭 등을 주워서 구워 먹었다. 근처에 와루나(Varuṇa)라는 고행자가 살았는데, 그에게 권해서 같이 마시고 고기도 구워 먹었다.

둘은 왕에게 술을 팔기로 하고 마을로 갔다. 왕이 마시고는 자꾸 가져오라 하자 원료와 나무껍질을 섞어 술을 만들었다. 그 성 사람들이 모두 술을 마시고는 방탕해지고 가난해져 그 성은 망해 버렸다. 둘은 바라나시로 도망가서 왕과 도시에 술을 팔았다. 또 도시가 황폐해졌다. 그들은 사께따(Sāketa)로 갔고, 다시 사왓티로 가서 왕에게 술을 사라고 했다.

사왓티의 삽바밋타왕이 그들의 말을 듣고 술을 만들게 했다. 수라와 와루나는 오백 개의 병에 재료를 담고 병을 지키도록 고양이 한 마리씩을 매어 두었다. 술이 발효되어 병 밖으로 넘쳐 나오는 것을 고양이들이 받아먹고 취해 잠이 들었다. 쥐들이 취한 고양이의 귀, 코, 수염, 꼬리 등을 갉아 먹었다. 왕은 그들이 독을 만들었다고 생각하고 두 사람의 목을 비틀었다. 그들은 "술을 주시오, 꿀을 주시오." 하고 외치며 죽었다.

한참 뒤 술이 깬 고양이들이 일어나 돌아다니는 것을 본 왕은 그것이 독이 아니고 맛있는 꿀임을 알고 마침내 먹기로

꿈바 본생담 벽화(아잔타 석굴 16굴)
제석천의 술병 아래와 좌측에 모여들었던 사람들의 얼굴이 보인다.

하였다. 잔칫상을 차리고 옥좌에 앉아 대신들에 둘러싸여 술을 먹기 시작했다.

그때 제석천왕은 누가 부모에 효도하며 선업을 행하는지 이 세계를 둘러보다가, '만일 저 왕이 술을 먹게 되면 이 염부제는 망하고 말 것이다' 생각하고, 술이 가득 들어 있는 술병 하나를 들고 바라문으로 변장하여 왕 앞의 허공에 서서 "이 병을 사십시오. 이 병을 사십시오."라고 하였다. 이를 보고 왕이 말했다.

"그대는 누구인가? 저 도리천에서 나타나 하늘의 달처럼 이 밤을 밝히니, 사지(四肢)에서 광명을 놓아 번갯불이 하늘을 비추는 것 같구나. 너는 저 공중을 날아와 서서 병을 사라는 그 말뜻을 말하라."

제석은 게송으로 말하였다.

이 병의 술을 마시면,

① 벼랑이나 구덩이나 굴이나 도랑이나 수채에 넘어질 때도 있고, 거꾸러질 때도 있고, 먹지 않을 것을 과하게 먹을 때도 있으리니,

② 마음은 흩어져 구하는 것 없고, 먹이를 찾는 저 소처럼 방황하고, 의지할 데 없는 마음은 귀신이 사람을 찾아

떠돌 듯 하루 종일 노래하고 춤추리니,

③ 옷 벗고 알몸으로 마을이나 또 거리를 헤맬 것이요, 혼미한 정신은 잠자기도 때를 안 가리리니,

④ 서 있어도 벌벌 떨며 또 머리 흔들고 팔을 휘젓는 것이 마치 꼭두각시가 춤추는 것 같으리니,

⑤ 잠자다 불에 타거나 또 여우들에게 잡아먹히며, 결박과 살해와 약탈도 당하리니,

⑥ 말하지 않을 것을 말하고 옷을 벗고는 대중 앞에 앉으며, 토한 것 위에 거꾸러지고 뒹굴며 미끄러지나니,

⑦ 눈은 게슴츠레해지고 마음은 커져 이 땅덩이는 다 내 소유다, 나는 사방을 다스리는 임금과 같다고 생각하리니,

⑧ 잘난 체, 더 잘난 체, 말다툼, 이간질, 추한 모양, 알몸 달리기, 도망치기, 도적과 도박꾼의 돌아가는 곳 또는 사는 곳이리니,

⑨ 부자로서 번영하고 수천의 보물을 가진 집에 태어났어도 그 때문에 그 유산 모두 잃고 말리니,

⑩ 부유한 가문의 파괴자, 그 집의 곡식과 재물과 은과 금과 밭과 또 소를 모두 멸망시키리니,

⑪ 교만한 사내는 그 어머니와 아버지를 욕하고, 계모와 양녀까지 범하고 마나니,

⑫ 교만한 여자는 그 의부와 남편까지 욕하고, 종이나 하인을 범하는 일 있으리니,

⑬ 바른 법에 사는 사문이나 바라문을 죽이고, 그것이 원인이 되어 나쁜 곳에 떨어지리니,

⑭ 삿된 업을 행하나니, 몸과 입과 뜻으로 삿된 업을 행하다가 지옥에 떨어지리니

⑮ 일찍이 구하려고 해도 얻어지지 않던 그 많은 황금을 소모하면서까지 마시고는 거짓을 말하나니

⑯ 남의 심부름꾼 되어 서둘러 해야 할 일이 있어도 그 일의 내용을 깨닫지 못하리니,

⑰ 술에 취했을 때는 부끄러움 아는 이도 부끄러움 모르고 현자이면서도 말이 많나니

⑱ 그것을 마신 사람 한 패거리 되어 아무 것도 먹지 않고 땅바닥에 쓰러져 세상의 업신여김과 욕설 듣나니,

⑲ 머리를 떨어뜨리고 눕는 것 막대기에 실컷 맞은 저 소와 같네. 술 힘을 견디기 어렵기 때문이니,

⑳ 치명적인 독사(毒蛇)를 피하듯 사람들이 두려워 피하는 것 이 세상의 독약과 같나니, 갈증 난다고 어찌 마시리

㉑ 그것을 마시고 열 명의 왕(十王, 안다까벤후의 아들들)인 형제들은 저 바닷가를 소요하면서 나무 몽둥이로 서로

때렸나니,

㉒ 그것을 마시고 아수라는 몹시 취해서 영원히 도리천에 서 사라졌나니,

이 말을 듣고 왕은 술 만드는 기구를 모두 부수고 계율을 지키며 보시를 하다가 천상으로 갔다. 그때 왕은 아난다요, 제 석천은 부처님이다. 그러나 염부주는 술을 마시는 사람이 차츰 많아졌다.

술을 마시면 방탕해지고 매사 함부로 행동해서 모든 공덕 이 흩어진다. 술은 파생적 연쇄효과가 크다. 옛날에 어질고 계 를 잘 지키는 우바새(남자신도)가 먼 여행에서 돌아왔는데 집안 사람들이 모임에 나가고 없었다. 그는 갈증이 심해 그릇에 담 아 놓은 물을 마셨는데, 그것은 물이 아니라 술이었다. 술에 취해 정신이 없을 때 이웃집 닭이 들어오는 것을 보고 잡아먹 었다. 그 닭의 주인인 이웃집 여인이 닭을 찾아 그 집에 들어 오는 것을 보고 정신이 흐려져 여인을 강간하였다. 고발당하여 관에 잡혀갔는데 바르게 진술하지 않아 거짓말한 죄를 지으니

그가 파한 계율이 다섯 가지나 된다.

　오늘날에도 술을 마시고 심신이 미약해진 상태로 범죄를 저지르는 이들이 많다. 술을 마시면 마음이 그믐밤에 안개 낀 계곡의 수풀과 같아진다. 바른 선정은 보름달이 선명하게 비치는 청명한 연못이다. 술을 마시면 지혜종자가 없어진다. 《운전오도경》에 "죽어서는 동물지옥에 떨어졌다가 성성이(원숭이)가 되고, 뒤에 사람 몸을 받아도 어리석고 아둔하다."고 하였다.

🪷댓글🪷

2022.12.22.　5계의 다섯 번째 계율인 불음주(술을 마시지 말라), 술이 얼마나 해로우면 5계에 있을까요. 게다가 스님이 해주신 우바새의 이야기처럼 술로 인해 앞에 있는 계들이 무너질 정도니 유익함이란 찾을 수 없는 마약과 같은 것입니다. 제석천왕의 게송 14번까지는 정답이나 한 가지 추가로 넣을 게송은 15번, "술을 마시고 운전을 하면 '음주 운전'으로 (도로의 살인자) 사람을 죽이거나 다치게 하고 다음날 후회해도 그 벌을 면치 못하리."라는 것을 넣었으면 좋겠습니다.
인도에서 술의 기원은 우연한 자연 속에서 동화처럼 시작했지만, 술을 싫어하는 왕이 없을 정도로 술에 탐닉하여 결국 나라가 망하고 그나마 제석천왕의 게송 덕분에 염부제왕은 참회하고 계율을 지키고 보시하다가 천상으로 갔다니 얼마나 다행입니까?

2022.12.22. 젊은 시절 술과 강한 음악은 남자들 삶의 이유 같았습니다. 고급술과 향락의 분위기. 지금은 아픈 몸으로 인해 술이 겁이 납니다. 중요한 것은 지혜로 끊어내지 못하는 아직 현재입니다. 보름달 맑은 연못의 청정함을 체득하려는 공부를 합니다. 그래도 불교 공부하는 것이 큰 다행이라는 지금입니다. 지속하는 수행생활이 끊어지지 않기를 노력합니다.

2022.12.22. 적당한 술은 괜찮다고 생각했는데 좋아하지는 않지만 상황에 맞게 몇 잔 정도는 저도 마시는 편이라, 음~~~ 살면서 가끔씩은 스스로 풀어놓고 싶을 때가 어릴 적 동무들과는 그런 시간들을 보냈는데 지금은 나이들이 있다 보니 다른 이가 안 말려도 적당히가 되더라구요. 모든 것에는 음과 양이 있으니 그래도 부처님 말씀을 듣게 되니 몸가짐, 마음가짐을 다져봅니다. 그렇다고 제가 주당은 아닙니다 ㅋ 저는 기본은 지킵니다.

2022.12.22. 취중진담이라고 술을 마시며 평소 하지 못하던 가슴 속 진실한 이야기도 하게 된다고 술을 마시는 사람들은 말합니다. 그렇지만 부작용도 많은 게 술입니다. 음주로 정신이 혼미해서 불살생·불투도·불사음·불망어도 쉽게 어기는 술. 지구의 축이 23.5도 기울어져 있지만 술을 먹으면 더 기울어집니다.
전에 마셔보지 못한 술을 마셔보리라 하는 대신, 마음챙기고 알아차리며 몸으로 행복을 경험하는 수행이 확립되어 행복하게 머물렀음 좋겠습니다. 연말 술자리가 많을 시기인데 경각심을 갖게 해 주셔서 감사합니다.

2022.12.22. 법주사 대웅전의 삼신불상을 보고 그 온화한 상호를 잊을 수 없어 각전 스님의 삼신에 대한 법문을 다시 들었습니다. 스님의 많은 법문 중에 삼신을 들은 것은 법주사의 삼신불상이 시작이었지만 더 큰 계기는 몸이 아파 나의 의지대로 무엇인가를 할 수 없는 며칠을 보내고는 의지를 발휘할 수 있게 된 병의 끝자락에서 '이렇게 생을 보내다가는 내 의지대로 무엇인가 할 수 없는 병든 때가 많아지겠구나.' 싶어 '더 늦기 전에 공부하고 참구해야겠구나.' 하는 생각이 들었기 때문입니다. 병의 회복은 참구의 각성을 일으키지만, 이것이 술병이라면 어림도 없겠지요. 대학교 1학년 때 처음 마셔보는 술을 '자꾸 먹어야 는다'며 '술 없이 어찌 인생의 맛을 아냐'며 억지로 먹이는 선배 따라 의지 없이 행동했던 어린 시절이 떠오릅니다.

2022.12.24. 우리들 속가에서는 술은 일상의 필수 음식이 아닌가요. "처음은 사람이 술을 마시고(人酒), 두 번째는 술이 술을 마시고(酒酒), 세 번째는 술이 사람을 마신다(酒人)."라는 말도 있지요. 술의 힘을 이용해서 사람들과 소통하고 인간관계를 개선하고 나아가 스트레스를 풀려고 술을 마시는데, 시작보다 끝이 달라질 수 있다는 사실을 사람들은 잘 알면서도 술은 여전히 많은 사람들의 사랑을 받고 있습니다.
그런데 꿈바 본생담을 통해 음주로 인해 생각지도 못한 큰 일들이 의외로 생겨남을 알게 되었습니다. 설산의 나뭇가지 사이의 구멍에 빗물이 고이고, 각종 열매와 새들이 떨어뜨린 곡식 등이 모여 태양열 작용으로 발효되어 소위 말하는 자연주가 되었는데, 이 술을 새들도 먹고 취하고 왕과 백성들도 먹고 취하고 즐겨서 마침내 나라가 망했다는 글을 읽고, 절주를 할 수 없다면 안 마셔야 한다는 것을 생각하게 됩니다. 알맞게 마시는 법칙? 각자가 깨우치기를 바랍니다. 노력합시다. 감사합니다.

2022.12.26.   영원한 것이 없다는 속담이 생각이 나네요. 돌고 도는 것이 인생의 여정이라면, 역시 윤회라는 것이 있나 봅니다. 술 먹고 비틀거리면서 걸어가는 사람들을 볼 때면 왜 저럴까? 자기 자신을 망치고 있는 줄 아는 건지 모르는 건지.
술이란 사람을 취하게 만들고, 싸움도 하게 하고, 사람을 죽이고, 나중에 심신미약이라는 얄팍한 술수를 쓰고, 자신을 망치고, 가족을 힘들게 하며, 주위 사람들한테 눈쌀을 찌푸리게 하는 세속의 일들이 현실의 세상에서는 빈번합니다.
더욱이 술과 마약이 서로가 공존하면서 얼마나 사회를 폐허로 만들어가고 있는지 한심스럽네요. 게다가 전생, 금생, 내생으로 이어진다는 것이 더욱 안타까울 뿐입니다.   안개 낀 계곡을 벗어나 청명한 연못과도 같이 항상   깨어 있으라는 옛 성현의 말씀이 와닿는 하루였습니다.

2022.12.27.   직장 생활을 하면서 술자리로 인한 고충을 여러 번 겪게 되는데, 그것 또한 거쳐야 하는 시험 단계라는 생각이 듭니다. 그 당시는 술을 거부하는 것이 힘들고 어렵지만, 지혜롭게 거절하게 되면 오히려 득이 되는 경우가 있는 것처럼 매사 지혜의 중요성을 깨닫게 됩니다. 다만, 원하든 원치 않든 경험하게 되는 술자리에서의 유혹 자체도 전생의 인연에 의한 것일 수도 있다면 매사 경계하고 신중해야겠다고 생각해봅니다.

2022.12.27.   자그마한 댓글난이지만 진심으로 스님께 감사드리고 싶습니다. 본생담을 소개해 주시며 인연된 우리에게 부처님의 참 진리를 알게 하시고 튼튼한 돌다리와 같이, 밝은 등대와 같이 흔들림없는 삶을 살라고 가르쳐 주시는 스승님, 감사합니다.^^

얼마 전 스님과 오랫동안 인연이 된 도반님들과 동안거 정진 중이신 스님을 찾아뵙고 예를 드렸습니다. 먼 곳이라 하루를 절에서 머무는 중, 저녁 예불을 마치고 나니 친구가 《교계(敎誡)싱갈라경–싱갈라를 가르치다–》을 선물로 주며 잘 읽어보라고 합니다. 저녁 공양 후 해는 지고 눈은 소리없이 내려 고즈넉한 도량에서 경을 읽으니 신심이 일어 행복했습니다.

경은 부처님께서 우리가 지켜나가야 할 계율과 실제 생활에서 주의해야 할 윤리 도덕에 관해 시구로써 설명해 놓으셨습니다. 제가 신참자이나, 이번 꿈바 본생담을 읽으니 이 《교계(敎誡)싱갈라경–싱갈라를 가르치다–》 중 연결된 부분이 있어 부분부분 옮겨 적습니다.

"술에 미혹해 빠지는 사람
그에게는 또 술꾼패가 있네.
재산이 바로 모였다가도
어느새 다시 흩어져버리네.

술 마심에 절도가 없고
언제나 노래·춤의 유희 즐기며
대낮에는 남의 집에 노나니
그로 인해 스스로 함정에 떨어지네.

나쁜 벗 사귀어 고치지 않고
출가인을 비방하여
삿된 소견은 세상이 웃고
행실은 더러워 남의 버림을 받나니.

…. …

술에 거칠고 미혹한 바 되어
가난하고 궁할 것 생각하지 못하고
재물을 가벼이 여겨 사치를 좋아하다가
가정을 파괴하고 재앙을 불러오네.

노름과 술 마시기 무리를 짓고
음탕한 남의 여인 엿보며
더러운 행실을 사랑하고 익히나니
마침 달이 그믐을 향하는 것과 같구나.

악한 일을 행하고 악한 것 받으며
악한 벗들과 악한 일을 함께 짓나니
이승에서나 또 저승에서나
언제나 얻는 것 하나도 없네.

낮에는 도리어 잠자기 좋아하고
밤에는 깨어서 바라는 것 많으며
홀로 멍청하여 착한 벗 없고
집안 다스릴 줄 모르네.

일찍이다 늦다 하여 일하기 싫어하고
춥다 덥다 하여 다시 게으르나니
하는 일을 하나도 끝맺지 못하고
또다시 다 된 일도 헐고 마누나.

그러나 만일 추위와 더위 가리지 아니하고
아침저녁으로 힘써 닦으면
어느 사업이고 안 될 것 없어
마침내 근심 걱정 없게 되리라."

계율은 악을 막는 경계선이며 선업의 토대라고 읽었습니다. 지혜가 모자란 중생이오나 부처님 말씀을 따라 죄짓지 않는 삶, 계율을 지키는 삶을 살아가고자 발원합니다.

2022.12.27. 술은 인격을 비추는 거울이다. −아르케시우스−
연말연시가 되면 모임에 빠지지 않는 게 술입니다. 본 글에서 술을 경계하는 많은 말들이 있었지만, 수행자가 아니라면 즐거운 날에, 맛있는 음식에, 소중한 사람과 나누는 한 잔의 술은 분위기를 한층 돋우는 데 좋습니다. 그러나 지나치면 독이 되는 법입니다.
부처님의 뜻에 따라 고도의 계율을 지키며 수행하는 성직자들은 주(酒)·색(色)과 단절된 삶을 살아갑니다. 반면 일반 사람들은 주·색과 더불어 마약과 도박이라는 빠르게 쾌락을 느낄 수 있는 유혹에 항시 노출되어 있습니다. 무엇이 옳고 그른지에 대한 명확한 기준이 없이 살아간다면, 일시적인 쾌락에 빠져 후회하는 과거를 만들어 냅니다. 본 글은 술을 경계하는 글이며, 술을 먹은 이가 어떤 과오를 범하는지 보여 줍니다. 하지만 술이 그런 잘못된 결과를 냈다고 생각지 않습니다. 절제하지 못하고, 비도덕을 일으키는 자가 술을 마신 것이라 생각합니다.

자기 자신의 역량을 바로 보고, 자신의 수준에 맞게 즐기는 것을 아는 이가 현명한 사람이며, 기분에 취해 자신의 주량을 넘어 과하게 취하는 이가 어리석은 사람입니다. 부처님이 술을 마신다면 본 글에 나열되어 있는 일들이 일어날 것이라고 생각하지 않기 때문입니다. 앞서 언급한 것처럼 성직자로 살지 않는다면, 술은 모든 신도들의 삶의 영역에 들어와 있습니다. 같은 조건에서 다른 결과를 내는 것은 술잔을 잡은 사람들의 인격과 수행의 차이겠지요.

2022.12.29. 술을 마시고 계속 사람이면 술을 마셔도 된다. 술을 마시고 사람이 짐승이 되니 그게 문제다. 짐승이 되기 위해서 술을 마시는 걸까? 술 취한 사람을 보면서 드는 생각입니다.

2023.8.14. 평소에 부처님이 술에 대해선 어떻게 생각하시는지 궁금했었던 적이 있었는데, 이번에 잘 알게 되어 좋았던 것 같습니다.

술이 만들어지게 된 계기도 재밌었고 술의 위험성도 더 잘 알게 된 것 같습니다. 술이 도시 하나를 파괴할 정도인 것도 생각 그 이상이었고, 그걸 알면서도 계속 팔러 다니는 사람들도 너무하단 생각이 들었습니다.

그리고 항상 나쁜 짓을 하고 다니는 사람들은 자신이 한 나쁜 짓으로 죽게 되는 것도 재밌기도 하고 좋았던 것 같습니다. 〈중2〉

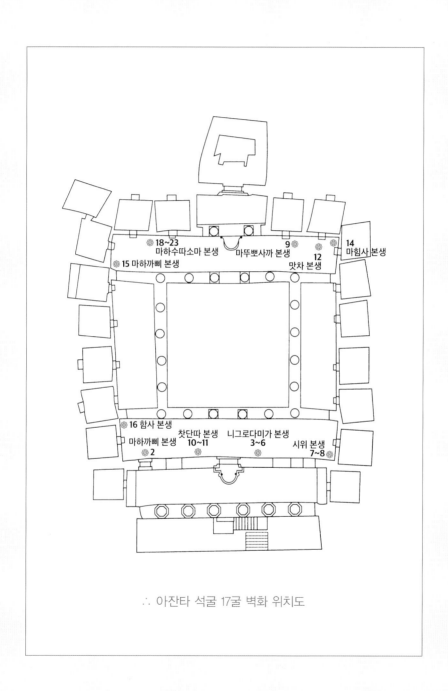

∴ 아잔타 석굴 17굴 벽화 위치도

참고문헌

○ 본생경 한글본

남전부 본생경1~5 한글대장경 91~95, 김달진 역, 동국대역경원, 1988
자타카전서, 전재성 역주, 한국빠알리성전협회, 2023

○ 본생경 영문본

The Jataka or stories of thd Buddha's former births, Vol 1, R.
Chalmer, PTS., Luzac & Company, 1957
The Jataka or stories of thd Buddha's former births, Vol 2, Vol 4, W.
H. D. Rouse, PTS., Luzac & Company, 1957
The Jataka or stories of thd Buddha's former births, Vol 3, H. T.
Francis & A. Neil, PTS., Luzac & Company, 1957
The Jataka or stories of thd Buddha's former births, Vol 5, W. H. T.
Francis, PTS., Luzac & Company, 1957
The Jataka or stories of thd Buddha's former births, Vol 6, E. B.
Cowell & W. H. D. Rouse, PTS., Luzac & Company, 1957
Jatakamala: Garland of birth stories, Aryasura, trans. by J.S.Speyer,
CreateSpace Independent Publishing Platform, 2018.

○ 본생경 빨리본

Jataka together with its commentary being tales of the anterior births of Gotama Buddha, V. Fasbøll, Vol 1, PTS., Messrs. Luzac & Company, ltd, 1962

Jataka together with its commentary being tales of the anterior births of Gotama Buddha, V. Fasbøll, Vol 2~5, PTS., Luzac & Company, ltd, 1963

Jataka together with its commentary being tales of the anterior births of Gotama Buddha, V. Fasbøll, Vol 6, PTS., Luzac & Company, ltd, 1964

○ 본생경 일본어본

南傳大藏經 第二十八~三十九 小部經典 六~十七 高楠博士功績紀念會纂 譯, 大正新脩大藏經刊行會 發行, 昭和十年~十四年(1935년~1939년)

○ 다른 문헌들

법구경1~2, 거해 역, 샘이깊은물, 2003
법구경 이야기 1~3, 무념·응진 역, 옛길, 2008
인도 네팔 순례기, 각전, 민족사, 2020
AJANTA PAINTINGS 1,2,3. 日本放送出版協會, 2000

자타카로
읽는
불교 1

산치 대탑·아잔타 석굴의 본생담

초판 1쇄 발행 | 2023년 10월 13일 초판 2쇄 발행 | 2024년 11월 20일

글·사진 | 각전

펴낸이 | 윤재승   펴낸곳 | 민족사

주간 | 사기순 기획편집 | 사기순 정영주 기획홍보 | 윤효진 영업관리 | 김세정

출판등록 | 1980년 5월 9일 제1-149호
주소 | 서울 종로구 삼봉로 81 두산위브파빌리온 1131호
전화 | 02)732-2403, 2404 팩스 | 02)739-7565
홈페이지 | www.minjoksa.org
페이스북 | www.facebook.com/minjoksa
이메일 | minjoksabook@naver.com

ⓒ 각전, 2023

ISBN 979-11-6869-039-4 (04220)
ISBN 979-11-6869-038-7 세트